Utilize este código QR para se cadastrar de forma mais rápida:

Ou, se preferir, entre em:
www.moderna.com.br/ac/livroportal
e siga as instruções para ter acesso aos conteúdos exclusivos do
Portal e Livro Digital

CÓDIGO DE ACESSO:
A 00185 ARPCIEN5E 6 76311

Faça apenas um cadastro. Ele será válido para:

MODERNA   Richmond   SANTILLANA ESPAÑOL

Da semente ao livro, sustentabilidade por todo o caminho

Plantar florestas
A madeira que serve de matéria-prima para nosso papel vem de plantio renovável, ou seja, não é fruto de desmatamento. Essa prática gera milhares de empregos para agricultores e ajuda a recuperar áreas ambientais degradadas.

Fabricar papel e imprimir livros
Toda a cadeia produtiva do papel, desde a produção de celulose até a encadernação do livro, é certificada, cumprindo padrões internacionais de processamento sustentável e boas práticas ambientais.

Criar conteúdos
Os profissionais envolvidos na elaboração de nossas soluções educacionais buscam uma educação para a vida pautada por curadoria editorial, diversidade de olhares e responsabilidade socioambiental.

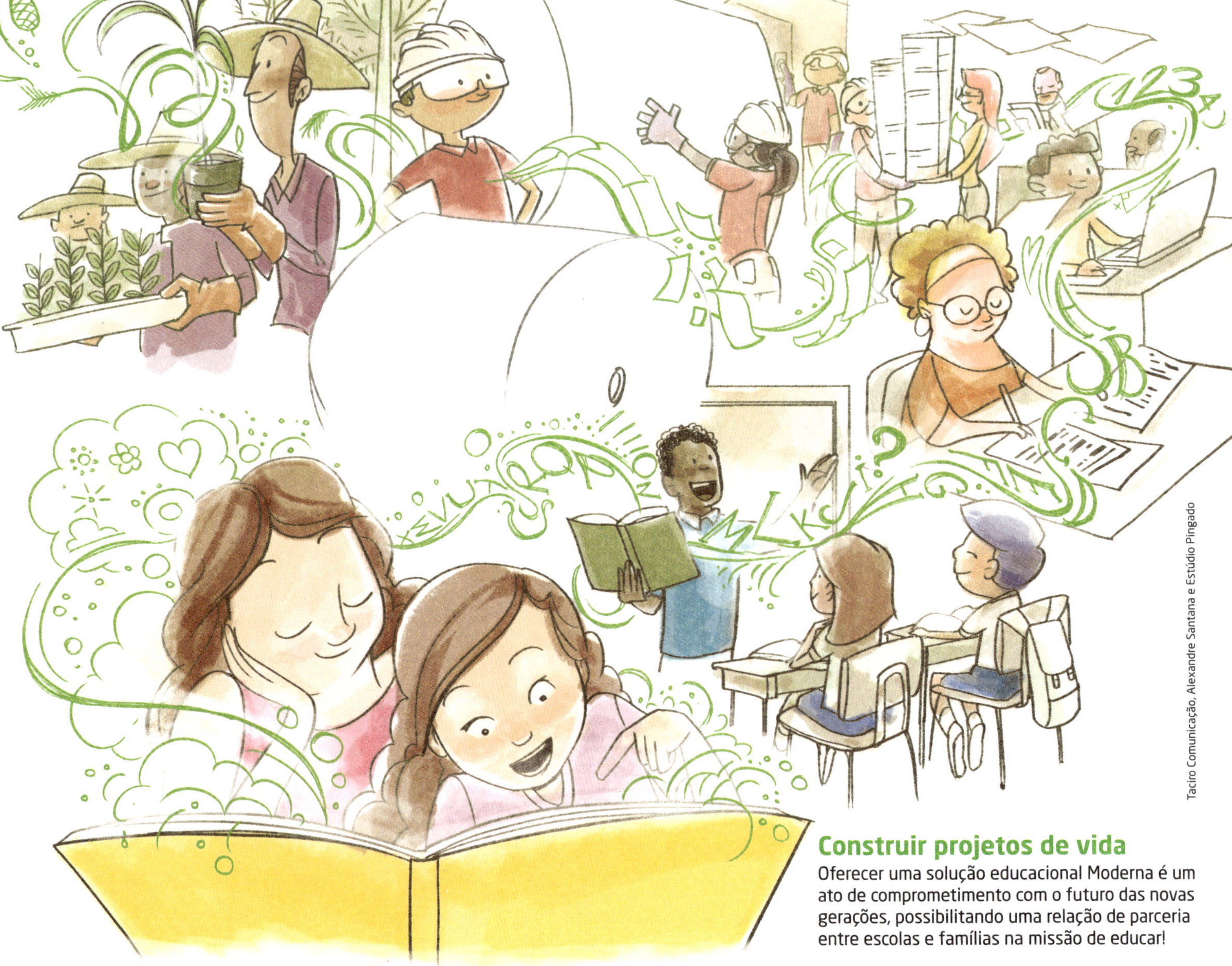

Construir projetos de vida
Oferecer uma solução educacional Moderna é um ato de comprometimento com o futuro das novas gerações, possibilitando uma relação de parceria entre escolas e famílias na missão de educar!

Fotografe o Código QR e conheça melhor esse caminho.
Saiba mais em **moderna.com.br/sustentavel**

ARARIBÁ PLUS Ciências 6

Organizadora: Editora Moderna
Obra coletiva concebida, desenvolvida e produzida pela Editora Moderna.

Editoras Executivas:
Maíra Rosa Carnevalle
Rita Helena Bröckelmann

5ª edição

© Editora Moderna, 2018

Elaboração dos originais:

Alda Regina Tognini Romaguera
Licenciada em Pedagogia pela Universidade Estadual de Campinas. Mestre e Doutora em Educação (Educação, Conhecimento, Linguagem e Arte) pela Universidade Estadual de Campinas. Professora e assessora pedagógica.

Cristiane Roldão
Bacharel em Física pela Universidade Federal do Rio Grande do Sul. Mestre e Doutora em Física na área de Física Teórica pelo Instituto de Física Teórica da Universidade Estadual Paulista "Júlio de Mesquita Filho". Professora.

Daniel Hohl
Licenciado em Física pela Universidade de São Paulo. Editor.

Fernando Frochtengarten
Bacharel e licenciado em Ciências Biológicas pela Universidade de São Paulo. Mestre e Doutor em Psicologia (Psicologia Social) pela Universidade de São Paulo. Professor e coordenador pedagógico.

Flávia Ferrari
Bacharel em Ciências Biológicas pelo Instituto de Biociências da Universidade de São Paulo. Professora.

Juliana Bardi
Bacharel e licenciada em Ciências Biológicas pelo Instituto de Biociências da Universidade Estadual Paulista. Doutora em Ciências Biológicas (Zoologia) pelo Instituto de Biociências da Universidade de São Paulo. Editora.

Marta de Souza Rodrigues
Licenciada em Física pela Universidade de São Paulo. Mestre em Ciências (Ensino de Ciências modalidades Física, Química e Biologia – Área de concentração Física) pela Universidade de São Paulo. Professora.

Mauro Faro
Engenheiro Químico pela Universidade de São Paulo. Mestre em Engenharia Química (Engenharia Química) pela Universidade de São Paulo. Licenciado em Química pelas Faculdades Oswaldo Cruz (SP). Professor

Murilo Tissoni
Licenciado em Química pela Universidade de São Paulo. Professor.

Tassiana Carvalho
Licenciada em Física pela Universidade de São Paulo. Mestre e doutora em Ciências (Ensino de Ciências modalidades Física, Química e Biologia – Área de concentração Física) pela Universidade de São Paulo. Professora.

Tathyana Tumolo
Bacharel em Química pela Universidade Presbiteriana Mackenzie. Pós-doutorada pelo Departamento de Alimentos e Nutrição Experimental da Faculdade de Ciências Farmacêuticas da Universidade de São Paulo. Editora.

Vivian Vieira
Licenciada em Física pela Universidade de São Paulo. Professora.

Coordenação editorial: Maíra Rosa Carnevalle, Rita Helena Bröckelmann
Edição de texto: Dino Santesso Gabrielli, Heloise do Nascimento Calça, Tathyana Tumolo, Mauro Faro, Ana Carolina Suzuki Dias Cintra, Daniel Hohl, Renata Amelia Bueno Migliacci, Tatiani Donato
Edição de conteúdo digital: Heloise do Nascimento Calça, Tathyana Tumolo
Preparação de texto: Fabiana Biscaro, Débora Tamayose, Malvina Tomaz, Marcia Leme
Gerência de *design* e produção gráfica: Sandra Botelho de Carvalho Homma
Coordenação de produção: Everson de Paula, Patricia Costa
Suporte administrativo editorial: Maria de Lourdes Rodrigues (coord.)
Coordenação de *design* e projetos visuais: Marta Cerqueira Leite
Projeto gráfico: Daniel Messias, Otávio dos Santos
Pesquisa iconográfica para capa: Daniel Messias, Otávio dos Santos, Bruno Tonel
    Foto: Matej Kastelic/Shutterstock
Coordenação de arte: Carolina de Oliveira Fagundes
Edição de arte: Jordana Chaves, Julia Nakano
Editoração eletrônica: Essencial Design
Edição de infografia: Luiz Iria, Priscilla Boffo, Giselle Hirata
Ilustrações dos ícones-medida: Paulo Manzi
Coordenação de revisão: Maristela S. Carrasco
Revisão: Ana Maria C. Tavares, Cárita Negromonte, Cecilia Oku, Cristiano Oliveira, Renato da Rocha, Rita de Cássia Sam, Salete Brentan, Vânia Bruno, Viviane Oshima
Coordenação de pesquisa iconográfica: Luciano Baneza Gabarron
Pesquisa iconográfica: Flávia Aline de Morais, Luciana Vieira e Camila D'Angelo
Coordenação de *bureau*: Rubens M. Rodrigues
Tratamento de imagens: Fernando Bertolo, Joel Aparecido, Luiz Carlos Costa, Marina M. Buzzinaro
Pré-impressão: Alexandre Petreca, Everton L. de Oliveira, Marcio H. Kamoto, Vitória Sousa
Coordenação de produção industrial: Wendell Monteiro
Impressão e acabamento: Esdeva Indústria Gráfica Ltda.
Lote: 288484

Dados Internacionais de Catalogação na Publicação (CIP)
(Câmara Brasileira do Livro, SP, Brasil)

Araribá plus : ciências naturais / obra coletiva concebida, desenvolvida e produzida pela Editora Moderna ; editoras executivas Maíra Rosa Carnevalle, Rita Helena Bröckelmann. – 5. ed. – São Paulo : Moderna, 2018.

Obra em 4 v. para alunos do 6º ao 9º ano.
Bibliografia.

1. Ciências (Ensino fundamental) I. Carnevalle, Maíra Rosa. II. Bröckelmann, Rita Helena.

18-15777   CDD-372.35

Índices para catálogo sistemático:
1. Ciências : Ensino fundamental   372.35
Cibele Maria Dias - Bibliotecária - CRB-8/9427

ISBN 978-85-16-11235-6 (LA)
ISBN 978-85-16-11236-3 (LP)

Reprodução proibida. Art. 184 do Código Penal e Lei 9.610 de 19 de fevereiro de 1998.
Todos os direitos reservados
EDITORA MODERNA LTDA.
Rua Padre Adelino, 758 – Belenzinho
São Paulo – SP – Brasil – CEP 03303-904
Vendas e Atendimento: Tel. (0_ _11) 2602-5510
Fax (0_ _11) 2790-1501
www.moderna.com.br
2020
Impresso no Brasil

1 3 5 7 9 10 8 6 4 2

Imagem de capa
Automóvel elétrico em estação de carregamento. O investimento em pesquisas sobre fontes renováveis de energia é pauta relevante nos dias atuais.

APRESENTAÇÃO

Certamente você já sabe algo sobre os assuntos mais famosos da Ciência: o Universo, os seres vivos, o corpo humano, os cuidados com o ambiente, as tecnologias e suas aplicações, a energia e a matéria são temas comuns.

Ciência tem sua origem na palavra latina *scientia*, que significa conhecimento. É uma atividade social feita por diversas pessoas em diferentes lugares do mundo. Ciência também tem a ver com questões econômicas, políticas e culturais de cada lugar.

Você já parou para pensar em como a Ciência funciona? Será que os cientistas têm sempre certeza de tudo? Como eles trabalham? Como é feita uma pesquisa? É fácil fazer uma descoberta científica? Só os cientistas "fazem Ciência"?

Para a última pergunta, queremos que você considere um **não** como resposta. Os investigadores são pessoas atentas, observadoras e curiosas que questionam e buscam respostas. Convidamos você a ser um deles!

Este livro apresenta algumas respostas. Como investigador, no entanto, você deve saber que as perguntas são mais importantes. Faça perguntas, duvide, questione, não se contente com o que é apresentado como verdade. Nesse caminho, conte com a sua professora ou o seu professor: converse sobre suas dúvidas e dê também a sua opinião.

Seu livro traz ainda um trabalho com **Atitudes para a vida**. Você vai aprender que elas podem ajudá-lo nas tarefas escolares e também a tomar decisões melhores e a resolver problemas.

Esperamos que este livro o incentive a pensar com qualidade, a criar bons hábitos de estudo e a ser um cidadão bem preparado para enfrentar o mundo e cuidar dele.

Bons estudos!

ATITUDES PARA A VIDA

11 ATITUDES MUITO ÚTEIS PARA O SEU DIA A DIA!

As Atitudes para a vida trabalham competências socioemocionais e nos ajudam a resolver situações e desafios em todas as áreas, inclusive no estudo de Ciências.

 **1. Persistir**
Se a primeira tentativa para encontrar a resposta não der certo, **não desista**, busque outra estratégia para resolver a questão.

2. Controlar a impulsividade
Pense antes de agir. **Reflita** antes de falar, escrever ou fazer algo que pode prejudicar você ou outra pessoa.

 **3. Escutar os outros com atenção e empatia**
Dar atenção e escutar os outros é importante para se relacionar bem com as pessoas e aprender com elas, procurando soluções para os problemas de ambos.

4. Pensar com flexibilidade
Considere diferentes possibilidades para chegar à solução. Use os recursos disponíveis e dê asas à imaginação!

5. Esforçar-se por exatidão e precisão
Confira os dados do seu trabalho. Informação incorreta ou apresentação desleixada pode prejudicar a sua credibilidade e comprometer todo o seu esforço.

6. Questionar e levantar problemas
Fazer as perguntas certas pode ser determinante para esclarecer suas dúvidas. Esteja alerta: indague, questione e levante problemas que possam ajudá-lo a compreender melhor o que está ao seu redor.

7. Aplicar conhecimentos prévios a novas situações
Use o que você já sabe! O que você já aprendeu pode ajudá-lo a entender o novo e a resolver até os maiores desafios.

8. Pensar e comunicar-se com clareza
Organize suas ideias e comunique-se com clareza. Quanto mais claro você for, mais fácil será estruturar um plano de ação para realizar seus trabalhos.

9. Imaginar, criar e inovar
Desenvolva a criatividade conhecendo outros pontos de vista, imaginando-se em outros papéis, melhorando continuamente suas criações.

10. Assumir riscos com responsabilidade
Explore suas capacidades! Estudar é uma aventura, não tenha medo de ousar. Busque informações sobre os resultados possíveis e você se sentirá mais seguro para arriscar um palpite.

11. Pensar de maneira interdependente
Trabalhe em grupo, colabore! Somando ideias e habilidades, você e seus colegas podem criar e executar projetos que ninguém conseguiria fazer sozinho.

 No Portal *Araribá Plus* e ao final do seu livro, você poderá saber mais sobre as *Atitudes para a vida*. Veja <www.moderna.com.br/araribaplus> em **Competências socioemocionais**.

CONHEÇA O SEU LIVRO

UM LIVRO ORGANIZADO

Seu livro tem 8 Unidades, com uma organização clara e regular. Todas elas apresentam abertura, Temas, páginas de atividades e seções como *Explore*, *Pensar Ciência*, *Atitudes para a vida* e *Compreender um texto*.

PROJETO
A proposta do projeto pode ser feita no momento mais conveniente para a turma: no início do ano, na feira de Ciências da escola ou em outra ocasião. É uma oportunidade de envolvimento da classe com a comunidade e com outras áreas do conhecimento.

COMEÇANDO A UNIDADE
As perguntas propostas convidam a refletir sobre os temas que serão estudados. Aproveite para contar o que você sabe sobre cada tema e perceber quais são suas principais dúvidas e curiosidades.

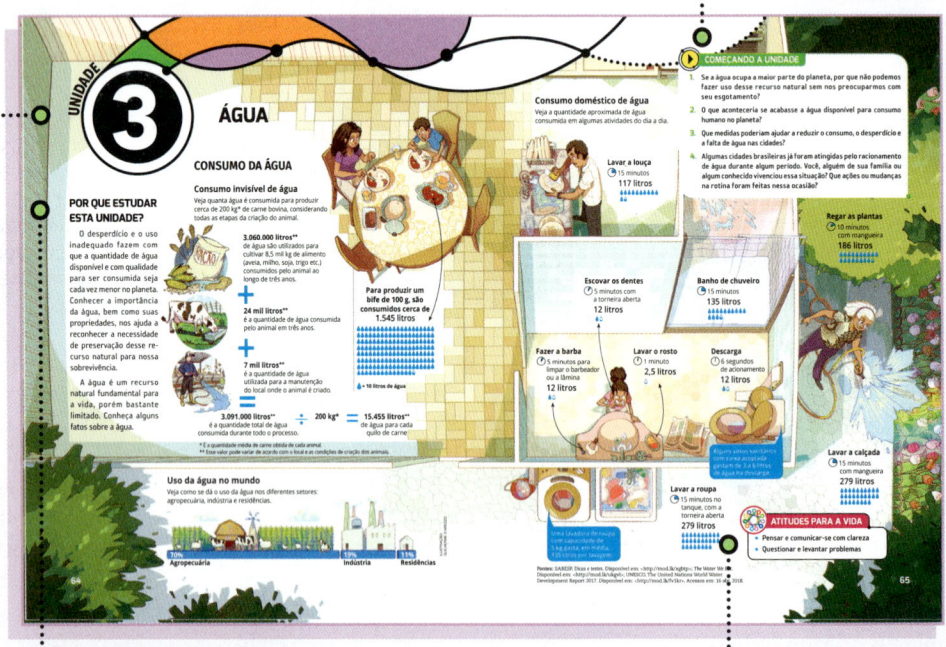

UNIDADES – ABERTURA
No começo de cada Unidade, há uma ou mais imagens interessantes para despertar a curiosidade e promover a troca de ideias sobre o tema. Analise-as com atenção.

POR QUE ESTUDAR ESTA UNIDADE?
Um pequeno texto introdutório vai explicar a relevância dos assuntos tratados na Unidade.

ATITUDES PARA A VIDA
O boxe *Atitudes para a vida* indica as atitudes cujo desenvolvimento será priorizado na Unidade.

TEMAS
Os conteúdos foram selecionados e organizados em temas. Um pequeno texto inicial resume a ideia central do tema. Um sistema de títulos hierarquiza as ideias principais do texto.

IMAGENS
Fotografias, ilustrações, gráficos, mapas e esquemas auxiliam na construção dos conceitos propostos.

ÍCONE-MEDIDA
Um ícone-medida é aplicado para indicar o tamanho médio do ser vivo ou do objeto que aparece em uma imagem. Esse ícone pode indicar sua altura (↕) ou seu comprimento (↔).

As fotomicrografias (fotografias obtidas com o auxílio de microscópio) e as ilustrações de objetos ou de seres invisíveis a olho nu aparecem acompanhadas do ícone de um microscópio (🔬).

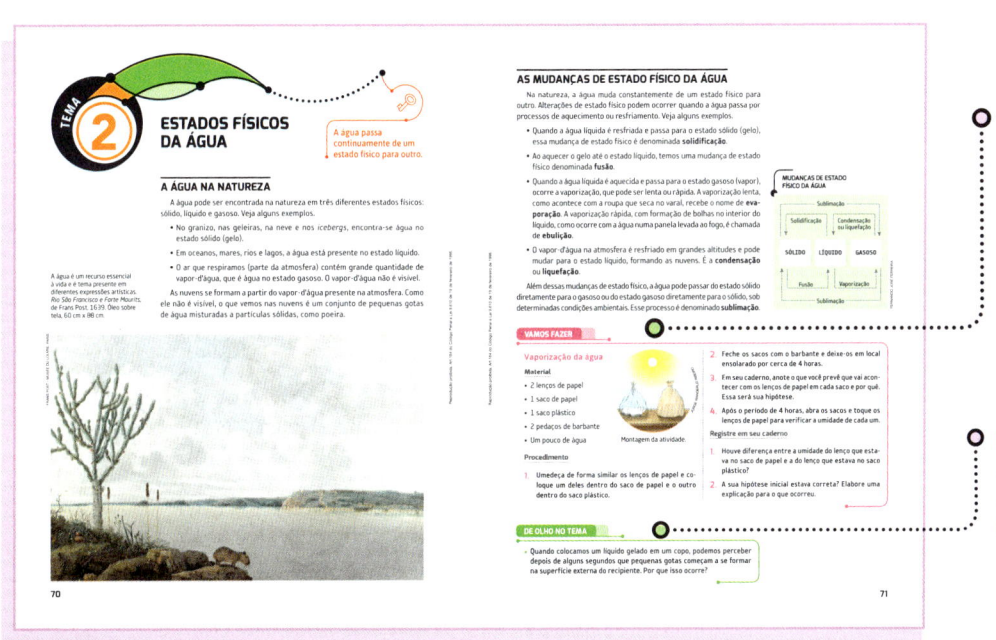

VAMOS FAZER
Atividades procedimentais relativamente rápidas e diretas que proporcionam oportunidades de observação e de comprovação de fenômenos.

DE OLHO NO TEMA
Atividades que promovem a compreensão do assunto principal de cada tema.

CONHEÇA O SEU LIVRO

COLETIVO CIÊNCIAS
Mostra a Ciência como produto coletivo de diferentes áreas do conhecimento e feita por cientistas e não cientistas em colaboração.

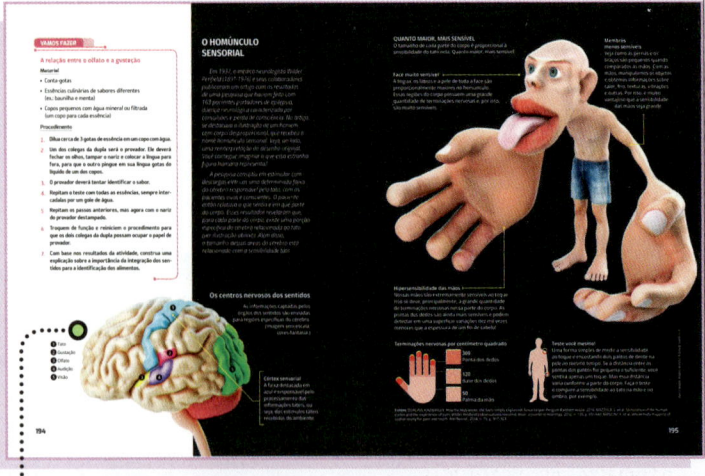

INFOGRÁFICOS
Exploram aspectos dos assuntos estudados e ajudam a aprofundar e contextualizar conceitos.

ATIVIDADES
Organizar o conhecimento, Analisar e Compartilhar são atividades que trabalham habilidades como a compreensão e a aplicação de conceitos e enfatizam o uso de técnicas de leitura, registro e interpretação.

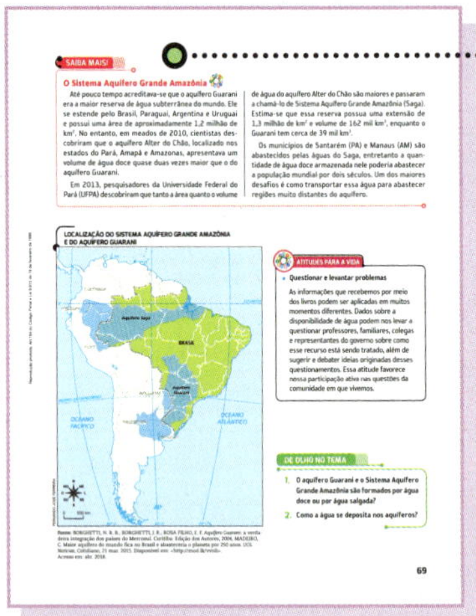

SAIBA MAIS!
Quadro que traz informações adicionais e curiosidades relativas aos temas.

EXPLORE
Propõe a investigação de fatos e acontecimentos, bem como a exploração de ideias novas. Incentiva o trabalho em equipe e o uso de habilidades de investigação científica.

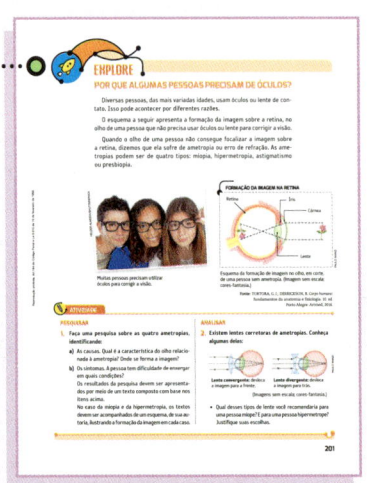

PENSAR CIÊNCIA
Propostas para pensar no funcionamento da Ciência, suas características, sua história e as incertezas que permeiam seu desenvolvimento.

ENTRANDO NA REDE
Sugestões de endereços para consulta e pesquisa na internet.

Reprodução proibida. Art.184 do Código Penal e Lei 9.610 de 19 de fevereiro de 1998.

8

ATITUDES PARA A VIDA

Nesta seção, o objetivo é desenvolver atitudes, interesses e hábitos que reforçam as atitudes para a vida, em propostas de discussão e reflexão tanto coletivas quanto individuais.

O símbolo aparece em outros momentos ao longo do livro, adicionalmente, indicando oportunidades para o trabalho com as atitudes.

COMPREENDER UM TEXTO

Páginas que desenvolvem a compreensão leitora, trabalhando com a leitura e a interpretação de textos diversos, incluindo os de divulgação científica. As atividades sobre o texto estimulam a busca por informações e a reflexão.

GLOSSÁRIO

Traz a explicação de termos mais difíceis.

OFICINAS DE CIÊNCIAS

Incluem atividades experimentais, estudo do meio, construção de modelos e montagens, entre outras propostas de investigação. Cada oficina apresenta os objetivos, o material necessário, o procedimento e as atividades exploratórias.

ÍCONES DA COLEÇÃO

 Glossário

 Atitudes para a vida

Indica que existem jogos, vídeos, atividades ou outros recursos no **livro digital** ou no **portal** da coleção.

CONTEÚDO DOS MATERIAIS DIGITAIS

O *Projeto Araribá Plus* apresenta um Portal exclusivo, com ferramentas diferenciadas e motivadoras para o seu estudo. Tudo integrado com o livro para tornar a experiência de aprendizagem mais intensa e significativa.

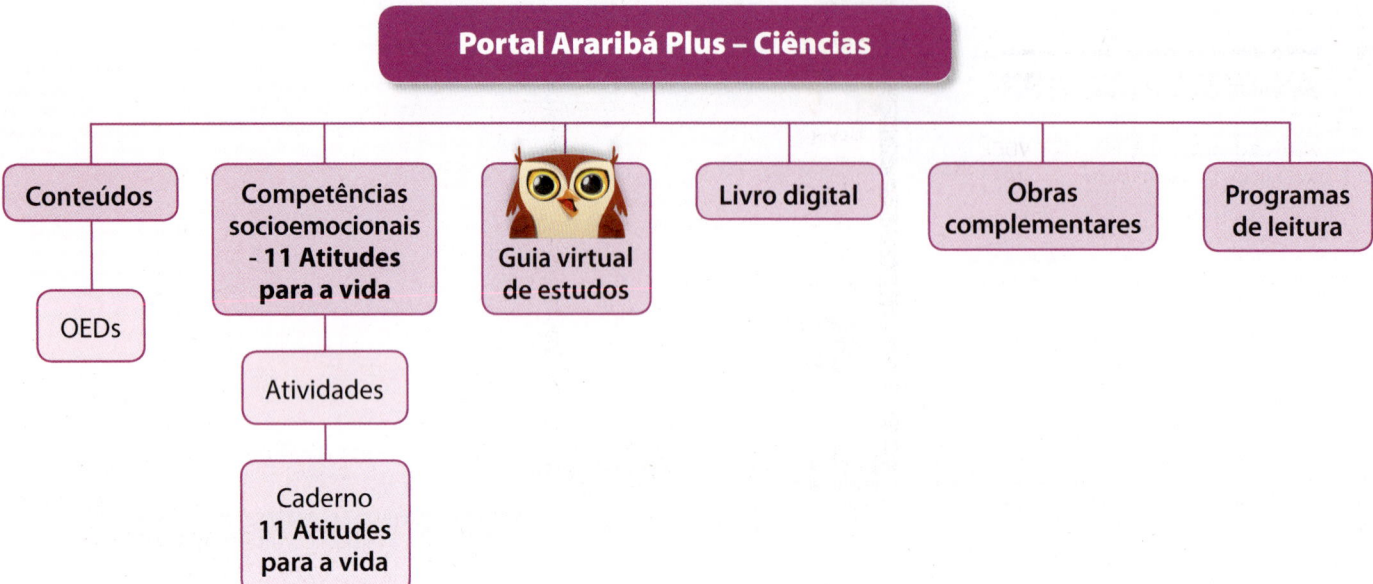

Livro digital com tecnologia *HTML5* para garantir melhor usabilidade e ferramentas que possibilitam buscar termos, destacar trechos e fazer anotações para posterior consulta. O livro digital é enriquecido com objetos educacionais digitais (OEDs) integrados aos conteúdos. Você pode acessá-lo de diversas maneiras: no *smartphone*, no *tablet* (Android e iOS), no *desktop* e *on-line* no *site*:

http://mod.lk/livdig

LISTA DE OEDs

Unidade	Título do objeto digital
1	Cadeia alimentar
1	Xerófitas
2	Eratóstenes e a medida da Terra
3	Seis desafios para a gestão da água
3	O ciclo da água
4	Impactos da mineração
4	O intemperismo e a transformação da paisagem
4	Sambaquis
5	Geocentrismo e Heliocentrismo
6	O problema do lixo
6	Repensar, reutilizar e reciclar
6	Oficina de cerâmica
7	Tecidos animais
8	Um olhar para a inclusão
8	Imagem em movimento

ARARIBÁ PLUS APP

Aplicativo exclusivo para você com recursos educacionais na palma da mão!

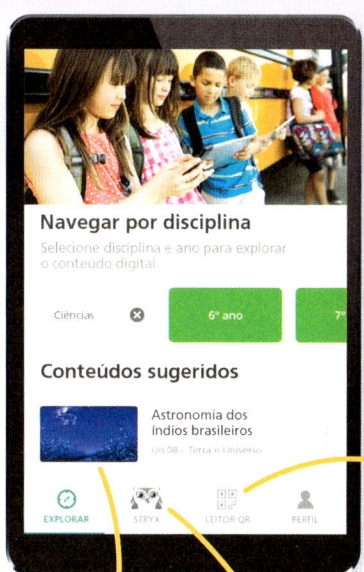

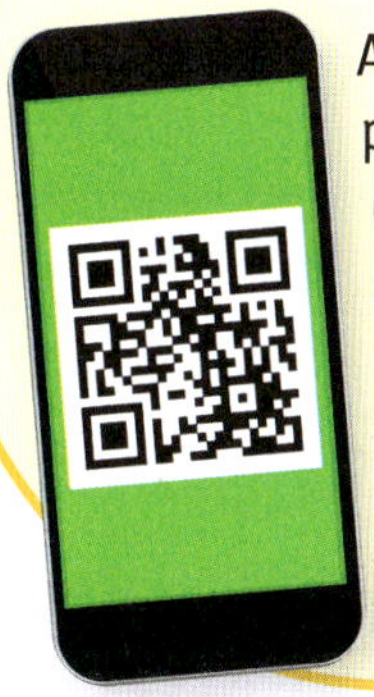

Objetos educacionais digitais diretamente no seu *smartphone* ou *tablet* para uso *on-line* e *off-line*.

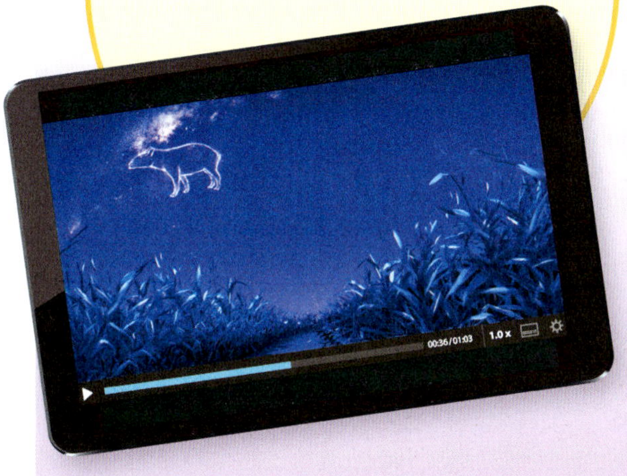

Acesso rápido por meio do leitor de código *QR*.
http://mod.lk/app

Stryx, um guia virtual criado especialmente para você! Ele ajudará a entender temas importantes e achar videoaulas e outros conteúdos confiáveis, alinhados com o seu livro.

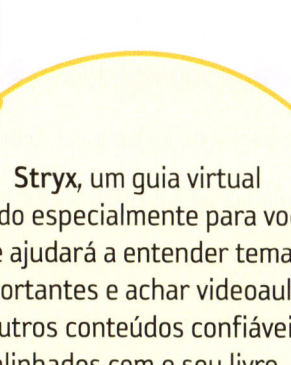

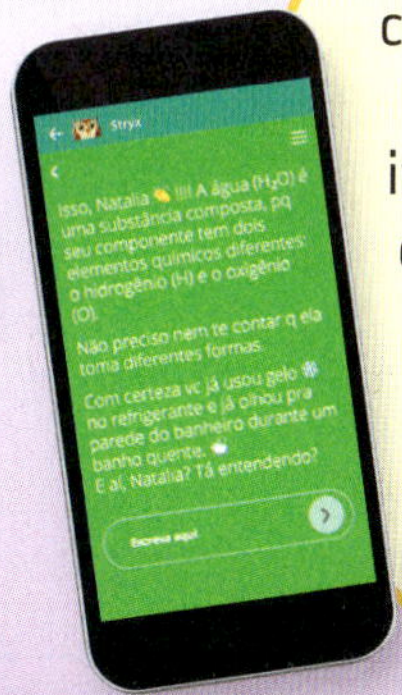

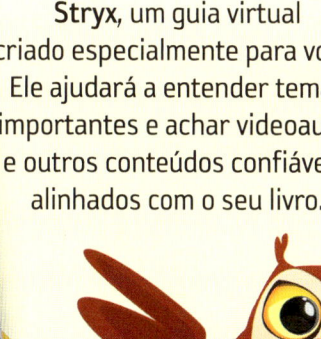

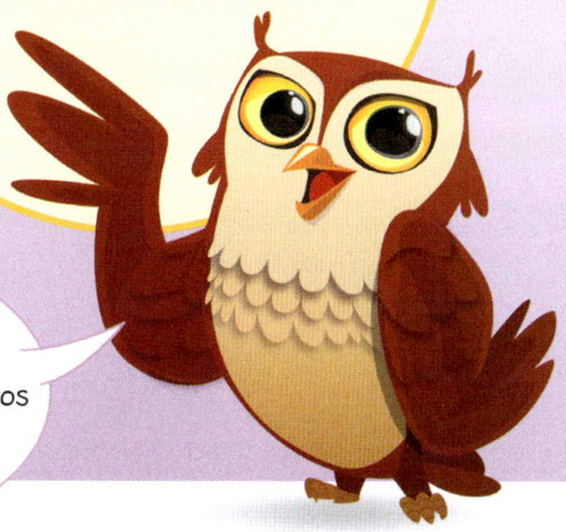

Eu sou **Stryx** e serei seu guia virtual por trilhas de conhecimentos de um jeito muito legal de estudar!

SUMÁRIO

UNIDADE 1 — **UM AMBIENTE DINÂMICO** 18

TEMA 1 A vida na Terra 20
O nosso planeta, 20; A biosfera, 20

TEMA 2 O ecossistema 22
O que é um ecossistema?, 22

ATIVIDADES 24

PENSAR CIÊNCIA – A Ecologia tem história 25

TEMA 3 Obtenção de alimento 26
De onde vem o alimento?, 26

TEMA 4 Relações alimentares entre os seres vivos 28
Cadeias alimentares, 30; Teias alimentares, 31

TEMA 5 Os biomas terrestres 32
Os biomas, 32

ATIVIDADES 36

EXPLORE – Construção de uma teia alimentar 37

ATITUDES PARA A VIDA – Turismo animal 38

COMPREENDER UM TEXTO 40

UNIDADE 2 — **O PLANETA TERRA** 42

TEMA 1 A Terra, nosso planeta 44
A Terra é dinâmica, 44

TEMA 2 O interior da Terra 46
O estudo do interior da Terra, 46

TEMA 3 A atmosfera terrestre 49
O ar, 49; Camadas da atmosfera, 49

ATIVIDADES 52

PENSAR CIÊNCIA – Estudando o interior da Terra 53

TEMA 4 A formação da Terra 54
Como o planeta se formou, 54; Transformações na Terra primitiva, 55

TEMA 5 O formato da Terra 56
O experimento de Eratóstenes, 57

ATIVIDADES 58

EXPLORE – As dimensões da Terra 59

ATITUDES PARA A VIDA – Não tão grande Terra 60

COMPREENDER UM TEXTO 62

> **UNIDADE 3** ÁGUA 64
>
> ### TEMA 1 A água nos seres vivos e na Terra 66
> A água e os seres vivos, 66; A água no planeta, 67; A hidrosfera, 67
>
> ### TEMA 2 Estados físicos da água 70
> A água na natureza, 70; As mudanças de estado físico da água, 71
>
> ### TEMA 3 O ciclo da água 72
> A circulação da água na natureza, 72
>
> **ATIVIDADES** 74
> **EXPLORE** – Testando a evaporação da água 75
>
> ### TEMA 4 A capacidade de dissolução da água 76
> Solubilidade, 76; A água e a formação de misturas, 77
>
> ### TEMA 5 O tratamento da água 80
> A água potável, 80; As estações de tratamento de água, 80; As águas residuais, 81
>
> ### TEMA 6 A contaminação da água 82
> Água contaminada, 82; Fontes de contaminação da água, 82; Doenças transmitidas pela água, 83; Os cuidados com a água, 83
>
> **ATIVIDADES** 85
> **PENSAR CIÊNCIA** – Preservar os recursos do planeta: um problema de todos .. 86
>
> **ATITUDES PARA A VIDA** – Que problemas estão envolvidos no descarte de pilhas e baterias? 88
> **COMPREENDER UM TEXTO** 90

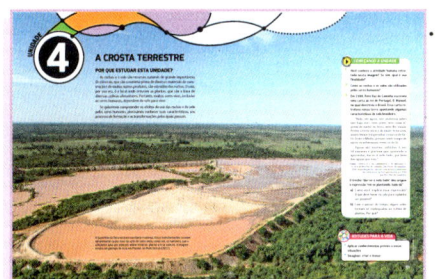

> **UNIDADE 4** A CROSTA TERRESTRE 92
>
> ### TEMA 1 A composição da crosta terrestre 94
> As partes da crosta terrestre, 94
>
> ### TEMA 2 As rochas 96
> Tipos de rocha, 96; As rochas se transformam, 99
>
> ### TEMA 3 O solo 100
> A composição do solo, 100; Como o solo sustenta a vida, 101; A formação do solo, 102; Os usos do solo, 104
>
> **ATIVIDADES** 105
> **EXPLORE** – Observando solos 106
>
> ### TEMA 4 Degradação e conservação do solo 107
> O que degrada o solo?, 107; O que conserva o solo?, 110
>
> **ATIVIDADES** 113
> **PENSAR CIÊNCIA** – Fósseis: o passado marcado nas rochas 114
>
> **ATITUDES PARA A VIDA** – Destino dos produtos eletrônicos no mundo e no Brasil 116
> **COMPREENDER UM TEXTO** 118

SUMÁRIO

UNIDADE 5 — DE OLHO NO CÉU 120

TEMA 1 O estudo do céu 122
   Astronomia, 122; Os instrumentos de observação do céu, 123

TEMA 2 Pontos de referência na Astronomia 124
   Posição do observador, 124

TEMA 3 O Sol e as sombras 126
   Observação diurna, 126

ATIVIDADES 128
EXPLORE – A distribuição de luz solar em uma casa 129

TEMA 4 A rotação da Terra 130
   O movimento aparente do céu, 130; O movimento de rotação, 130

TEMA 5 A translação da Terra 132
   Equinócio e solstício, 133; A duração do dia claro no inverno e no verão, 134; As estações do ano em diferentes latitudes, 135

TEMA 6 A Terra no espaço 136
   Os modelos geocêntrico e heliocêntrico, 136

ATIVIDADES 138
PENSAR CIÊNCIA – As mulheres na Astronomia 139

ATITUDES PARA A VIDA – Luz, proteção, saúde! 140
COMPREENDER UM TEXTO 142

UNIDADE 6 — OS MATERIAIS 144

TEMA 1 Características gerais dos materiais 146
   Os materiais têm massa, 146; Os materiais têm volume, 147

TEMA 2 Estados físicos dos materiais 149
   Os estados físicos e as características específicas dos materiais, 149

ATIVIDADES 151
EXPLORE – Qual é o estado físico da espuma de barbear? 153

TEMA 3 Transformações dos materiais 154
   As transformações físicas, 154; As transformações químicas, 155; Transformações físicas e químicas no cotidiano, 157

TEMA 4 Materiais naturais e materiais sintéticos 159
   A produção de novos materiais, 159; O petróleo como matéria-prima, 161; Os materiais plásticos, 162

ATIVIDADES 163
PENSAR CIÊNCIA – Esporte paralímpico: tecnológico e inclusivo 165

ATITUDES PARA A VIDA – Consumo, meio ambiente e sociedade 166
COMPREENDER UM TEXTO 168

UNIDADE 7 VIDA, CÉLULA E SISTEMA NERVOSO HUMANO 170

TEMA 1 As células 172
A descoberta da célula, 172; A teoria celular, 173; A estrutura da célula, 173

TEMA 2 Níveis de organização 174
Células, 174; Tecidos, 174; Órgãos, 175; Sistemas, 175

ATIVIDADES 176
PENSAR CIÊNCIA – Microscópio, divulgação e tecnologia 177

TEMA 3 Percepção e coordenação nos seres humanos ... 178
Estrutura do sistema nervoso, 178; O tecido nervoso, 179; A transmissão das informações no sistema nervoso, 179

TEMA 4 Coordenação nervosa 180
As sinapses, 180; Ações voluntárias e involuntárias, 180

TEMA 5 As drogas 182
O que são drogas, 182

ATIVIDADES 184
EXPLORE – O tempo de reação 185

ATITUDES PARA A VIDA – Cuidando do sono 186
COMPREENDER UM TEXTO 188

UNIDADE 8 OS SENTIDOS E OS MOVIMENTOS 190

TEMA 1 Tato, gustação e olfato 192
Os sentidos, 192

TEMA 2 Visão 196
Estrutura do olho, 196; Funcionamento do olho, 197

TEMA 3 Audição 198
Estrutura e funcionamento da orelha, 198; Intensidade dos sons, 199

ATIVIDADES 200
EXPLORE – Por que algumas pessoas precisam de óculos? ... 201

TEMA 4 O sistema esquelético 202
O esqueleto humano, 202; As articulações, 203

TEMA 5 O sistema muscular 204
Os músculos, 204; Movimento, 204

ATIVIDADES 206
PENSAR CIÊNCIA – Leonardo da Vinci: entre a Arte e a Ciência ... 207

ATITUDES PARA A VIDA – Acesso para todos! 208
COMPREENDER UM TEXTO 210

OFICINAS DE CIÊNCIAS 212
REFERÊNCIAS BIBLIOGRÁFICAS 223

ATITUDES PARA A VIDA 225

PROJETO: HORTA, JARDIM OU POMAR NA ESCOLA

Chegou o momento de estudar Ciências! Neste volume, escolhemos começar por nossa própria casa, o planeta Terra. Certamente você já ouviu como é importante cuidar dele, e esta atividade vai ajudar a compreender que a persistência, aliada a pequenas ações, tem grande valor. O trabalho não termina aqui; é importante que ele continue fora da escola, levando informações e exemplos de atitudes legais para outras pessoas. Aprender e ensinar são verbos que caminham juntos e que devem ser praticados a vida toda!

Para começo de conversa

Alimentos para todos?

Está previsto que [a população do mundo] poderá passar de oito bilhões até o ano de 2025. Com esta explosão, a construção de uma cultura sustentável é um assunto que ganha importância. Muitas pessoas estão passando fome, embora exista alimento em abundância. Aproximadamente 852 milhões de homens, mulheres e crianças sofrem pela falta de alimento devido à pobreza, enquanto 2 bilhões de pessoas não possuem uma alimentação estável devido à falta de recursos financeiros (Fonte: FAO, 2003). [...]

LEGAN, L A escola sustentável: eco-alfabetização pelo ambiente. 2. ed. p. 36. São Paulo: Imprensa Oficial do Estado de São Paulo/Pirenópolis, GO: Ecocentro IPEC, 2007.

a) O texto menciona uma "cultura sustentável". Você sabe o que é isso? Troque ideias com seus colegas e com o professor.

b) De acordo com o texto, é correto pensar que muitas pessoas passam fome porque não há alimento suficiente no mundo para todos? Explique sua resposta.

c) Em que lugares são adquiridos os vegetais que sua família consome? Algum desses alimentos é produzido em sua casa — no quintal, na horta, no pomar ou mesmo em vasos?

d) E na escola, existe um lugar reservado para produzir alimentos para consumo próprio?

e) Converse com seus colegas: existem vantagens em produzir alimentos em casa? E na escola? E no bairro? Que vantagens são essas?

f) Existe alguma relação entre plantar os próprios alimentos e cuidar do planeta? Com seus colegas, conversem e procurem listar alguns exemplos.

g) Se sua escola tivesse uma horta, você e seus colegas poderiam ajudar as pessoas carentes da comunidade? De que maneira?

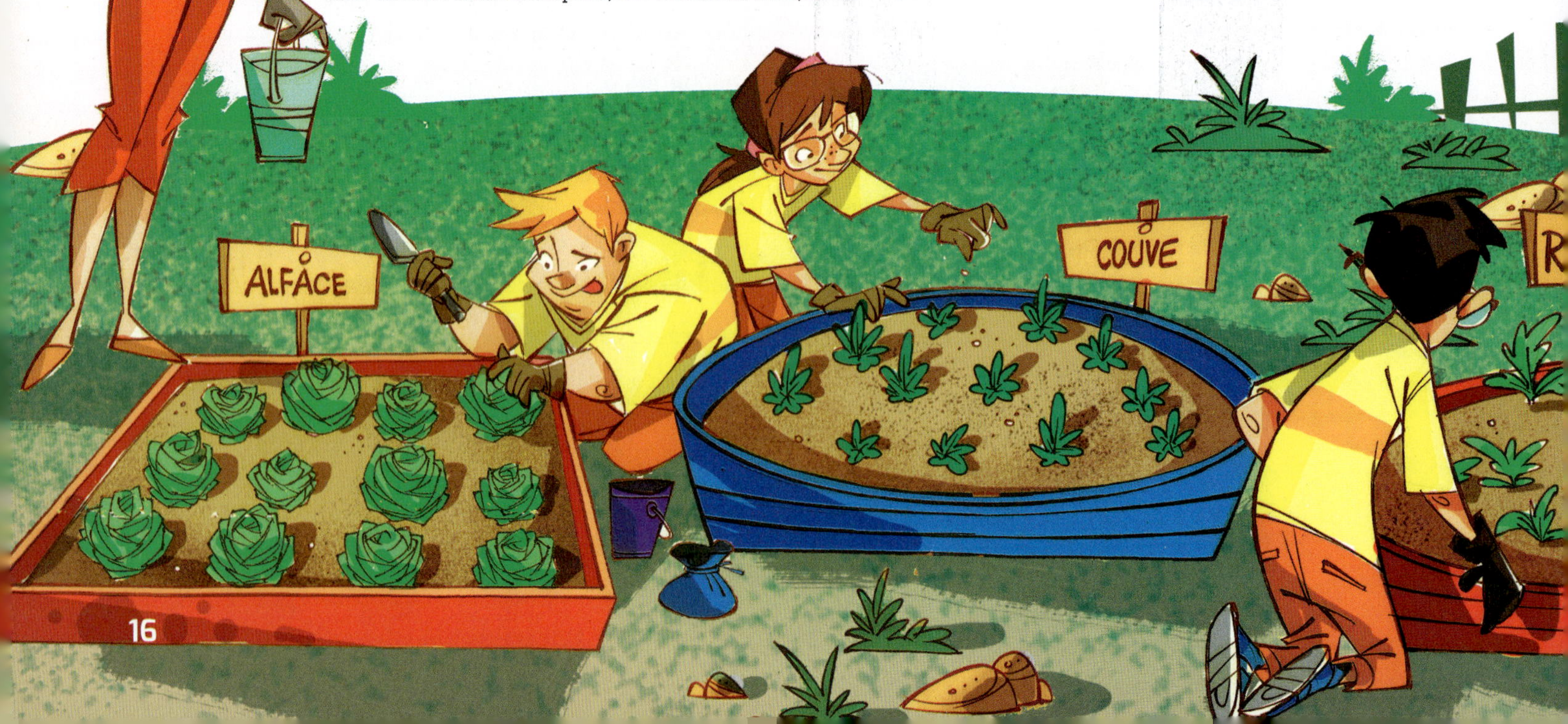

É hora de planejar e agir

Possivelmente, respondendo às questões anteriores, você e seus colegas identificaram diversas vantagens de ter uma horta em casa ou na escola.

Caso seu professor e sua turma decidam implantar este projeto na escola, devem começar com o **planejamento**. Lembrem-se de anotar todas as decisões.

1. Qual é o objetivo deste projeto, isto é, por que ele deve ser feito? Que pessoas podem ser beneficiadas?
2. Que informações são necessárias para começar?
3. Quem vai participar do projeto? Que pessoas podem ajudar? Para quem devemos pedir autorização para realizar o projeto? Como conseguimos contato com elas?
4. Quais são as principais etapas do projeto, ou seja, o que deve ser realizado primeiro, e o que deve ser feito em seguida, até terminar?
5. Quem ficará responsável pelas etapas do projeto?
6. Quais são as datas para cumprir cada etapa do projeto?

Agora, é hora de partir para a **ação**! A seguir, apresentamos alguns passos que podem auxiliar na execução do projeto.

- Verifiquem se a escola tem um lugar disponível para a horta. Se não tiver, que tal plantar em vaso?
- Pesquisem e escolham as plantas mais adequadas para cultivar. Para isso, levem em conta a localização e o clima da região, além do espaço disponível.
- Planejem como serão os cuidados com as plantas: quem ficará responsável por regá-las, por cuidar do solo e por fazer a colheita.

COMPARTILHAR

É interessante registrar as etapas e os resultados do trabalho. Que tal tirar fotos (usem câmeras de celular) e compartilhar com a turma, com os pais e com a comunidade?

Vamos avaliar e refletir?

É sempre importante conversar sobre o resultado de um projeto. Exponha suas opiniões com clareza e sinceridade e considere com atenção a fala dos colegas. Conversem em grupo:

- Este projeto foi importante para a classe? E para a comunidade? O que vocês aprenderam?
- O projeto foi bem organizado e executado? O que foi positivo? O que pode ser melhorado?
- Sobre a atuação no projeto, do que vocês gostaram? O que fariam diferente?
- Participar desse projeto deu a vocês outras ideias sobre o tema? O que ficaram com vontade de fazer? O que poderia ser planejado e feito no momento?

UNIDADE 1

UM AMBIENTE DINÂMICO

POR QUE ESTUDAR ESTA UNIDADE?

A Ecologia é a ciência que se dedica ao estudo do ambiente, dos seres vivos e das relações entre eles. Assim, ela nos ajuda a compreender os efeitos da ação humana sobre a Terra e contribui para minimizar problemas em nosso planeta.

Um ambiente apresenta diversos componentes, vivos e não vivos, que interagem entre si. Na imagem pode-se destacar a capivara (*Hydrochoerus hydrochaeris*), que chega a 130 cm de comprimento e o jacaré-do-pântano (*Caiman yacare*), que chega a 3 m de comprimento. Ambos podem ser encontrados no Pantanal mato-grossense (2017).

ATITUDES PARA A VIDA

- Esforçar-se por exatidão e precisão
- Pensar com flexibilidade

COMEÇANDO A UNIDADE

1. Analise a imagem. Quais são os componentes vivos e não vivos desse ambiente?
2. Os seres vivos que aparecem na imagem interagem entre si? Explique sua resposta.
3. Os seres vivos se relacionam com os componentes não vivos do ambiente. Cite exemplos dessas relações.

TEMA 1 — A VIDA NA TERRA

> Até onde sabemos, a Terra é o único planeta que abriga vida.

O NOSSO PLANETA

A Terra é formada por diferentes componentes.

A **litosfera** é a camada sólida mais externa do planeta. Ela é composta de rochas sólidas e solo.

A **hidrosfera** é o conjunto de toda a água do planeta presente em oceanos, geleiras, rios, lagos, lagoas, depósitos subterrâneos, no ar e nos seres vivos.

A **atmosfera** é a camada de ar que envolve o planeta. O ar é uma mistura de gases.

A BIOSFERA

Outro componente da Terra é a **biosfera**, que corresponde ao conjunto formado por todos os ambientes habitados por seres vivos. Ela é formada por regiões da litosfera, da hidrosfera e da atmosfera.

Os seres vivos habitam uma grande diversidade de ambientes, quentes e frios, úmidos e secos, entre outros. A maioria dos organismos vive em ambientes relativamente próximos do nível do mar, mas alguns podem ser encontrados em grandes altitudes ou profundidades.

BIOSFERA

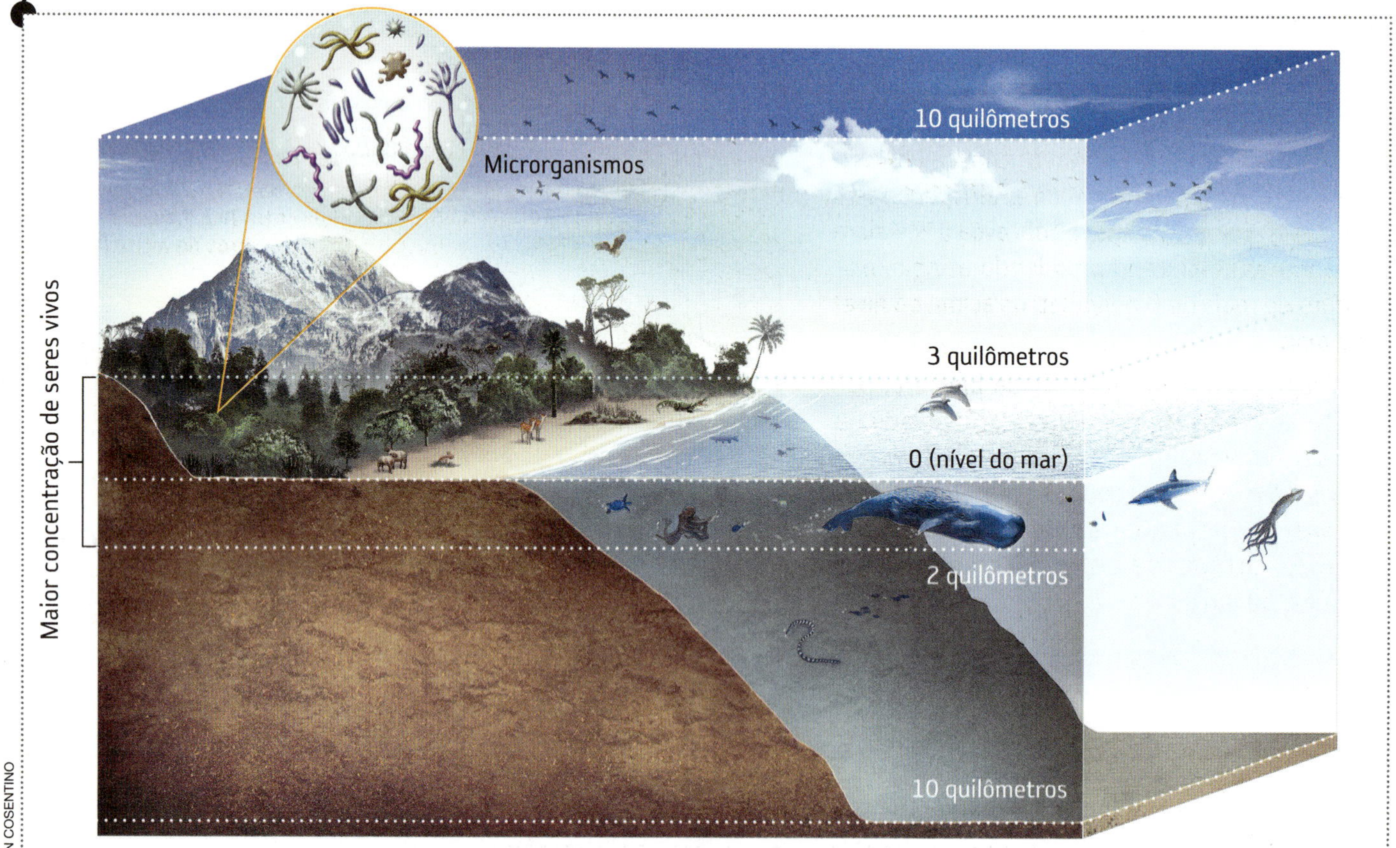

Representação de uma parte da biosfera. (Imagem sem escala; cores-fantasia.)

Fonte: RAVEN, P. H. et al. *Biology*. New York: McGraw-Hill, 2002.

AS CONDIÇÕES PARA A VIDA NA TERRA

Você já parou para pensar por que a existência e a continuidade da vida são possíveis em nosso planeta?

A Terra reúne condições adequadas para a vida como a conhecemos, como a presença de água líquida, de certos tipos de gás na atmosfera e de temperatura apropriada. Na tabela a seguir, algumas dessas condições são comparadas com as de outros planetas do Sistema Solar.

Componente	Terra	Outros planetas do Sistema Solar
Atmosfera	Tem atmosfera rica em gases como o oxigênio, que é essencial para vários seres vivos, e o gás carbônico, que ajuda a manter o planeta aquecido.	Apresentam atmosfera de espessura variável que pode apresentar gases nocivos à vida como a conhecemos.
Temperatura	Sua temperatura média é de aproximadamente 15 °C.	Muitos apresentam variação de temperatura bastante significativa. Em Mercúrio, por exemplo, a temperatura chega a mais de 400 °C durante o dia, caindo abaixo de −170 °C à noite.
Água	Possui quantidade abundante de água em estado líquido.	Existe água líquida no subsolo de Marte.

Xerófitas

Vídeo que apresenta características e exemplares de plantas classificadas como xerófitas.

SAIBA MAIS!

Animais nos limites da biosfera

O ganso-de-cabeça-listrada (*Anser indicus*) é um dos animais que voam a altitudes mais elevadas. Ele vive na Ásia e sobrevoa o Himalaia quando está migrando, podendo atingir uma altura de mais de 8 quilômetros acima do nível do mar.

Próximo ao limite inferior da biosfera, por volta dos 8 quilômetros de profundidade, já foram filmados peixes-caracóis (*Notoliparis kermadecensis*) nadando. Os peixes-caracóis formam uma família de animais típicos de grandes profundidades, com corpo alongado como o de um girino.

Ganso-de-cabeça-listrada voando. Essa ave já foi encontrada a mais de 8 mil metros de altitude.

Peixe-caracol, encontrado no oceano Pacífico, a oito quilômetros de profundidade.

DE OLHO NO TEMA

- Qual é a relação da biosfera com a litosfera, a hidrosfera e a atmosfera?

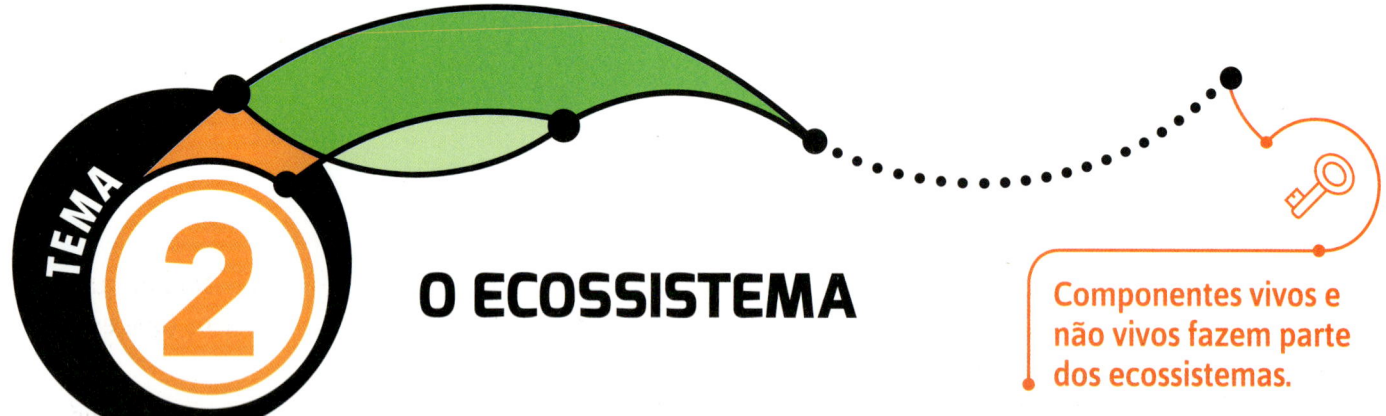

TEMA 2 — O ECOSSISTEMA

Componentes vivos e não vivos fazem parte dos ecossistemas.

O QUE É UM ECOSSISTEMA?

Diferentes tipos de ambiente, como uma floresta, um oceano e uma caverna, são chamados de ecossistemas.

Um **ecossistema** é o conjunto formado pelos seres vivos e pelos elementos não vivos de um ambiente. Os seres vivos de um ecossistema mantêm relações entre si e também com os componentes não vivos.

Os ecossistemas são formados por **componentes vivos**, que são os seres vivos, e **componentes não vivos**, também chamados de **fatores físico-químicos**. Entre eles estão, por exemplo, as rochas, a parte mineral do solo, a água, o ar, a luz e o calor.

COMPONENTES DE UM ECOSSISTEMA

Representação de um ecossistema mostrando em detalhe os componentes vivos e os não vivos. (Imagem sem escala; cores-fantasia. A situação não é real.)

COLETIVO CIÊNCIAS

A Ecologia é multidisciplinar

A ciência que estuda as interações dos seres vivos entre si e com o ambiente é a **Ecologia**. A palavra Ecologia vem do grego *oikos*, que significa casa, e *logos*, que significa estudo.

Compreender o funcionamento dos ecossistemas requer o trabalho de diversos cientistas, como biólogos (que estudam a vida e suas interações), geólogos (que estudam rochas e solos), químicos (que estudam as substâncias) e físicos (que estudam o fluxo de energia).

Quando cientistas com diferentes especialidades trabalham juntos, uns complementam os saberes dos outros. Isso permite conhecer muito mais profundamente um ecossistema.

RELAÇÕES ENTRE OS ORGANISMOS

Em um ecossistema, os seres vivos interagem constantemente entre si. Vamos analisar um exemplo.

O cuxiú-preto (*Chiropotes satanas*) é um primata que vive nas florestas do Pará e do Maranhão. Veja a seguir algumas características desse animal, com destaque para suas relações com outros seres vivos.

O cuxiú-preto é um dos primatas brasileiros mais ameaçados de extinção. Além de ter seu *habitat* diminuído por causa do desmatamento, ele é caçado em virtude de sua carne e de sua cauda, utilizada como espanador de pó.

- Vive em bandos de cerca de 30 indivíduos que chegam a se deslocar vários quilômetros por dia pelas copas das árvores.
- Alimenta-se de flores, frutos, sementes, brotos, insetos e aranhas.
- Ao se alimentar de frutos, pode espalhar as sementes para outras regiões por meio de suas fezes.
- Quando há pouco alimento disponível, o bando se divide em grupos menores.
- É caçado por predadores como serpentes, onças e gaviões.

OS FATORES FÍSICO-QUÍMICOS E OS ORGANISMOS

Os locais de um ecossistema em que vive um ser vivo são o seu *habitat*. Nele, o organismo se alimenta, se reproduz e se abriga.

Os seres vivos de um ecossistema se relacionam com os fatores físico-químicos do *habitat*. A quantidade de água e a temperatura, por exemplo, têm influências sobre os seres vivos.

Os seres vivos também podem interferir nos fatores físico-químicos do ecossistema. Por exemplo, as plantas podem diminuir a passagem da luz solar, alterando a luminosidade e a temperatura no nível do solo.

DE OLHO NO TEMA

- Escolha um animal e, então, liste algumas relações que ele mantém com outros seres vivos e com os fatores físico-químicos de seu *habitat*.

ATIVIDADES
TEMAS 1 E 2

ORGANIZAR O CONHECIMENTO

1. Construa uma tabela descrevendo a composição da litosfera, da atmosfera e da hidrosfera da Terra.

2. Quais características da Terra diferem de outros planetas e geram condições para a existência da vida?

3. Explique por que um lago pode ser considerado um ecossistema.

4. Dê exemplos de componentes vivos e fatores físico-químicos de um ecossistema.

ANALISAR

5. Observe a ilustração e faça o que se pede.

NELSON COSENTINO

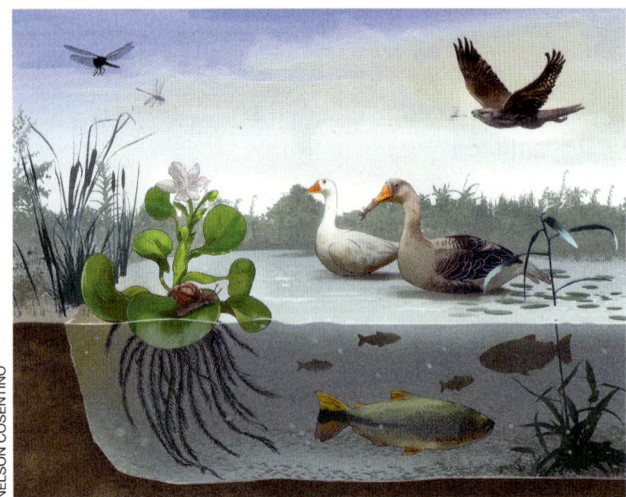

(Imagem sem escala; cores-fantasia. A situação não é real.)

a) Cite exemplos de componentes da hidrosfera, da litosfera e da atmosfera presentes no ambiente ilustrado.

b) A imagem retrata uma parte da biosfera. Você concorda com essa afirmação? Apresente argumentos para justificar sua resposta.

c) Liste os componentes vivos e não vivos presentes no ecossistema representado na ilustração.

6. Leia o texto e responda.

O boto-cor-de-rosa (*Inia geoffrensis*) é um mamífero encontrado nas bacias do rio Amazonas e do rio Orinoco. Não existe um levantamento exato sobre o tamanho da população desse animal. Sabe-se, porém, que ela está diminuindo por diversas razões. O boto-cor-de-rosa é caçado, pois sua carne é usada na pesca de um peixe chamado piracatinga. A construção de represas, o afogamento por causa da ingestão de lixo e a contaminação por mercúrio, usado na extração de ouro nos garimpos, são outras ameaças à espécie.

a) Identifique no texto o *habitat* do boto-cor-de-rosa.

b) É correto afirmar que a destruição do *habitat* do boto-cor-de-rosa pela atividade humana é uma das ameaças à espécie?

7. Leia algumas informações sobre as bromélias, um grupo de plantas com cerca de 3 mil espécies diferentes.

- Podem crescer sobre outras plantas, em rochas ou no solo.
- A maioria vive em ambientes quentes e úmidos.
- O néctar da flor pode alimentar beija-flores, morcegos e insetos, que acabam transportando grãos de pólen em seus corpos.
- Algumas armazenam água no centro de suas folhas, servindo de *habitat* para animais, como pequenos anfíbios.

CYRIL RUOSO/MINDEN PICTURES/FOTOARENA

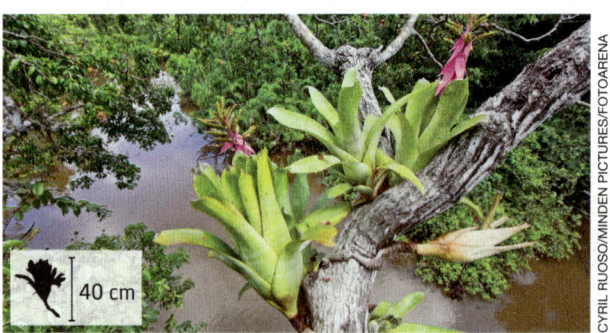

Bromélias sobre tronco (Peru, 2013).

A partir dessas informações, organize:

a) uma lista dos componentes vivos citados com os quais as bromélias se relacionam.

b) uma lista dos componentes não vivos citados com os quais as bromélias se relacionam.

COMPARTILHAR

8. Augusto Ruschi foi um importante ecologista brasileiro, conhecido pela defesa do meio ambiente. Em grupo, façam uma pesquisa sobre a vida e o trabalho dele. Em seguida, produzam um cartaz que apresente uma minibiografia desse pesquisador e suas contribuições mais importantes para o estudo da natureza. Seguindo as orientações do professor, exponham esse cartaz na escola.

Reprodução proibida. Art.184 do Código Penal e Lei 9.610 de 19 de fevereiro de 1998.

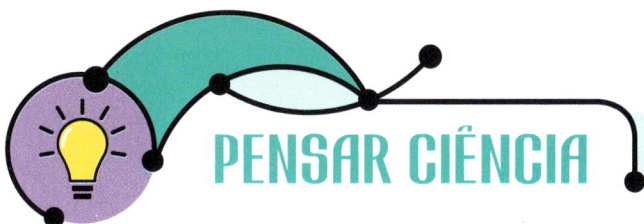

PENSAR CIÊNCIA

A Ecologia tem história

A Ecologia é uma ciência recente. O termo "ecologia" foi criado em 1866 pelo zoólogo alemão Ernst Haeckel (1834-1919), e os primeiros passos para a organização da disciplina foram dados por volta de 1890. Contudo, observações e registros das interações ecológicas se estendem desde as origens da Ciência, com as civilizações grega e árabe – só para mencionar algumas –, ainda na Antiguidade, até os dias de hoje.

Al-Jahiz, nascido em 776 d.C., em Basra, cidade do atual Iraque, foi um autor de destaque em sua época e já reconhecia os efeitos dos fatores ambientais na vida dos animais. Escreveu uma enciclopédia de 7 volumes, com histórias e observações sobre mais de 350 animais.

Os mosquitos saem à procura de sua comida, uma vez que sabem, instintivamente, que o sangue é a coisa que os faz viver. Logo que avistam o elefante, hipopótamo ou qualquer outro animal, eles sabem que a pele foi feita para servir-lhes de alimento; e perfuram-na com suas probóscides, certos de que suas estocadas estão perfurando fundo o suficiente e são capazes de alcançar e tirar o sangue. Moscas, por sua vez, embora se alimentem de muitas e diversas coisas, principalmente caçam o mosquito... Todos os animais, em suma, não podem existir sem comida, nem pode o animal que caça escapar de ser caçado, por sua vez.

Página do *Livro dos animais*, de Al-Jahiz, escrito no século VIII d.C.

Fonte: Trecho do livro The Book of animals, de Al-Jahiz, em: EGERTON, F. N. A History of the Ecological Sciences, part 6: Arabic Language Science – Origins and Zoological Writings. *Bulletin of the Ecological Society of America*, v. 83 (2), p. 142-146, 2002. Traduzido pelos editores.

Probóscide: apêndice alongado presente na cabeça de alguns invertebrados.

Estocada: ato de perfurar com instrumento pontiagudo.

 **ATIVIDADES**

1. A descrição de Al-Jahiz menciona um tipo de relação entre os seres vivos de um ecossistema. Qual é essa relação?

2. Como você interpreta a última frase do texto?

3. Estudiosos acreditam que Al-Jahiz teria se inspirado no livro *Historia Animalium*, escrito pelo filósofo grego Aristóteles em 350 a.C. Da mesma forma, as histórias de Al-Jahiz se tornaram populares e influenciaram outros autores. Qual é a relação desses fatos com a importância para a Ciência da colaboração entre os pesquisadores, do registro e conservação da informação e de seu acesso ao longo do tempo?

TEMA 3
OBTENÇÃO DE ALIMENTO

> Dependendo do modo como obtêm alimentos, os seres vivos são classificados em produtores, consumidores ou decompositores.

DE ONDE VEM O ALIMENTO?

Todos os seres vivos precisam de alimentos, que são fonte de energia e nutrientes. Os seres vivos podem obter alimento de duas formas: produzindo-o ou alimentando-se de outro organismo.

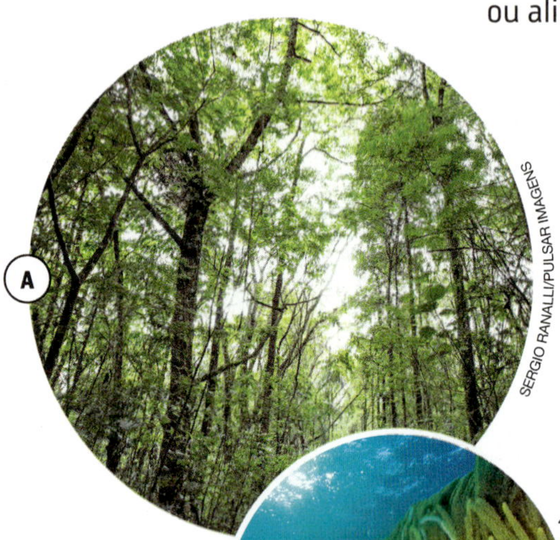

OS PRODUTORES

Os seres vivos que produzem o próprio alimento são chamados **produtores**. É o caso das plantas, predominantes nos ambientes terrestres, das algas e de certas bactérias, encontradas principalmente nos ambientes aquáticos.

A maioria dos organismos produtores faz **fotossíntese**. Nesse processo, utilizam água, gás carbônico e energia luminosa do Sol para a produção do alimento.

OS CONSUMIDORES

Os seres vivos **consumidores** são aqueles que se alimentam de outros organismos ou de partes desses organismos, como folhas, frutos, sementes e ovos. Todos os animais, inclusive o ser humano, são consumidores.

Exemplos de organismos produtores em ecossistemas diferentes: (**A**) Árvores em uma floresta (Paraná, 2016). (**B**) Algas no mar (Pernambuco, 2007).

A anta (*Tapirus terrestris*) é um consumidor herbívoro.

OS DECOMPOSITORES

Os **decompositores** são consumidores que se alimentam de organismos mortos ou de resíduos deixados pelos seres vivos, como fezes e restos vegetais.

São representados por várias espécies de fungos e bactérias e estão presentes em todos os ecossistemas. Eles são essenciais ao ecossistema, pois evitam o acúmulo de restos e dejetos transformando-os em nutrientes inorgânicos que podem ser aproveitados pelos produtores.

Quase todos os organismos decompositores são microscópicos, ou seja, só podem ser vistos com o auxílio de microscópios.

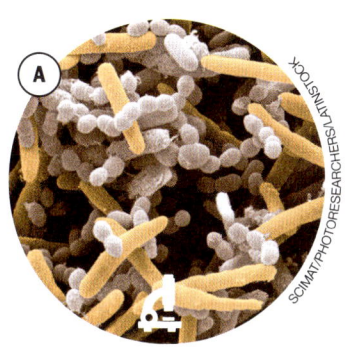

Exemplos de organismos decompositores: (**A**) Bactérias decompositoras de diferentes espécies. (Imagem obtida com microscópio eletrônico, colorizada artificialmente e ampliada cerca de 3.400 vezes.) (**B**) Cogumelos da espécie *Coprinopsis picacea* decompondo resíduos de seres vivos em uma floresta.

VAMOS FAZER

O que acontece com as cascas?

Material

- Frasco transparente com tampa.
- Cascas de frutas.

Procedimento

1. Coloque as cascas de frutas dentro do frasco.
2. Tampe o frasco de maneira que fique bem vedado.
3. Deixe o frasco de 5 a 7 dias em um local abrigado da luz, como dentro de um armário, por exemplo.
4. Passado esse tempo, observe a montagem. Não toque nem cheire o material de dentro do frasco.
5. Faça um desenho e uma descrição do que você observou, garantindo registros precisos.
6. Depois de 4 a 6 dias, observe novamente. Faça outro desenho e descreva o que você observou.

Registre em seu caderno

- Que processo natural está relacionado com o que você observou? Qual é a importância desse processo para o ambiente?

ATITUDES PARA A VIDA

- **Esforçar-se por exatidão e precisão**

  O trabalho científico de observação e registro, seja ele escrito, seja por desenhos, não combina com a pressa. Mesmo que a tarefa pareça simples, requer concentração nos detalhes e rigor para traduzir em palavras e imagens o que se observa. Compartilhar seus registros com colegas que estão diante do mesmo desafio também pode contribuir para garantir a qualidade do produto final.

DE OLHO NO TEMA

- Cite exemplos de organismos produtores, consumidores e decompositores.

TEMA 4
RELAÇÕES ALIMENTARES ENTRE OS SERES VIVOS

Os seres vivos de um ecossistema interagem de diversas maneiras. Um tipo de interação são as relações alimentares, ou seja, aquelas que envolvem um organismo se alimentando de outro.

Ao lado estão esquematizadas algumas das relações alimentares que podem ocorrer entre os organismos representados nesta e na próxima página. As setas indicam o trajeto do alimento. Elas partem de um ser vivo que serve de alimento em direção a outro que dele se alimenta. Os decompositores não estão representados no esquema. Como eles obtêm alimento a partir de todos os organismos, basta imaginar setas ligando todos os seres vivos a eles.

> As interações alimentares entre os seres vivos são representadas nas cadeias e teias alimentares.

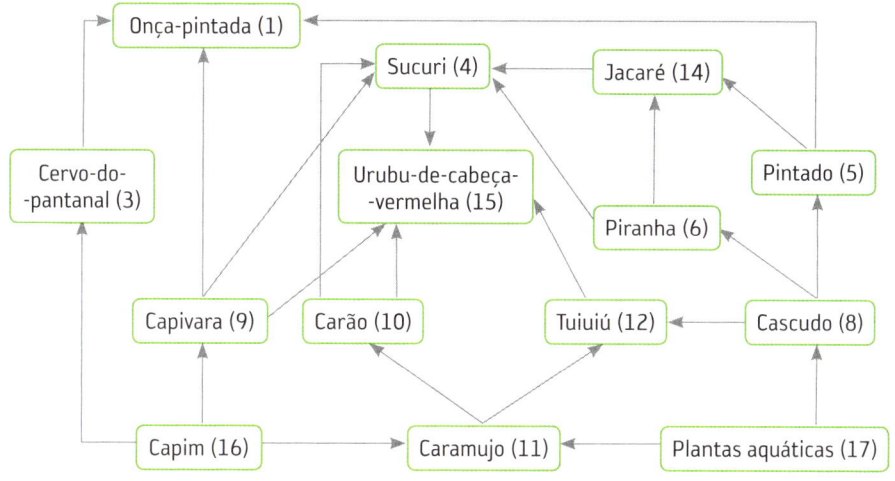

Alguns seres vivos representados na imagem e seus tamanhos aproximados

1. Onça-pintada: 2 m de comprimento.
2. Ema: 1,7 m de altura.
3. Cervo-do-pantanal: 2 m de comprimento.
4. Sucuri: 6 m de comprimento.
5. Pintado: 1 m de comprimento.
6. Piranha: 30 cm de comprimento.
7. Arraia-pintada: 1 m de comprimento.
8. Cascudo: 15 cm de comprimento.
9. Capivara: 1,5 m de comprimento.
10. Carão: 65 cm de comprimento.
11. Caramujo: 5 cm de comprimento.
12. Tuiuiú: 1,5 m de altura.
13. Ipê-roxo: 25 m de altura.
14. Jacaré: 3 m de comprimento.
15. Urubu-de-cabeça-vermelha: 75 cm de comprimento.
16. Capim: 35 cm de altura.
17. Plantas aquáticas: tamanhos variados.

Representação de um ecossistema do Pantanal Mato-grossense elaborada com base na ilustração do biólogo Frederico Lencioni Neto. (Imagem sem escala; cores-fantasia. A situação não é real.)

CADEIAS ALIMENTARES

As relações alimentares entre os organismos nos ecossistemas podem ser representadas pelas **cadeias alimentares**, também chamadas de cadeias tróficas. Uma cadeia alimentar é formada por uma sequência de interações entre diferentes organismos que servem de alimento uns aos outros.

O exemplo abaixo mostra as relações alimentares entre três seres vivos: a embaúba (*Cecropia* sp.), a preguiça (*Bradypus* sp.) e a harpia (*Harpia harpyja*). Além desses, também estão representados fungos e bactérias, que decompõem todos os organismos dessa cadeia alimentar.

> **Trófico:** esse adjetivo provém do grego *trofos* e refere-se a nutrição, alimento ou processo de alimentação.

EXEMPLO DE CADEIA ALIMENTAR

Produtor: embaúba. — Consumidor (herbívoro): preguiça. — Consumidor (carnívoro): harpia.

Decompositores: várias espécies de bactérias e fungos. (Imagem sem escala; cores-fantasia.)

ENTRANDO NA REDE

No endereço **http://mod.lk/afp1m**, você encontra um jogo sobre cadeias alimentares em que poderá testar seus conhecimentos identificando diferentes cadeias e respondendo a perguntas sobre o assunto.

Acesso em: mar. 2018.

OS NÍVEIS TRÓFICOS

De modo geral, as cadeias alimentares são compostas de um produtor, um ou mais consumidores e decompositores. Cada um desses seres vivos corresponde a um elo da cadeia.

Cada posição na cadeia alimentar é denominada **nível trófico**. Veja a seguir os níveis tróficos mais comuns.

- **Primeiro nível trófico:** é ocupado pelos **produtores**, como as plantas terrestres e aquáticas. Um exemplo é a ninfeia-azul (*Nymphaea caerulea*).
- **Segundo nível trófico:** é ocupado pelos **consumidores primários**, que se alimentam de produtores. É o caso de algumas espécies de aruás (*Pomacea* sp.), caramujos que se alimentam de plantas aquáticas.
- **Terceiro nível trófico:** é ocupado pelos **consumidores secundários**, que se alimentam de consumidores primários. É o caso do carão (*Aramus guarauna*), ave que pode se alimentar de aruás.
- **Quarto nível trófico:** é ocupado pelos **consumidores terciários**, que se alimentam de consumidores secundários. É o caso da sucuri (*Eunectes* sp.), serpente que pode se alimentar do carão.

Após o quarto nível podem vir o quinto, o sexto e assim por diante.

Cadeia alimentar

Se o lobo-guará se alimentar dos frutos do arbusto, que nível trófico ele ocupará? Represente a teia alimentar da animação incluindo essa nova relação alimentar. Disponível em <http://mod.lk/ac6u01>.

Ninfeia-azul. Aruá. Carão. Sucuri.

Representantes dos diferentes níveis tróficos.

TEIAS ALIMENTARES

Em um ecossistema, as cadeias alimentares não ocorrem isoladamente. Pode haver diversas delas. O exemplo das páginas 24 e 25 reúne várias cadeias alimentares, como:

- Capim ⟶ Capivara ⟶ Sucuri
- Plantas aquáticas ⟶ Caramujo ⟶ Carão ⟶ Sucuri

Algumas cadeias de um ecossistema se interligam, formando as **teias alimentares**. Veja um exemplo usando as cadeias alimentares acima.

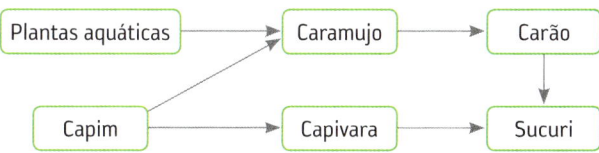

Em uma teia alimentar, alguns seres vivos podem ocupar diferentes níveis tróficos, dependendo da cadeia analisada. É o caso da sucuri nesse exemplo. Ela ocupa o terceiro nível trófico quando se alimenta de um consumidor primário, como a capivara. Mas também ocupa o quarto nível trófico quando se alimenta de um consumidor secundário, como o carão.

DE OLHO NO TEMA

Observando o esquema de teia alimentar das páginas 28 e 29, responda.

1. Quais organismos são produtores?
2. Quais organismos são consumidores primários?
3. Quais organismos podem ocupar mais de um nível trófico? Justifique sua resposta.

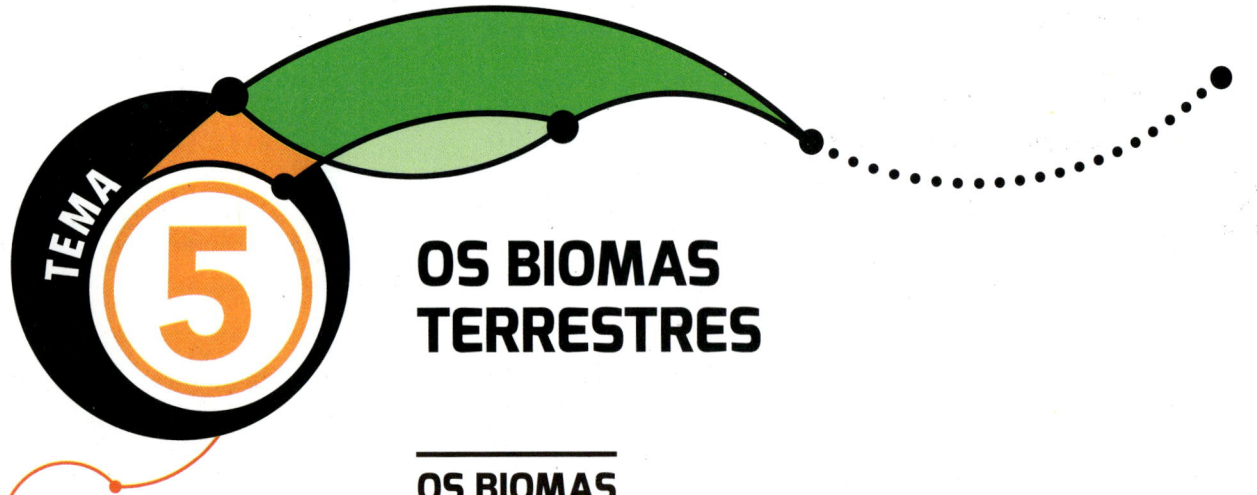

TEMA 5

OS BIOMAS TERRESTRES

OS BIOMAS

O estudo da biosfera revela que as regiões da Terra diferem entre si com relação a vários aspectos ambientais, como o clima (principalmente a regularidade das chuvas e a temperatura), o solo, a disponibilidade de água e a altitude. Os seres vivos que habitam as diversas regiões do planeta estão sujeitos à influência desses fatores ambientais.

A biosfera é constituída de inúmeros ecossistemas distintos, que são agrupados em biomas. **Bioma** é um conjunto de ecossistemas contíguos que compõem um ambiente uniforme no que se refere a padrões de vegetação, fauna, clima, relevo e solo.

Os ambientes terrestres do planeta podem ser agrupados em sete biomas principais: tundra, taiga, floresta temperada, floresta tropical, savana, pradaria e deserto. Os biomas podem receber nomes particulares em regiões diferentes; por exemplo, no Brasil, o bioma do tipo floresta tropical recebe o nome de Floresta Amazônica no norte e de Mata Atlântica no litoral.

> Um bioma é composto de ecossistemas que compartilham certas características, como vegetação, fauna, clima e relevo.

Contíguo: que está próximo ou vizinho; adjacente.

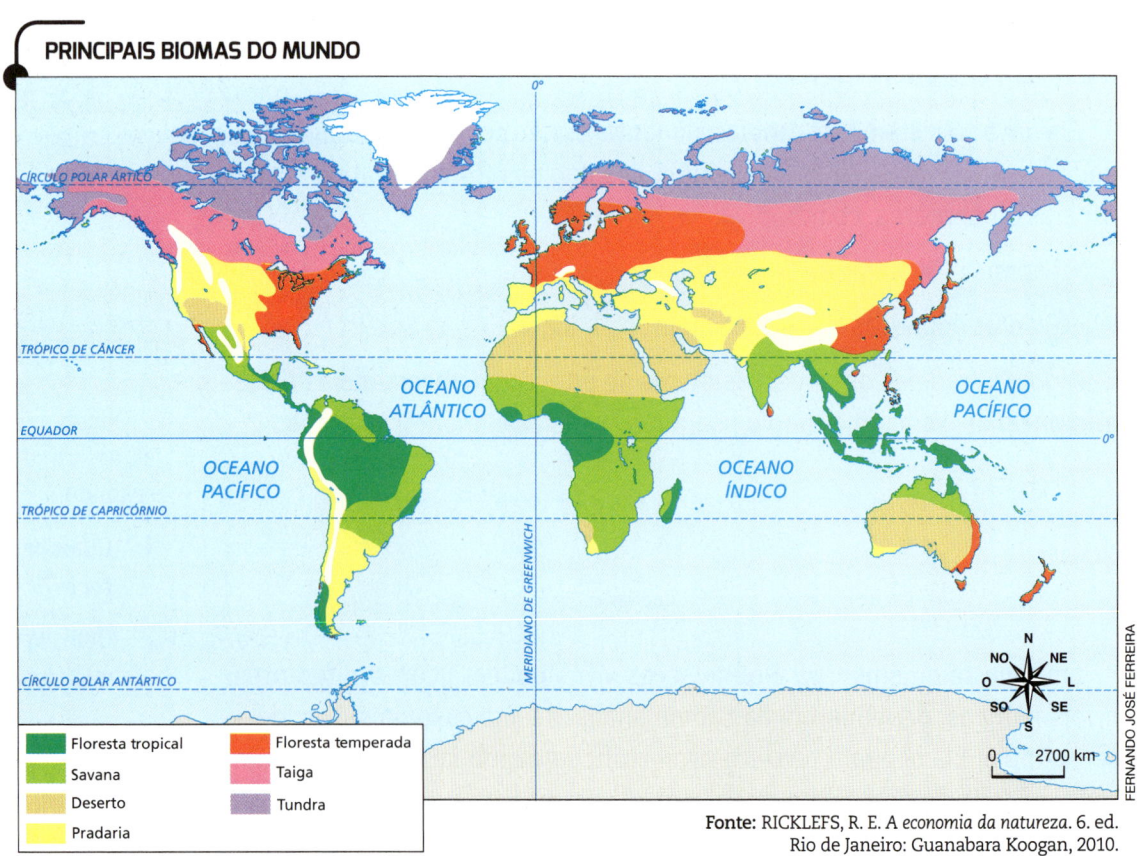

Fonte: RICKLEFS, R. E. *A economia da natureza*. 6. ed. Rio de Janeiro: Guanabara Koogan, 2010.

TUNDRA

Apresenta clima com temperaturas baixas, ventos constantes e poucas chuvas. Os invernos são longos, rigorosos e escuros, e os verões, curtos. A vegetação é constituída principalmente de gramíneas e plantas baixas.

O boi-almiscarado é um animal típico da tundra na América do Norte (Canadá, 2015).

Região de tundra no Parque Nacional Denali, no Alasca (Estados Unidos, 2016).

TAIGA

Conhecida também como floresta de coníferas, localiza-se em regiões que possuem verões curtos, moderados e úmidos, em contraste com os invernos longos, rigorosos e secos. Sua vegetação é constituída principalmente de coníferas, árvores como os pinheiros, que suportam o frio intenso e a neve.

Lobo da espécie *Canis lupus lycaon* em ambiente de taiga (Canadá, 2012).

Região de taiga na Sibéria (Rússia, 2017).

33

FLORESTA TEMPERADA

Apresenta chuvas moderadas e bem distribuídas ao longo do ano. As estações do ano são bem definidas, com temperaturas que podem variar bastante. Durante o outono, as folhas de algumas árvores mudam de cor e caem.

Região de floresta temperada no Japão (2017).

Esquilo-vermelho (*Sciurus vulgaris*), uma espécie comum nas florestas temperadas da Ásia e da Europa (Inglaterra, 2017).

FLORESTA TROPICAL

Apresenta clima quente e úmido e chuvas durante todo o ano. Sua vegetação é densa e constituída de árvores altas, além de plantas menores. É o bioma de maior biodiversidade do mundo.

Região de floresta tropical na Costa Rica (2017).

Saíra-de-sete-cores (*Tangara seledon*), uma ave comum em florestas tropicais do Brasil (SP, 2017).

PRADARIA

Também denominada campo, está localizada em áreas predominantemente planas, com poucas árvores e cobertas de gramíneas. Os invernos são frios, e os verões, amenos; no verão se concentram as chuvas.

SAVANA

Localiza-se em regiões com verões quentes e chuvosos e invernos secos. É caracterizada por áreas com gramíneas altas, arbustos e algumas árvores de pequeno porte.

DESERTO

Região onde as chuvas são raras. A vegetação é ausente ou escassa e as temperaturas variam bastante. De acordo com a situação geográfica, o deserto pode ser frio, temperado ou quente.

Região de pradaria nos Estados Unidos (2017).

Elefantes-africanos (*Loxodonta* sp.) em região de savana (Quênia, 2015).

DE OLHO NO TEMA

1. Observe o mapa dos principais biomas do mundo e responda: quais são os principais biomas presentes no Brasil?
2. Como se caracteriza um bioma?
3. A distribuição de um bioma pode mudar com o passar do tempo? Justifique.

Trilha de estudo

Vai estudar? Nosso assistente virtual no *app* pode ajudar! <http://mod.lk/tr6u01>

Região de deserto nos Estados Unidos (2017).

ATIVIDADES TEMAS 3 A 5

ORGANIZAR O CONHECIMENTO

1. De acordo com o modo de obtenção de alimentos, em quais categorias os seres vivos podem ser classificados?

2. Explique como os seres vivos de cada grupo citado na questão anterior obtêm alimentos.

3. Observe o esquema e responda.
   Alga unicelular ⟶ Krill ⟶ Pinguim-imperador ⟶ Orca
   - Quais são as informações que o esquema nos fornece a respeito da alimentação desses seres vivos?

4. Qual é a importância de bactérias e fungos nas cadeias alimentares?

ANALISAR

5. Observe a cadeia alimentar e responda.
   Planta ⟶ Lagarta ⟶ Sapo ⟶ Coruja
   a) Quantos níveis tróficos existem nessa cadeia alimentar?
   b) Qual é o ser vivo produtor dessa cadeia alimentar?
   c) Quais são os seres vivos consumidores dessa cadeia alimentar?
   d) Que seres vivos estão ligados a todos os organismos dessa cadeia alimentar, mas não foram representados?

6. Represente uma cadeia alimentar com os seres vivos (ou partes de seres vivos) indicados abaixo. Una-os com setas.

   | Acácia (folha) | Girafa | Leão | Fungos |

7. Analise o esquema e faça o que se pede.

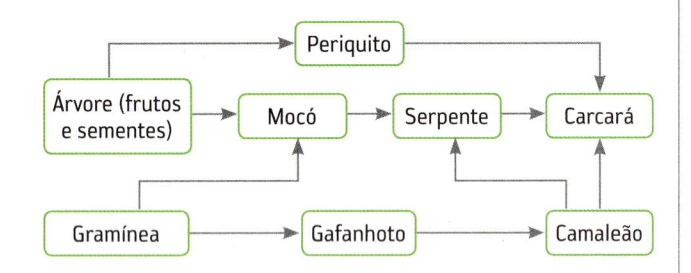

   [Esquema: Árvore (frutos e sementes) → Periquito; Árvore → Mocó → Serpente → Carcará; Gramínea → Gafanhoto → Camaleão; Camaleão → Carcará; Serpente → Carcará]

   a) Identifique os seres vivos que ocupam o primeiro nível trófico. Explique por que eles ocupam essa posição.
   b) Quais organismos são consumidores primários? E secundários?
   c) Quais organismos podem ocupar mais de um nível trófico? Quais níveis eles ocupam?

8. A tabela a seguir lista os seres vivos consumidores de um ecossistema e seus respectivos alimentos. Analise-a e monte uma teia alimentar desse ecossistema.

Consumidores	Alimentos
Besouro	Planta
Caracol	Planta
Pardal	Besouro, caracol e planta
Coruja	Pardal e caracol
Sapo	Besouro
Serpente	Sapo e pardal
Gavião	Pardal e serpente

9. Identifique o bioma descrito em cada item.
   a) Possui estações do ano bem definidas; as folhas das árvores caem no outono.
   b) Localiza-se na região ártica; sua vegetação compõe-se de plantas pequenas.
   c) É o bioma de maior biodiversidade.
   d) É um tipo de campo com extensas áreas cobertas de gramíneas.
   e) Caracteriza-se por gramíneas altas, arbustos e árvores esparsas.
   f) Tem baixa umidade e vegetação escassa ou ausente.
   g) É encontrado em regiões frias e composto principalmente de coníferas.

COMPARTILHAR

10. Escolham uma espécie de animal ou planta ameaçada de extinção. Pesquisem sobre:
    - o tipo de ecossistema e a região do mundo em que ela vive;
    - a participação dessa espécie nas cadeias alimentares.

    Em seguida, conversem sobre os impactos para o ecossistema que o desaparecimento dessa espécie poderia causar. Por fim, elaborem um cartaz para informar as pessoas sobre a espécie escolhida e o risco que a extinção dela pode representar.

EXPLORE

CONSTRUÇÃO DE UMA TEIA ALIMENTAR

Depois da Floresta Amazônica, o Cerrado brasileiro é a maior formação natural da América do Sul. Nele, vivem cerca de 30% de todas as espécies de animais e plantas do Brasil.

As figuras abaixo apresentam alguns seres vivos que habitam o Cerrado.

Aranha

Sabiá

Plantas

Rã

Gafanhoto

Lobo-guará

Seriema

Alguns seres vivos do Cerrado. (Imagens sem escala.)

Jararaca

Preá

Mais questões no livro digital

ATIVIDADES

INTERPRETAR, RELACIONAR E REFLETIR

1. Reúna-se com um colega para construir uma teia alimentar com os animais do Cerrado, incluindo todos os seres vivos mostrados nas figuras acima. Para isso, vocês devem definir:
   - as informações necessárias para a resolução do problema;
   - as fontes em que buscarão essas informações.

   Atenção! Na teia alimentar não é preciso representar os seres vivos decompositores; acrescentem uma nota informando como eles obtêm alimento no ecossistema retratado.

2. Após a construção de sua da teia, reúnam-se com outras duas duplas para comparar os resultados obtidos. Caso haja diferenças, levantem hipóteses para explicá-las e discutam um modo de verificar a validade dos dados que cada dupla anotou.

ATITUDES PARA A VIDA

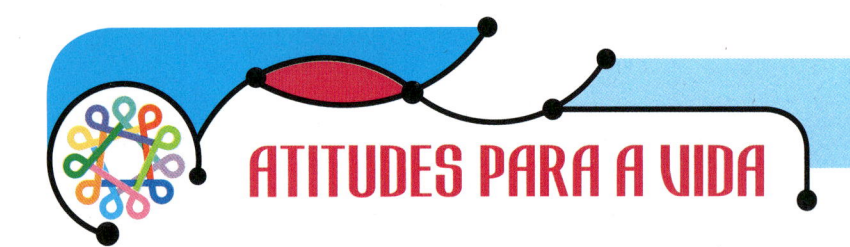

Turismo animal

Muita gente que gosta de animais costuma visitar lugares onde é possível ter contato direto com animais silvestres. Pode parecer que essa atividade é inofensiva aos animais, mas nem sempre esse é o caso.

NÃO INCENTIVE O TURISMO QUE MALTRATA OS ANIMAIS.

Prejuízos Ambientais, Sociais e de Saúde Pública podem estar por trás de uma simples fotografia.

«Maus-tratos, a utilização ou a guarda de animais silvestres sem autorização são crimes ambientais (Lei 9605/1998)».

Campanha contra o uso ilegal de animais silvestres pelo turismo.

Os animais da Amazônia sofrem com a atividade turística na região, que em muitos casos submete espécies como o boto-cor-de-rosa e o bicho-preguiça a longas sessões de fotos, alertam ativistas da ONG *World Animal Protection*. [...]

Com frequência, os animais são capturados e maltratados antes de serem exibidos aos turistas, aponta a *World Animal Protection*, que se infiltrou em excursões na selva amazônica do Brasil e do Peru para registrar estas interações.

"Atrás das câmeras, estes animais costumam ser espancados, separados de suas mães quando bebês e guardados secretamente em lugares sujos e apertados; ou são cevados reiteradamente com alimentos que podem ter um impacto negativo a longo prazo em seu organismo e comportamento", afirma o grupo.

"Com muita frequência, os turistas desconhecem completamente esta crueldade que torna os animais submissos e disponíveis", acrescenta. [...]

Fonte: FRANCE PRESS. ONG diz que animais da Amazônia sofrem com *selfies* de turistas. G1, 4 out. 2017. Disponível em: <http://mod.lk/turisani>. Acesso em: abr. 2018.

Cevar: alimentar, engordar.

TROCAR IDEIAS SOBRE O TEMA

1. Você já presenciou atrações turísticas que envolvessem animais? Eles aparentavam sofrer maus-tratos? Conte para seus colegas.

2. Seguindo as orientações do professor, dividam-se em três grupos, que representarão:

   - Grupo A: turistas que gostam de atrações que envolvam animais.
   - Grupo B: trabalhadores que promovem atrações com animais.
   - Grupo C: ambientalistas que protestam contra a exploração de animais.

   Vocês vão realizar um debate sobre a seguinte questão:

   É possível haver um turismo responsável envolvendo animais? Se sim, como?

   Cada grupo deve elaborar uma lista de argumentos para defender o ponto de vista que representa. Para isso, conversem e procurem se colocar no lugar das pessoas que vocês estão representando. Tenham em mente, por exemplo, que as pessoas representadas pelos grupos A e B tendem a defender o turismo envolvendo animais, embora por motivos diferentes.

   Com as listas de argumentos prontas, é hora de iniciar o debate. A dinâmica será a seguinte:

   - A sequência de apresentação dos grupos deve ser A, B, C.
   - Na rodada inicial, cada grupo terá 3 minutos para expor seu ponto de vista e seus argumentos. Enquanto um grupo se apresenta, os outros devem ouvir com atenção e anotar os argumentos que julgarem mais relevantes.
   - Após a primeira rodada, cada grupo terá 5 minutos para conversar sobre os argumentos apresentados. Os três grupos devem procurar chegar a um consenso quanto à questão proposta. **Pensar com flexibilidade** ajuda a conciliar os diferentes interesses envolvidos nessa situação.
   - Na rodada seguinte, cada grupo terá 3 minutos para expor suas conclusões. Essas duas últimas etapas podem ser repetidas até que se chegue a um consenso.

COMO EU ME SAÍ?

- Levei em consideração os argumentos dos outros grupos?
- Utilizei diferentes pontos de vista para propor uma solução melhor para o problema?
- Se eu fosse explicar por que ter um pensamento flexível é importante em um trabalho em grupo, diria que...

COMPREENDER UM TEXTO
OS SONS DOS ECOSSISTEMAS

Texto 1

Você sabia que formigas, larvas de insetos e anêmonas-do-mar criam uma assinatura sonora? Cada ambiente selvagem no planeta, como a floresta amazônica, funciona como uma orquestra da natureza. Os ventos, insetos, répteis, anfíbios, pássaros, mamíferos e barulhos dos rios são instrumentos que têm seu papel na harmonia sonora dessas grandes composições. Cada paisagem sonora gera uma assinatura única e contém uma quantidade incrível de informação. Elas são ferramentas incrivelmente valiosas com as quais é possível avaliar a saúde de um *habitat* através de todo seu espectro de vida.

Fotografias e imagens de satélite são ferramentas importantes para acompanhar o desmatamento, mas nem sempre é possível detectar a degradação parcial através dessas imagens, já a sonoridade do ambiente pode revelar muito mais sobre o equilíbrio da biodiversidade. A utilização desse tipo de ferramenta para a medição da biodiversidade é conhecida como ecologia acústica. [...]

Em orquestras, os instrumentos são divididos em categorias como cordas, metais, percussões, madeiras, etc. Nas orquestras da natureza também existem divisões, já que as três fontes básicas da paisagem sonora são: geofonia, biofonia e antrofonia. A geofonia se refere aos sons não biológicos, como o vento nas árvores, água em uma correnteza, ondas nas praias, movimentos da Terra. A biofonia é todo o som que é gerado por organismos vivos, não humanos, no *habitat*. E a antrofonia são todos os sons produzidos por nós, humanos. Sejam sons controlados, como a música ou teatro, ou caóticos e incoerentes, como a maioria de nossos barulhos. [...]

De acordo com o músico Bernie Strauss, a concepção é relativamente simples: quanto mais musicais e complexas forem as propriedades acústicas de um *habitat*, mais saudável ele é. As biofonias fornecem muitas informações que propiciam o entendimento de nossas relações com o mundo natural. É possível ouvir o impacto da extração de recursos, do barulho humano e da destruição do *habitat*. A paisagem sonora indica padrões que revelam o grau de saúde do *habitat*: se a relação não for saudável, os padrões bioacústicos serão caóticos e incoerentes.

Pesquisadores operam equipamento de gravação de sons da natureza.

Fonte: CHIAPETTA, M. S. Ecologia acústica: os sons podem servir para analisar a biodiversidade e a saúde de um *habitat*. eCycle. Disponível em: <http://mod.lk/BK1z5>. Acesso em: abr. 2018.

Os golfinhos, da mesma forma que as baleias e os morcegos, emitem sons que batem em obstáculos, como outros seres vivos e objetos, e retornam como um eco. Esses ecos ajudam na sua localização.

2,5 m

Texto 2

O Projeto Providence, coordenado pelo Instituto de Desenvolvimento Sustentável Mamirauá (IDSM), no Amazonas, desenvolve um equipamento que deverá ser capaz de identificar espécies de animais por meio de sons e imagens. [...]

Os módulos em desenvolvimento integram tecnologias de reconhecimento de imagens e de identificação de sons. O uso de dois sistemas permite identificar um número bem maior de espécies do que o uso apenas de imagens. [...] Com armadilhas fotográficas, foram identificadas pouco mais de 30 espécies de mamíferos em Mamirauá. Com os sons, vai ser possível monitorar centenas de pássaros e outros mamíferos, inclusive espécies que vivem na água, como botos. [...]

O sistema acústico de identificação está sendo desenvolvido pelo pesquisador francês Michel André. [...] Ele conta que a tecnologia nasceu há mais de 20 anos, para compreender diferentes aspectos da poluição sonora, que afetam o fundo do mar. De acordo com ele, já se sabia que a poluição sonora podia prejudicar baleias ou golfinhos [...], mas ele descobriu que, mesmo em ambientes aparentemente silenciosos, ondas sonoras que não podem ser ouvidas afetam invertebrados marinhos. [...]

Fonte: FONSECA, V. A biodiversidade amazônica em tempo real. O Eco, 13 jul. 2017. Disponível em: <http://mod.lk/providen>. Acesso em: mar. 2018.

ATIVIDADES

OBTER INFORMAÇÕES

1. Que característica dos ambientes é tratada nos dois textos?

2. Dê exemplos de informações que os estudos apresentados podem fornecer sobre os ecossistemas.

INTERPRETAR E REFLETIR

3. O autor do Texto 1 afirma que a ecologia acústica ajuda a avaliar a saúde de um ecossistema. Explique essa afirmação com suas próprias palavras.

4. Por que é importante realizar estudos sobre os efeitos da ação humana no ambiente?

PESQUISAR E COMPARTILHAR

5. Em grupo, façam o que se pede.
   a) Pesquisem os efeitos da poluição sonora sobre um ecossistema.
   b) Proponham ao menos uma medida para reduzir o impacto da poluição sonora sobre essa região.
   c) Planejem como compartilhar as informações obtidas e a proposta elaborada com seus colegas.

UNIDADE 2

O PLANETA TERRA

POR QUE ESTUDAR ESTA UNIDADE?

O planeta Terra foi formado há cerca de 4,6 bilhões de anos. A maneira como se formou e a posição que ocupa no Sistema Solar, entre outros fatores, produziram condições essenciais para o surgimento da vida como a conhecemos. Até hoje, não foi encontrada vida em nenhum outro lugar do Universo.

Entender o processo de surgimento e as transformações pelas quais a Terra passou nos possibilita compreender muitas características do planeta. Conhecer o interior da Terra e a atmosfera que a envolve nos possibilita, por exemplo, compreender fenômenos como erupções vulcânicas, tempestades e furacões.

COMEÇANDO A UNIDADE

1. Se fosse possível fazer uma viagem ao centro da Terra, o que você acha que encontraria pelo caminho?
2. Será que o planeta Terra apresentava, no início de sua formação, as mesmas características que ele tem hoje?
3. Como você descreveria o formato da Terra?

ATITUDES PARA A VIDA

- Escutar os outros com atenção e empatia
- Controlar impulsividade

Erupção do Monte Mayon, nas Filipinas, em 2018. Esse é o vulcão mais ativo das Filipinas, e mais de 74 mil pessoas foram evacuadas nessa erupção.

TEMA 1

A TERRA, NOSSO PLANETA

Terra, com letra inicial maiúscula, é o nome do planeta onde vivemos, situado no Sistema Solar. A palavra terra também é usada para designar o solo, que é a camada mais superficial do planeta.

A Terra é o terceiro planeta mais próximo do Sol. Cerca de 71% da superfície terrestre está coberta por água, embora a maior parte do material que compõe o planeta seja rochoso.

A TERRA É DINÂMICA

A superfície de nosso planeta vem se modificando continuamente desde sua formação, há cerca de 4,6 bilhões de anos. Com alguma frequência, vemos ou ouvimos notícias sobre terremotos, *tsunamis* ou vulcões que entraram em erupção em algum lugar do mundo. Esses fenômenos podem alterar completamente as características de um lugar, destruindo cidades inteiras, por exemplo.

Acredita-se que, no começo, a Terra era muito quente e contava com inúmeros vulcões em constante atividade. A temperatura elevada fazia com que a água permanecesse no estado gasoso na atmosfera. Com o tempo, a temperatura da Terra diminuiu, permitindo o acúmulo de água líquida e a formação dos oceanos.

Desde sua formação, há cerca de 4,6 bilhões de anos, a Terra está sob constantes modificações.

Tsunami: onda gigantesca provocada por um terremoto subaquático.

FOTOS: KYODO NEWS/AP PHOTO/GLOW IMAGES

Em março de 2011, a costa nordeste do Japão foi atingida por um enorme *tsunami*, provocado por um terremoto subaquático que ocorreu no oceano Pacífico. Essas imagens mostram um trecho da costa de Rikuzentakata antes (**A**) e depois (**B**) do *tsunami*.

TERRA PRIMITIVA

Representação de como os pesquisadores supõem que seria a superfície da Terra em seus primórdios. Desde que se formou, nosso planeta passou por muitas modificações. Essas mudanças nunca pararam de acontecer: as transformações fazem parte da natureza. (Imagem sem escala; cores-fantasia.)

Primórdio: começo, início de algo.

A Terra é dinâmica, isto é, está sempre passando por alterações. O interior do planeta, por exemplo, é muito quente, constituído por rocha derretida em constante movimento, e tem relação com a formação dos terremotos e das erupções vulcânicas. Já a água, que passa por diversas mudanças de temperatura, muda de estado físico ao longo do tempo. O ar da atmosfera também experimenta alterações, como de pressão, de temperatura etc., podendo desencadear a formação de ventos. Os seres vivos, assim como os exemplos dados, modificam a superfície do planeta.

Algumas transformações da Terra são rápidas e provocam efeitos bem perceptíveis, como um terremoto, uma erupção vulcânica ou um *tsunami*. A maioria das mudanças, no entanto, é muito mais difícil de ser percebida, pois é lenta e acontece ao longo de centenas, milhares ou até milhões de anos. Um exemplo é a formação do solo: cada centímetro de solo pode levar até 400 anos para ser formado. A formação de montanhas, por sua vez, leva milhões de anos.

Todos os seres vivos interagem com o ambiente e o modificam. O pato-mergulhão (*Mergus octosetaceus*), por exemplo, faz seu ninho em cavidades de paredões rochosos ou barrancos de terra.

ENTRANDO NA REDE

No portal do Banco Internacional de Objetos Digitais, do Ministério da Educação, é possível acessar os objetos digitais "O *tsunami* na Ásia" e "Simulador de ondas do *tsunami*", que mostram como se formou e se propagou a onda gigante que atingiu diversos países em 2004. Acesse pelo endereço **http://mod.lk/szmp9**.
Acesso em: abr. 2018.

DE OLHO NO TEMA

- Que eventos naturais podem modificar rapidamente a superfície do planeta? Cite alguns exemplos.

TEMA 2

O INTERIOR DA TERRA

> As erupções, os terremotos e outros fenômenos naturais são utilizados para estudar como é o interior da Terra.

O ESTUDO DO INTERIOR DA TERRA

Muitas das modificações pelas quais a Terra passa são consequências de eventos que acontecem no interior do planeta.

Não é possível chegar até as camadas mais profundas da Terra para estudá-las, pois a temperatura e a pressão são extremamente elevadas. Então, uma das formas de conhecer o interior do planeta é analisar evidências indiretas, como os terremotos e o material que chega à superfície pelas erupções vulcânicas.

Quando um vulcão entra em erupção, ele expele um material avermelhado e quente, chamado **lava**, que é constituído principalmente de rocha derretida. Podemos imaginar, portanto, que a lava tem origem em um local muito quente no interior da Terra e que esse material está submetido a uma pressão muito forte, pois geralmente é lançado do vulcão com bastante força.

Pressão: está relacionada à força que algo faz em um local. A força que a atmosfera faz na superfície do planeta, por exemplo, é chamada pressão atmosférica.

Pesquisador coletando magma de um vulcão no Havaí, em 2014. Diversos equipamentos são necessários para fazer essa atividade com segurança.

A ESTRUTURA INTERNA DA TERRA

Podemos dividir o interior do planeta em três diferentes camadas: a crosta, o manto e o núcleo.

- A **crosta** é a mais externa e também a mais fina dessas camadas. No fundo dos mares e oceanos, sua espessura varia de 5 a 10 quilômetros, mas ela pode ter entre 30 e 70 quilômetros nas zonas continentais, onde se encontram as grandes cadeias montanhosas. A crosta é formada por rochas. Em muitos lugares, essas rochas não são aparentes, pois estão cobertas pelo solo, pelos oceanos ou por sedimentos (como as dunas).

- O **manto** é a camada intermediária; inicia-se abaixo da crosta e vai até 2.900 quilômetros de profundidade. O manto apresenta temperaturas bastante elevadas e divide-se em duas partes: manto superior e manto inferior. É formado principalmente por rochas no estado sólido; em alguns lugares, o manto é líquido, como acontece sob os vulcões ativos.

- O **núcleo** é a camada mais interna do planeta. Inicia-se a 2.900 quilômetros de profundidade, indo até o centro da Terra, a cerca de 6.370 quilômetros. É formado principalmente pelos metais ferro e níquel, que estão submetidos a uma temperatura de cerca de 6.000 °C, a mesma temperatura encontrada na superfície do Sol. O núcleo é dividido em núcleo externo, que é líquido, e núcleo interno, que é sólido.

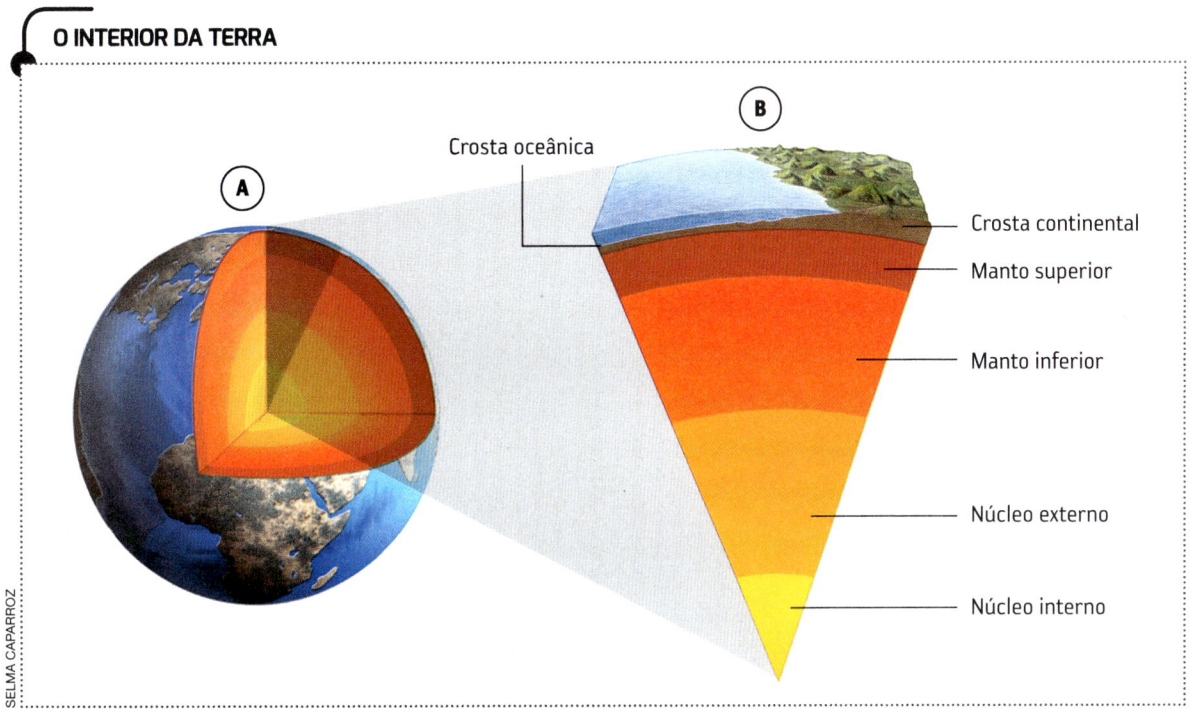

O INTERIOR DA TERRA

Representação esquemática do planeta Terra e suas camadas. (**A**) Globo terrestre recortado, mostrando parcialmente seu interior. (**B**) Detalhe das camadas que compõem o planeta. Observe que a parte da crosta que forma o continente, conhecida como crosta continental, é mais espessa que a parte que constitui o fundo dos oceanos, chamada crosta oceânica. (Imagem sem escala; cores-fantasia.)

Fonte: TEIXEIRA, W. et al. (Org.). *Decifrando a Terra*. 2. ed. São Paulo: Companhia Editora Nacional, 2009.

DE OLHO NO TEMA

- Quais são as principais características de cada camada do interior da Terra?

COLETIVO CIÊNCIAS

Grupo de pesquisa quer chegar ao manto da Terra

[...] Cientistas japoneses estão a caminho de conhecer um lugar muito mencionado nos livros [...], mas jamais explorado pelos seres humanos. Eles planejam ser o primeiro grupo a perfurar com sucesso o manto da Terra, a segunda camada do nosso planeta que fica entre o núcleo e a crosta terrestres. [...]

A pesquisa preliminar será realizada pela Agência Japonesa de Ciência e Tecnologia Terrestre-Marítima (Jamstec) [...] nas águas ao nordeste das ilhas do Havaí. A escolha pelo mar está relacionada ao fato de que a crosta oceânica é mais fina do que a continental. [...]

A crosta marítima do Havaí será a primeira a receber os pesquisadores pois a temperatura da área em torno da fronteira entre o manto e a crosta é relativamente baixa, de 150 °C. Isso torna a perfuração e a observação mais fáceis. [...] O navio Chikyu, construído [...] especialmente para esse tipo de missão, será usado para a perfuração. A sua broca terá que percorrer mais de quatro quilômetros de água e quase seis quilômetros da crosta terrestre para chegar ao manto.

[...] Os pesquisadores esperam que a observação direta do local possa revelar a quantidade de água que o interior do planeta guarda e a sua dureza.

Com essas informações em mãos, os especialistas poderiam entender melhor como a Terra foi formada. [...]

Fonte: DEMARTINI, M. Japoneses querem ser os primeiros a penetrar o manto da Terra. *Exame*, São Paulo, 11 abr. 2017. Disponível em: <http://mod.lk/lbAHH>. Acesso em: abr. 2018.

Navio Chikyu (Japão, 2013).

TEMA 3

A ATMOSFERA TERRESTRE

A Terra é envolvida por uma camada de gases, a atmosfera.

O AR

Atmosfera é a camada de ar que envolve a Terra. Ela é formada por diferentes gases, entre eles o gás nitrogênio, o gás oxigênio, o argônio, o gás carbônico e o vapor-d'água.

No surgimento do planeta Terra, não havia atmosfera. Essa camada gasosa se formou aos poucos e, no começo, era constituída por gases diferentes dos atuais.

CAMADAS DA ATMOSFERA

A atmosfera se estende por muitos quilômetros acima da superfície terrestre. Não é possível estimar com precisão onde ela termina e onde começa o espaço interplanetário. Além disso, o ar não está distribuído de maneira uniforme por toda a atmosfera. Por esses motivos, para fins de estudo, ela é dividida em camadas: troposfera, estratosfera, mesosfera, termosfera e exosfera.

Na camada mais próxima da superfície da Terra, a troposfera, os gases constituintes do ar existem em maior quantidade. Conforme aumenta a altitude, a quantidade de gases diminui, isto é, o ar se torna cada vez mais **rarefeito**. Cerca de 99% de todo o ar se encontra em uma camada de até 32 quilômetros de altitude em volta da Terra.

Aurora boreal. Existem diversas partículas no ar que interagem entre si, com outros materiais e com os seres vivos. As luzes emitidas na aurora boreal são resultado da interação de algumas dessas partículas com a radiação solar (Islândia, 2018).

VAMOS FAZER

A existência do ar

Como podemos nos certificar de que o ar existe, se não podemos vê-lo? É possível, por exemplo, sentir o vento e observá-lo carregando folhas caídas e poeira ou sentir um sopro sobre nossa mão. A seguir, propomos outra forma de verificar a existência do ar.

Material

- 1 copo descartável (transparente, se possível) com um pequeno furo no fundo (cerca de 1 mm de diâmetro). Esse furo será feito pelo professor.
- 1 guardanapo de papel
- 1 bacia funda cheia de água

Procedimento

1. Em grupo, coloquem o guardanapo de papel no fundo do copo, de modo que ele não caia quando o copo for virado de cabeça para baixo.
2. Com o copo nessa posição e tampando o furo com o dedo, mergulhem-no na bacia com cuidado até que o fundo fique cerca de 1 centímetro acima do nível da água. Tomem cuidado para manter o furo sempre tampado com o dedo.
3. Retirem o copo com cuidado, sempre na posição vertical e sem tirar o dedo do furo. Verifiquem o que aconteceu com o guardanapo. Registrem o resultado.
4. Repitam o procedimento removendo o dedo do furo antes de retirar o copo da água. Registrem o resultado e discutam as diferenças observadas.

ATITUDES PARA A VIDA

- **Controlar a impulsividade**

Os procedimentos da atividade proposta exigem concentração e cuidado. Em situações como essa, é importante evitar distrações e manter a atenção no momento presente, realizando cada ação com concentração. Agir por impulso ou sem pensar, nesses casos, pode comprometer os objetivos que se pretende alcançar.

ENTRANDO NA REDE

Diversos fenômenos que ocorrem na atmosfera mostram que existe matéria e muitas transformações nessa camada. No endereço **http://mod.lk/osjen** você pode conhecer os "super-raios" e algumas de suas consequências na superfície terrestre.

Acesso em: maio 2018.

DE OLHO NO TEMA

Observe o esquema da página seguinte para responder às questões.

1. Que eventos ocorrem na troposfera e não são verificados nas outras camadas?
2. Que fenômeno acontece na mesosfera? Você já o observou alguma vez? Se sim, compartilhe a experiência com seus colegas.

CAMADAS DA ATMOSFERA

A partir de 600 quilômetros — EXOSFERA
- A **exosfera** é o limite entre a atmosfera e o espaço interplanetário. Nessa camada, o ar é extremamente rarefeito e composto principalmente de gás hidrogênio e gás hélio. A temperatura é muito alta durante o dia e baixa durante a noite. É nessa altitude que estão os satélites artificiais.

Satélite artificial

80-600 quilômetros — TERMOSFERA
- A **termosfera**, que tem também uma parte chamada de ionosfera, apresenta temperaturas muito mais elevadas que as temperaturas das camadas inferiores.

  Na ionosfera, acontecem as auroras, um fenômeno de luzes e cores que aparece em forma de pontos, faixas horizontais ou pequenos círculos luminosos. As auroras ocorrem perto das regiões dos polos. As do hemisfério Norte são conhecidas como auroras boreais e as do hemisfério Sul, como auroras austrais.

Aurora

50-80 quilômetros — MESOSFERA
- Na **mesosfera**, a temperatura é baixa, chegando a atingir 100 °C abaixo de zero, e o ar é muito rarefeito.

  Algumas vezes, é possível observar um fenômeno chamado chuva de meteoros. Ele ocorre quando a Terra atravessa uma região do espaço com muitos corpos celestes pequenos e rochosos, que se incendeiam ao cruzar a mesosfera em alta velocidade. Popularmente, costumamos chamar esse fenômeno de estrelas cadentes.

Meteoros

20-50 quilômetros — ESTRATOSFERA
- Na **estratosfera**, existe gás ozônio, capaz de absorver parte dos raios ultravioleta emitidos pelo Sol, que podem causar sérios danos à saúde, como câncer de pele, problemas oculares e até mesmo alterações no sistema de defesa do corpo. O ar é rarefeito nessa camada.

Balão meteorológico

0-20 quilômetros — TROPOSFERA
- A **troposfera** é a camada de ar que está em contato direto com a superfície da Terra e a que contém a maior quantidade de gases.

  À medida que aumenta a altitude, o ar torna-se mais rarefeito. Isso dificulta a respiração de muitos seres vivos. Com o aumento da altitude, a temperatura também diminui. A maioria dos fenômenos atmosféricos, como as chuvas, os ventos e os relâmpagos, acontece na troposfera.

Monte Everest (8.848 metros)

(Imagem sem escala; cores-fantasia.)

Fonte: ATMOSFERA. Rio de Janeiro: Observatório Nacional, n. 3, 2011. Disponível em: <http://mod.lk/u7sho>. Acesso em: abr. 2018.

ATIVIDADES
TEMAS 1 A 3

ORGANIZAR O CONHECIMENTO

1. Organize os fenômenos a seguir em duas listas, separando os que estão relacionados ao interior da Terra daqueles relacionados à atmosfera.

   Terremotos
   Tsunamis
   Tempestades
   Erupções vulcânicas
   Relâmpagos
   Chuvas de meteoros

2. Analise as afirmações abaixo, identificando as que estão incorretas. Em seguida, reescreva-as, corrigindo-as.

   a) O núcleo interno da Terra é o local que tem a temperatura mais alta se comparado às demais camadas do planeta e, por isso, encontra-se em estado líquido.

   b) O manto é a região intermediária, entre o núcleo e a crosta, formado por rochas sólidas e líquidas.

   c) A crosta é a camada mais fina e mais quente da Terra, onde se encontram as rochas que vemos na superfície.

3. O que é a atmosfera e do que ela é formada? Podemos indicar com precisão onde ela começa e onde termina? Explique.

4. Descreva as principais características das camadas da atmosfera, citando a faixa de altitude que, aproximadamente, as delimita.

   a) Troposfera   c) Mesosfera   e) Termosfera
   b) Exosfera   d) Estratosfera

ANALISAR

5. Leia o trecho a seguir e responda.

   > O austríaco Felix Baumgartner conseguiu [...] quebrar o recorde com o salto livre mais alto já dado.
   >
   > Baumgartner pulou de uma cápsula localizada a 39 quilômetros acima do nível do mar, presa a um balão [...].
   >
   > O salto foi dado no estado americano do Novo México e, no início da queda, o aventureiro girou pelo ar até conseguir se estabilizar.
   >
   > [...]
   >
   > Foram necessários dez minutos para que ele pousasse no deserto e ele abriu o paraquedas a poucos milhares de metros de altura. [...]

   Fonte: BRITISH BROADCAST CORPORATION (BBC). Baumgartner salta a 39 quilômetros de altura e quebra o recorde. *BBC Brasil*, 14 out. 2012. Disponível em: <http://mod.lk/h0lbx>. Acesso em: abr. 2018.

   a) Em qual camada da atmosfera Felix iniciou seu salto?

   b) Observe os trajes que Felix usou para realizar um salto. Proponha uma explicação para o uso dessa roupa especial.

   O atleta Felix Baumgartner (1969-) salta de sua cápsula (Estados Unidos, 2012).

COMPARTILHAR

6. Leia o texto a seguir.

   ### Garotinha inglesa salvou turistas, diz tabloide

   Uma menina evitou a morte de cerca de cem pessoas ao alertar sobre a chegada do *tsunami* em uma praia da Tailândia, segundo o tabloide inglês *The Sun*. "A água começou a ficar esquisita. Havia bolhas, e a maré recuou de repente. Contei para a mamãe", disse Tilly Smith, 10, ao *Sun*. A menina aprendera sobre o fenômeno na escola. Com o aviso, a praia foi esvaziada minutos antes da chegada da onda.

   Fonte: Garotinha inglesa salvou turistas, diz tabloide. *Folha de S.Paulo*. São Paulo, 3 jan. 2005. Caderno Mundo.

   a) Pesquise como as pessoas devem agir em caso de *tsunami* e de terremoto.

   b) Em sala de aula, compartilhe as informações com os colegas. O professor vai anotar as recomendações na lousa. Depois, divulguem as informações para a comunidade escolar por meio de redes sociais, folhetos ou cartazes.

PENSAR CIÊNCIA

Estudando o interior da Terra

Terremotos [...] são importantes fontes de informação para os geofísicos. Os dados registrados durante os tremores servem não só para os estudos dos abalos em si, como também para tentar conhecer melhor o centro da Terra.

Ao ser medido do outro lado do planeta, por exemplo, o tremor [...] pode ajudar a descobrir a constituição do centro terrestre por onde essas ondas sísmicas passaram.

A fim de ampliar as fontes de informações sobre o assunto, um projeto [...] pretende investigar [...] a composição do centro do planeta sem necessitar da ocorrência de abalos sísmicos.

Os pesquisadores ligados ao projeto, intitulado Simulação e modelagem de minerais a altas pressões, reproduzirão por meio de modelos computacionais as condições termodinâmicas a que os minerais estão expostos no subsolo terrestre.

[...]

O projeto de pesquisa permitirá a execução de simulações computacionais dispensando a necessidade de experimentos físicos realizados em laboratório.

Ensaios de minerais a altas pressões exigem equipamentos caros, como células de diamantes, que espremem amostras para medir suas propriedades físicas. Os modelos computacionais, por sua vez, poderão levar à descoberta de novos meios e ferramentas para se chegar a respostas sobre dúvidas a respeito dos mecanismos internos do planeta.

Com as simulações, os pesquisadores esperam aprofundar os conhecimentos sobre a composição química do manto terrestre, a geo e termodinâmica do planeta e a evolução das placas tectônicas, informações essenciais para o melhor entendimento dos terremotos.

Fonte: REYNOL, F. Terremotos como o do Chile podem ajudar pesquisa sobre centro da Terra. *Jornal do Brasil*, 3 mar. 2010. Disponível em: <http://mod.lk/tkkou>. Acesso em: maio 2018.

ATIVIDADES

1. Por que não é possível estudar diretamente o interior da Terra?

2. Segundo o texto, que métodos podem ser utilizados para investigar a estrutura interna da Terra?

3. Em sua opinião, a teoria sobre a estrutura do interior da Terra pode ser considerada confiável, já que não foi obtida a partir de uma observação direta?

Em janeiro de 2010, um forte terremoto atingiu o Haiti. Segundo estimativas, 316 mil pessoas morreram e mais de um milhão de haitianos perderam suas casas. Estudar a estrutura da Terra pode ajudar a reduzir os danos causados por terremotos.

TEMA 4

A FORMAÇÃO DA TERRA

COMO O PLANETA SE FORMOU

A Terra provavelmente se formou no mesmo período que o Sol e os outros planetas do Sistema Solar – Mercúrio, Vênus, Marte, Júpiter, Saturno, Urano e Netuno. A teoria mais aceita é a de que uma estrela muito maior que o Sol existia na região onde se encontra o Sistema Solar; essa estrela teria explodido, espalhando seu material pelo espaço. Após algum tempo, parte desse material teria se agrupado novamente.

A maior parte dessa matéria teria originado o Sol, que concentra mais de 99% da massa de todo o Sistema Solar, e o restante, dado origem aos planetas, satélites naturais (luas), asteroides, cometas e outros corpos do Sistema Solar.

> De acordo com estudos, a Terra teria se formado na mesma época que os outros planetas do Sistema Solar.

FORMAÇÃO DE UM SISTEMA PLANETÁRIO

Representação de uma estrela jovem rodeada por material como gases, poeiras e rochas. Cientistas acreditam que esse tipo de material possa dar origem a planetas e a outros corpos celestes. (Imagem sem escala; cores-fantasia.)

TRANSFORMAÇÕES NA TERRA PRIMITIVA

Nos primórdios da formação do planeta, a superfície da Terra era bastante quente, coberta por vulcões ativos. Muito lentamente, o planeta começou a esfriar e, depois de muitos milhões de anos, a superfície se solidificou. Formou-se, então, uma camada fina de rocha, a crosta terrestre.

Ao longo desse processo gradativo de resfriamento, foi se formando a atmosfera primitiva. Com o passar do tempo, a temperatura do planeta diminuiu o suficiente para que a água pudesse permanecer em estado líquido e se acumular em determinadas regiões. Foi assim que os oceanos começaram a ser formados. O desenvolvimento dos oceanos foi fundamental para proporcionar condições para o surgimento e a manutenção da vida na Terra.

Ainda não se sabe ao certo de onde veio a água existente na Terra. Alguns cientistas acreditam que ela se formou no interior do planeta e foi expelida para a superfície durante o processo de resfriamento. Outra teoria diz que a água foi se acumulando na superfície do planeta trazida por cometas e asteroides.

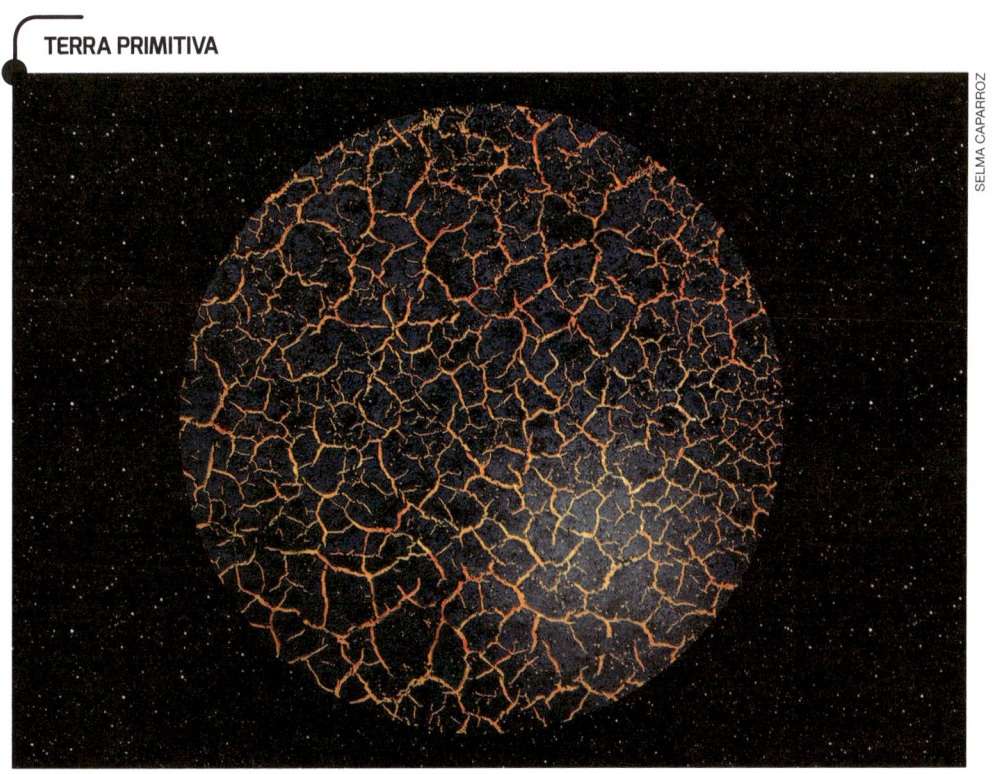

TERRA PRIMITIVA

Representação de como seria a Terra em seus primórdios.
(Imagem sem escala; cores-fantasia.)

DE OLHO NO TEMA

- Qual é a relação entre a temperatura da superfície da Terra e a formação dos oceanos?

TEMA 5 — O FORMATO DA TERRA

Por meio de observações e estudos, sabemos que a Terra tem um formato aproximadamente esférico.

Antes de ser possível viajar de foguete ou enviar sondas para o espaço, as pessoas não podiam ver a Terra "de fora". Muitos pensavam que a Terra era plana, achatada como um disco. Os defensores dessa ideia se baseavam naquilo que podiam observar do seu ponto de vista, ou seja, da superfície terrestre.

A ideia de que a Terra é plana foi contestada em diversas épocas por filósofos e astrônomos, com base em estudos e observação de alguns fenômenos.

Atualmente, sabemos que a Terra é praticamente esférica. As tecnologias atuais permitem medir as dimensões da Terra com bastante precisão, revelando que nosso planeta é levemente achatado nos polos e se torna curvo na linha do equador. Ainda assim, podemos considerar que a Terra é uma esfera, mesmo levando em conta seu relevo superficial e seu achatamento.

Existem diferentes maneiras de perceber o formato da Terra. Por exemplo, ao olharmos para o horizonte no mar, em uma praia: quando uma embarcação se afasta da costa, notamos que ela parece cada vez menor e, num dado momento, não conseguimos mais enxergar o seu casco. Aos poucos, deixamos de ver também o mastro e outras partes mais altas.

Observar as estrelas também nos fornece evidências da esfericidade da Terra. Algumas constelações visíveis em um hemisfério não são visíveis no outro, pois a própria Terra bloqueia o campo de visão do observador. A constelação do Cruzeiro do Sul, por exemplo, não é vista da Europa (hemisfério Norte). No Brasil, não é possível observar a constelação da Ursa Maior, que é visível no hemisfério Norte.

TAMANHO DOS RAIOS DA TERRA

Representação esquemática da Terra, com uma parte removida para evidenciar o interior do planeta. O raio na linha do equador (raio equatorial) é um pouco maior do que o raio que vai do centro até os polos (raio polar). (Imagem sem escala; cores-fantasia.)

Raio polar: 6.357 km
Raio equatorial: 6.378 km

OBSERVAÇÃO DE ESTRELAS

Representação esquemática de como o formato da Terra interfere no campo de visão de quem observa o céu. Algumas estrelas visíveis no hemisfério Norte não podem ser avistadas do hemisfério Sul e vice-versa. (Imagem sem escala; cores-fantasia.)

O EXPERIMENTO DE ERATÓSTENES

Há cerca de 2.200 anos, o matemático e astrônomo grego Eratóstenes realizou um experimento simples que reforçou a ideia de que a Terra é esférica e permitiu calcular, com relativa precisão, o tamanho do nosso planeta. Embora os historiadores não tenham certeza sobre alguns detalhes desse episódio, relatos da época nos ajudam a entender o experimento.

Eratóstenes sabia que, em certa cidade egípcia, ao meio-dia de cada 21 de junho, o Sol estava exatamente acima da cabeça do observador. Sabia-se disso porque, nessa data e horário, uma vareta fincada verticalmente no chão não projetava sombra.

O mesmo não acontecia em Alexandria, onde Eratóstenes morava. Nessa mesma data e horário, uma vareta fincada verticalmente no chão em Alexandria projetava uma pequena sombra. Se a Terra fosse plana, como se acreditava na época, essa diferença de sombras formadas entre as duas cidades não deveria existir. Eratóstenes, então, deduziu que a Terra era esférica.

Sabendo a distância entre as duas cidades e usando conhecimentos de Matemática e Astronomia, Eratóstenes então calculou a circunferência da Terra. Mesmo não dispondo de equipamentos sofisticados, o valor obtido foi muito próximo do valor real.

Eratóstenes e a medida da Terra

Em quantas partes iguais a Terra foi dividida nos cálculos de Eratóstenes? Qual foi o valor da circunferência do planeta terrestre encontrado por esse estudioso grego? Disponível em <http://mod.lk/ac6u02>.

Trilha de estudo

Vai estudar? Nosso assistente virtual no *app* pode ajudar! <http://mod.lk/tr6u02>.

REPRESENTAÇÃO DO EXPERIMENTO DE ERATÓSTENES

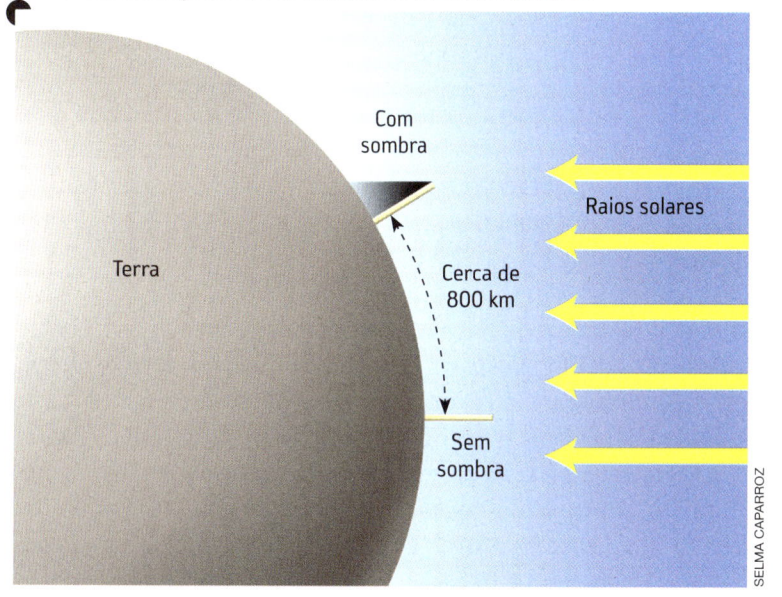

Representação esquemática do experimento de Eratóstenes, realizado ao meio-dia de um dia 21 de junho: em Alexandria, a vareta produz sombra. O mesmo não acontecia no outro local, a 800 quilômetros de distância. (Imagem sem escala; cores-fantasia.)

Busto de Eratóstenes.

DE OLHO NO TEMA

- Se você precisasse explicar a forma da Terra a alguém, que argumentos escolheria? Justifique a sua escolha.

ATIVIDADES
TEMAS 4 E 5

ORGANIZAR O CONHECIMENTO

1. Identifique as afirmações incorretas e corrija-as.
   a) A formação da Terra pode ter ocorrido a partir do material proveniente dos restos de uma estrela.
   b) A Terra era muito quente no início, mas, após alguns milhares de anos, já tinha esfriado completamente.
   c) O fato de as camadas internas da Terra serem ainda muito quentes é um indício de que o planeta já teve altas temperaturas em sua superfície.
   d) Os oceanos começaram a ser formados a partir das primeiras chuvas que aconteceram por conta dos gases e do vapor-d'água vindos de fora da Terra.
   e) A Terra provavelmente se formou antes do Sol e dos outros planetas do Sistema Solar.

2. Quais são as principais teorias para explicar a origem da água na Terra?

3. Como a formação do Sistema Solar se iniciou?

4. Quais materiais foram responsáveis pela formação dos planetas e de outros corpos celestes do Sistema Solar?

5. Explique por que algumas estrelas no hemisfério Norte não são vistas por um observador no hemisfério Sul e vice-versa.

6. Utilizando instrumentos simples, Eratóstenes realizou um experimento que forneceu dados que permitiram afirmar que a Terra não é plana. Descreva o experimento de Eratóstenes e explique por que as sombras formadas geraram esse tipo de conclusão.

ANALISAR

7. Na história da Terra, ocorreram diversas transformações, sendo que algumas delas ocorreram durante milhões de anos, até que ela chegasse ao estado atual. Você acha que o planeta continua se modificando ou está estável? Há alguma evidência disso?

8. Imagine que Eratóstenes escolheu fazer seu experimento embaixo de uma árvore, repleta de folhas e galhos. Nesse contexto, como seria observada a sombra da vareta ao meio-dia? A árvore ajudou ou prejudicou a observação?

9. Observe a tirinha a seguir e depois responda às questões.

   Hagar - Dick Browne

   a) Quais são as opiniões das personagens da tirinha sobre o formato da Terra?
   b) Se você fosse o garoto, quais argumentos usaria para convencer a outra personagem?

10. A noção de extraterrestre se refere a algo que é de fora do planeta Terra. É possível que algo que esteja no planeta tenha origem extraterrestre? Em caso positivo, cite exemplos.

COMPARTILHAR

11. Em grupos, façam uma pesquisa sobre as evidências que demonstram que a Terra tem formato esférico. Reúnam diferentes imagens e informações para apresentar aos outros grupos. Em seguida, façam uma seleção dos materiais trazidos por toda a turma e produzam cartazes para serem expostos para a comunidade escolar. Eles devem ser disponibilizados com legendas e explicações para que as pessoas consigam entendê-lo sem precisar de auxílio.

12. Reúnam-se em grupos e, com base na teoria que foi apresentada sobre a formação da Terra e as transformações ocorridas há milhões de anos, produzam uma história em quadrinhos que conte como era nosso planeta em seus primórdios. Compartilhem o material entre os grupos. Se possível, distribuam cópias do material produzido para seus amigos e parentes.

EXPLORE

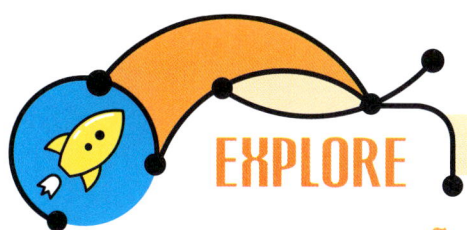

AS DIMENSÕES DA TERRA

Mais questões no livro digital

O monte Everest é a montanha de maior altitude da Terra: seu pico está a 8.848 metros acima do nível do mar. Comparado ao tamanho da Terra, será que ele é tão grande? Se nosso planeta fosse do tamanho de uma bola de futebol, qual seria a altura do Everest?

Para investigar essas questões, reúna-se em grupo e realizem a atividade a seguir.

ATIVIDADE

MATERIAL

- Rolo de barbante
- Tesoura com pontas arredondadas
- Régua
- Fita métrica
- Canetinha hidrocor

PROCEDIMENTO

1. O barbante será usado para representar o raio da Terra. Para calcular a quantidade de barbante necessária, usem a escala de 1:1.000.000 (lê-se "um para um milhão"). Isso significa que a representação do raio da Terra será um milhão de vezes menor que seu tamanho real.

2. Considerando que o raio da Terra tem aproximadamente 6.370 quilômetros, calculem qual deverá ser o comprimento do barbante para representar essa medida. Após o cálculo, cortem o barbante nesse comprimento.

3. Agora, usando a mesma escala, calculem a altitude do monte Everest. Com a canetinha, pintem o barbante a partir de uma de suas extremidades até o ponto correspondente à altitude do Everest.

INTERPRETAR E REFLETIR

1. Observando o barbante esticado, analise a representação em escala que vocês fizeram. O monte Everest é muito alto em relação ao raio da Terra? Explique.

2. Se fosse possível criar uma réplica perfeita da Terra do tamanho de uma bola de futebol, como as montanhas e os vales apareceriam em sua superfície? Seria fácil percebê-los? Explique.

Raio: segmento de reta que liga o centro de um círculo ou esfera a um ponto qualquer desse círculo ou esfera.

Monte Everest, no centro da imagem (Nepal, 2016).

ATITUDES PARA A VIDA

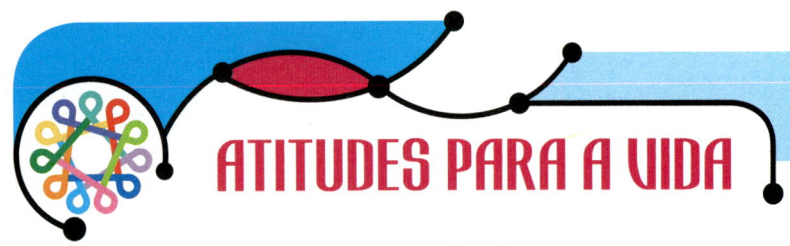

Não tão grande Terra

Veja as imagens e leia os textos a seguir.

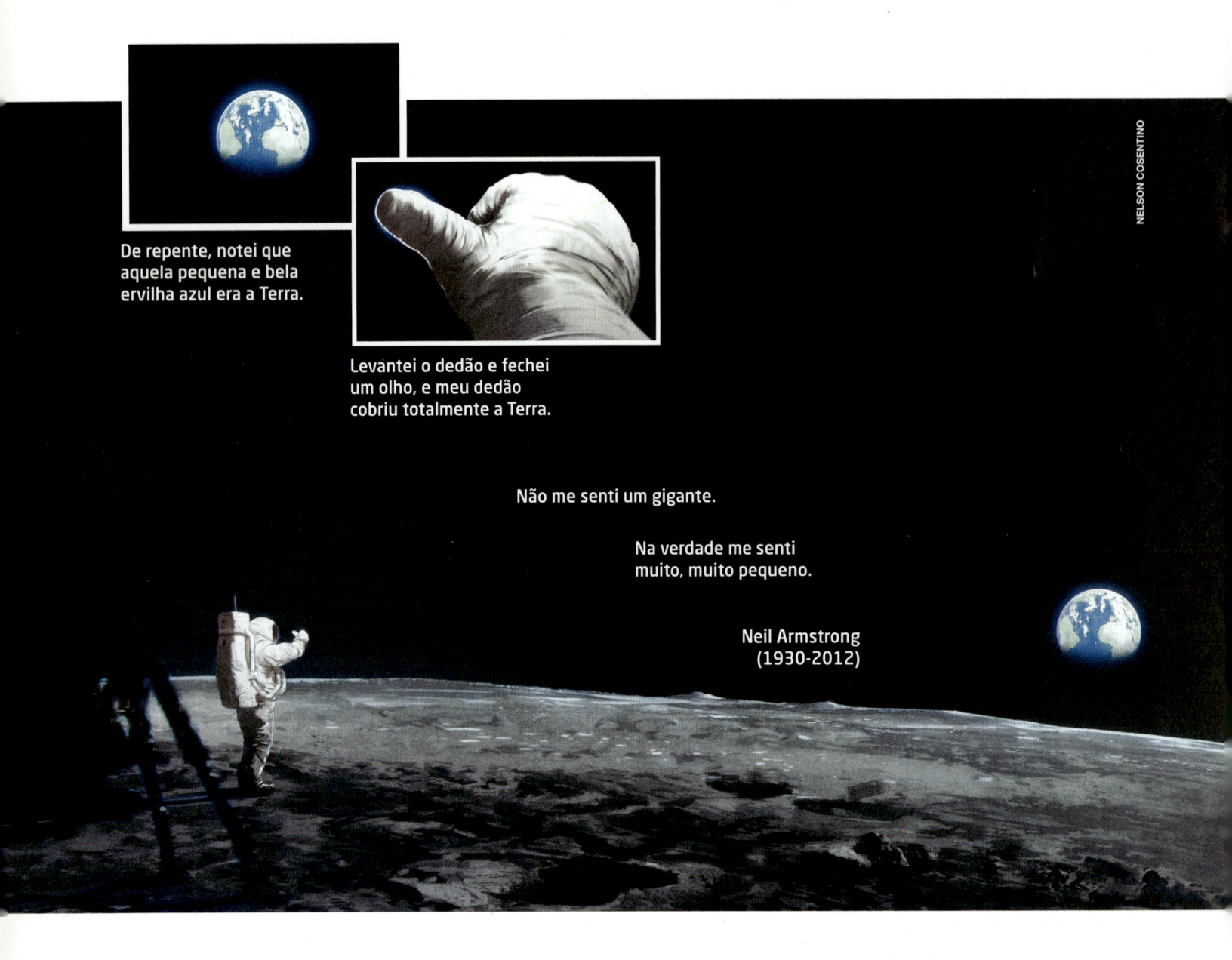

De repente, notei que aquela pequena e bela ervilha azul era a Terra.

Levantei o dedão e fechei um olho, e meu dedão cobriu totalmente a Terra.

Não me senti um gigante.

Na verdade me senti muito, muito pequeno.

Neil Armstrong
(1930-2012)

Neil Armstrong foi um astronauta estadunidense, comandante da missão Apolo 11. Em 20 de julho de 1969, tornou-se o primeiro ser humano a pisar na Lua. A imagem retrata o momento em que ele pôde ver a Terra de uma perspectiva diferente.

O astrônomo estadunidense Carl Sagan apresentou a imagem da próxima página e fez o seguinte comentário em uma palestra ministrada em 1994 numa universidade dos Estados Unidos:

Olhem de novo esse ponto. É aqui, é a nossa casa, somos nós. Nele, todos a quem ama, todos a quem conhece, qualquer um sobre quem você ouviu falar, cada ser humano que já existiu, viveram as suas vidas. O conjunto da nossa alegria e nosso sofrimento, milhares de religiões, ideologias e doutrinas econômicas confiantes, cada caçador e coletor, cada herói e covarde, cada criador e destruidor da civilização, cada rei e camponês, cada jovem casal de namorados, cada mãe e pai, criança cheia de esperança, inventor e explorador, cada professor de ética, cada político corrupto, cada "superestrela", cada "líder supremo", cada santo e pecador na história da nossa espécie viveu ali – em um grão de pó suspenso num raio de sol.

Fonte: SAGAN, C. *Pálido ponto azul*. Nova York, 1994. Palestra.

Fotografia da Terra tirada em 14 de fevereiro de 1990 pela sonda Voyager 1, a uma distância de aproximadamente 6 bilhões de quilômetros. A Terra aparece em meio a um raio luminoso (destacada por um círculo). O posicionamento da câmera permitiu que os raios de luz emitidos pelo Sol também fossem capturados.

TROCAR IDEIAS SOBRE O TEMA

Em grupo, discutam as seguintes questões:

1. O que as declarações de Neil Armstrong e Carl Sagan têm em comum?
2. Por que você acha que eles chegaram a essas considerações?

COMPARTILHAR

Em grupos, leiam o trecho a seguir.

- Se, por um lado, pode-se falar da grandeza da Terra e de todas as suas características especiais, por outro, ao conhecer o espaço, os demais planetas e as estrelas, percebemos o quão pequenos somos.

Conte aos seus colegas o que você pensa sobre essa afirmação e ouça a interpretação deles. Considere que esse assunto é subjetivo, isto é, cada indivíduo pode ter uma opinião própria sobre ele. Por isso, é importante **escutar os outros com atenção e empatia**, ou seja, se colocar no lugar do outro e dar atenção ao que ele diz. Respeitar opiniões diferentes das nossas e refletir sobre elas é uma forma de aprender continuamente.

Após a conversa, cada um deve elaborar, em uma folha avulsa, um desenho que represente a sua opinião sobre a frase discutida. Em seguida, montem uma exposição com essas ilustrações para que as outras turmas possam vê-las.

COMO EU ME SAÍ?

- Soube escutar com compreensão e empatia a opinião dos meus colegas?
- Minhas ideias se modificaram após ouvir as dos colegas?
- Consegui aprender algo ou rever minhas opiniões escutando os colegas?

COMPREENDER UM TEXTO

Cientistas observam o que acreditam ser a formação de um novo planeta

Se você pudesse entrar em uma nave e viajar para bem longe da Terra, mais exatamente para 335 anos-luz de distância em direção à estrela HD 100546, poderia presenciar o nascimento de um planeta. Pelo menos essa é a suspeita de astrônomos que observaram um grande emaranhado de rochas se formando nas proximidades da estrela.

"Com os dados que temos hoje, a explicação mais provável é a de que a imagem é de um planeta em formação. No entanto, ainda temos que confirmar isso com novas observações", contou [...] o astrônomo Sascha Quanz, do Instituto Federal de Tecnologia de Zurique, na Suíça, que participou da descoberta.

De um modo geral, os pesquisadores acreditam que um planeta nasce a partir dos restos do surgimento de novas estrelas. Os fragmentos de rochas liberados pela formação do astro colidem e se unem uns aos outros. Tudo isso começa com partículas pequenas, de apenas alguns milímetros, que depois

Representação do suposto protoplaneta em meio aos gases e fragmentos da HD 100546. A distância entre ele e a estrela é 70 vezes maior que a distância entre a Terra e o Sol. (Imagem sem escala; cores-fantasia.)

atraem rochas cada vez maiores, que podem chegar a vários quilômetros de diâmetro. Com o tempo, o emaranhado vai ficando cada vez maior, até que atinja o tamanho e a massa de um planeta.

No caso da jovem estrela HD 100546, o disco de gás e poeira que surgiu durante sua formação ainda está presente. Por isso, os cientistas acreditam que o objeto encontrado seja mesmo um protoplaneta, isto é, um planeta em formação, que já orbita ao redor de sua estrela.

Ainda não é possível saber ao certo qual o tamanho do novo planeta. Embora as observações mostrem um corpo com tamanho cerca de 6 mil vezes maior do que a Terra, os astrônomos não acreditam que ele seja tão grande. "A estrela HD 100546 ainda está cercada por um disco de gás e poeira", explica Sascha. "Se o protoplaneta fosse realmente tão enorme, formaria buracos nesse disco, e nós não encontramos tais buracos."

Caso os cientistas confirmem que o grande emaranhado de rochas observado é mesmo um planeta em formação, este será um grande passo para a astronomia. "Isso permitiria aos cientistas, pela primeira vez, estudar detalhadamente as condições para a formação de planetas", celebra Sascha. "Normalmente, esse processo é simulado em computadores, mas, com essa descoberta, teríamos um exemplo real de um planeta em formação que ajudaria a fazer simulações mais realistas."

Fonte: TURINO, F. Como nascem os planetas. *Ciência Hoje das Crianças*, 27 mar. 2013. Disponível em: <http://mod.lk/3YjNE>. Acesso em: abr. 2018.

DISCO PROTOPLANETÁRIO

Um disco protoplanetário tem diversos materiais e fica ao redor de uma estrela recém-formada. (Imagem sem escala; cores-fantasia.)

ATIVIDADES

OBTER INFORMAÇÕES

1. O texto cita um fato que foi observado pelos cientistas, levando-os a crer que se tratava de um planeta em formação. Que fato é esse?

2. Qual é o nome da estrela ao redor da qual foi observado o surgimento de um planeta, de acordo com o texto?

3. Qual é a distância entre essa estrela e a Terra?

INTERPRETAR E REFLETIR

4. O tamanho desse planeta em formação é parecido com o da Terra? Que considerações os pesquisadores têm sobre as dimensões desse corpo celeste?

5. Em grupo, discutam por que a descoberta mencionada no texto pode ser considerada um grande passo para a Ciência.

UNIDADE 3

ÁGUA

CONSUMO DA ÁGUA

Consumo invisível de água

Veja quanta água é consumida para produzir cerca de 200 kg* de carne bovina, considerando todas as etapas da criação do animal.

3.060.000 litros**
de água são utilizados para cultivar 8,5 mil kg de alimento (aveia, milho, soja, trigo etc.) consumidos pelo animal ao longo de três anos.

+

24 mil litros**
é a quantidade de água consumida pelo animal em três anos.

+

7 mil litros**
é a quantidade de água utilizada para a manutenção do local onde o animal é criado.

=

3.091.000 litros** ÷ **200 kg*** = **15.455 litros****
é a quantidade total de água consumida durante todo o processo. / de água para cada quilo de carne

Para produzir um bife de 100 g, são consumidos cerca de 1.545 litros

💧 = 10 litros de água

* É a quantidade média de carne obtida de cada animal.
** Esse valor pode variar de acordo com o local e as condições de criação dos animais.

POR QUE ESTUDAR ESTA UNIDADE?

O desperdício e o uso inadequado fazem com que a quantidade de água disponível e com qualidade para ser consumida seja cada vez menor no planeta. Conhecer a importância da água, bem como suas propriedades, nos ajuda a reconhecer a necessidade de preservação desse recurso natural para nossa sobrevivência.

A água é um recurso natural fundamental para a vida, porém bastante limitado. Conheça alguns fatos sobre a água.

Uso da água no mundo

Veja como se dá o uso da água nos diferentes setores: agropecuária, indústria e residências.

70% Agropecuária **19% Indústria** **11% Residências**

ILUSTRAÇÃO: GUILHERME D'AREZZO

Consumo doméstico de água

Veja a quantidade aproximada de água consumida em algumas atividades do dia a dia.

Lavar a louça
- 15 minutos
- 117 litros

Escovar os dentes
- 5 minutos com a torneira aberta
- 12 litros

Banho de chuveiro
- 15 minutos
- 135 litros

Fazer a barba
- 5 minutos para limpar o barbeador ou a lâmina
- 12 litros

Lavar o rosto
- 1 minuto
- 2,5 litros

Descarga
- 6 segundos de acionamento
- 12 litros

Alguns vasos sanitários com caixa acoplada gastam de 3 a 6 litros de água na descarga.

Lavar a roupa
- 15 minutos no tanque, com a torneira aberta
- 279 litros

Uma lavadora de roupa com capacidade de 5 kg gasta, em média, 135 litros por lavagem.

Regar as plantas
- 10 minutos com mangueira
- 186 litros

Lavar a calçada
- 15 minutos com mangueira
- 279 litros

Fontes: SABESP. *Dicas e testes*. Disponível em: <http://mod.lk/xgbtp>; *The Water We Eat*. Disponível em: <http://mod.lk/ukgvl>; UNESCO. The United Nations World Water Development Report 2017. Disponível em: <http://mod.lk/fv1kr>. Acessos em: 16 abr. 2018.

COMEÇANDO A UNIDADE

1. Se a água ocupa a maior parte do planeta, por que não podemos fazer uso desse recurso natural sem nos preocuparmos com seu esgotamento?

2. O que aconteceria se acabasse a água disponível para consumo humano no planeta?

3. Que medidas poderiam ajudar a reduzir o consumo, o desperdício e a falta de água nas cidades?

4. Algumas cidades brasileiras já foram atingidas pelo racionamento de água durante algum período. Você, alguém de sua família ou algum conhecido vivenciou essa situação? Que ações ou mudanças na rotina foram feitas nessa ocasião?

ATITUDES PARA A VIDA

- Pensar e comunicar-se com clareza
- Questionar e levantar problemas

TEMA 1

A ÁGUA NOS SERES VIVOS E NA TERRA

A água se distribui por diferentes locais no planeta. A quantidade de água disponível para consumo humano é muito pequena em relação ao seu total.

A ÁGUA E OS SERES VIVOS

Acredita-se que os primeiros seres vivos surgiram na água. Atualmente, há seres vivos em diversos ambientes da Terra, mas a água continua sendo um elemento essencial para a existência da vida.

Grande parte do corpo dos seres vivos é composta de água; os seres humanos, por exemplo, têm cerca de 75% do organismo constituído de água; uma maçã tem 80% de água; e um peixe, aproximadamente 65%.

Além de participar da composição dos organismos, a água é necessária para mantê-los vivos, participando de diversos processos. Nas plantas, por exemplo, ela é fundamental no processo de absorção dos sais minerais do solo. Já em alguns animais, auxilia no controle da temperatura corporal.

Quando o organismo perde mais água do que consegue repor, ocorre **desidratação**. Na espécie humana, a desidratação representa uma das principais causas de mortalidade infantil.

FUNÇÕES DA ÁGUA NO CORPO HUMANO

- Regula a temperatura corporal
- Faz parte da composição do sangue
- Ajuda a eliminar substâncias do organismo
- Reduz o atrito entre os ossos
- Faz parte da composição dos ossos
- Umidifica a boca, os olhos e o nariz
- Ajuda no funcionamento do intestino
- Protege os órgãos
- Faz parte da composição dos músculos

Grande parte do corpo humano é composta de água. Ela é essencial para as funções vitais do organismo. (Imagem sem escala; cores-fantasia.)

A ÁGUA NO PLANETA

A água está presente nos mares e oceanos, nos rios, em lagos e lagoas, nas geleiras, no solo, nas nuvens, na atmosfera em forma de vapor e nos seres vivos.

A maior parte da água presente na Terra é salgada. Os gráficos ao lado mostram como a água do planeta está distribuída.

A HIDROSFERA

O conjunto formado por toda a água existente no planeta, incluindo aquela presente na composição dos seres vivos, recebe o nome de **hidrosfera**. Podemos classificar as águas da hidrosfera em oceânicas, atmosféricas ou continentais.

ÁGUAS OCEÂNICAS

As águas oceânicas são as mais abundantes da hidrosfera e estão localizadas nos mares e oceanos. Essas águas são salgadas por conterem muitos sais minerais dissolvidos, especialmente o cloreto de sódio, principal constituinte do sal de cozinha. Os sais minerais estão presentes em rochas da superfície da Terra e são transportados pela água dos rios até o mar.

Outra fonte da salinidade das águas oceânicas são os processos vulcânicos que ocorrem nas fontes hidrotermais nas profundezas do oceano. Alguns vulcões encontrados nessas regiões liberam constantemente um material escuro que é rico em sais minerais. Parte desses sais se dissolve na água, contribuindo para sua salinidade.

DISTRIBUIÇÃO DA ÁGUA NO PLANETA

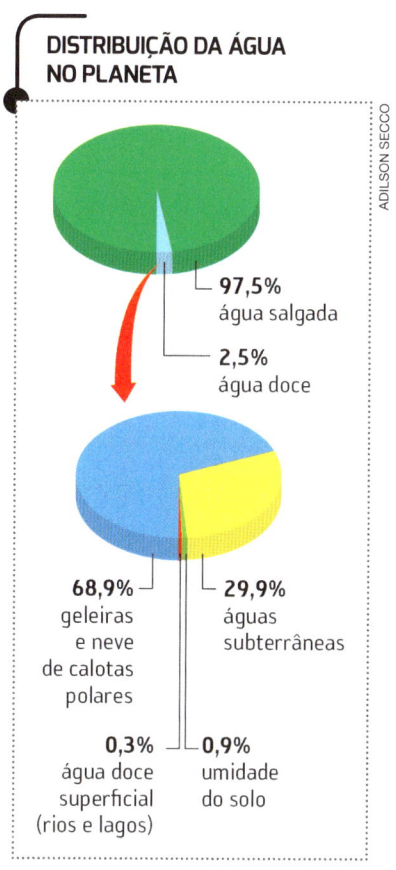

- 97,5% água salgada
- 2,5% água doce
- 68,9% geleiras e neve de calotas polares
- 29,9% águas subterrâneas
- 0,3% água doce superficial (rios e lagos)
- 0,9% umidade do solo

Apenas uma pequena parte do total de água do planeta é de água doce.

Fonte: MINISTÉRIO DO MEIO AMBIENTE. *Água*. Disponível em: <http://mod.lk/wv6ie>. Acesso em: abr. 2018.

Vulcão submarino liberando materiais na água. Os processos vulcânicos que ocorrem nas fontes hidrotermais nas profundezas do mar contribuem para a salinidade das águas oceânicas (Oceano Pacífico, 2004).

Fonte hidrotermal: fratura ou fenda nas rochas do fundo do oceano por onde o magma (material do manto terrestre) sai e se solidifica. Ao se infiltrar nessas fendas, a água se aquece e sua capacidade de dissolver os minerais das rochas aumenta.

ÁGUAS ATMOSFÉRICAS

As águas atmosféricas encontram-se na forma de vapor-d'água, de pequenos pedaços de gelo suspensos no ar ou de gotículas de água líquida. Parte dessa água é encontrada nas nuvens.

ÁGUAS CONTINENTAIS

As águas continentais estão em rios, lagos e geleiras ou são subterrâneas. De modo geral, as águas continentais contêm menor quantidade de sais minerais dissolvidos que as águas oceânicas. Por esse motivo, elas são chamadas de água doce.

As águas das chuvas podem escoar pela superfície do solo, chegando aos rios e lagos, ou podem se infiltrar no solo, preenchendo os espaços entre as rochas. Neste último caso, elas são armazenadas em formações geológicas subterrâneas constituindo os **aquíferos**. Os locais onde as águas dos aquíferos atingem a superfície constituem as **nascentes**.

Os rios e os lagos são as principais reservas de água doce utilizadas pelos seres humanos. Entretanto, em muitas regiões esses recursos não estão disponíveis em quantidade suficiente para toda a população. Podem-se perfurar poços para explorar as águas subterrâneas ou buscar nascentes onde essas águas afloram.

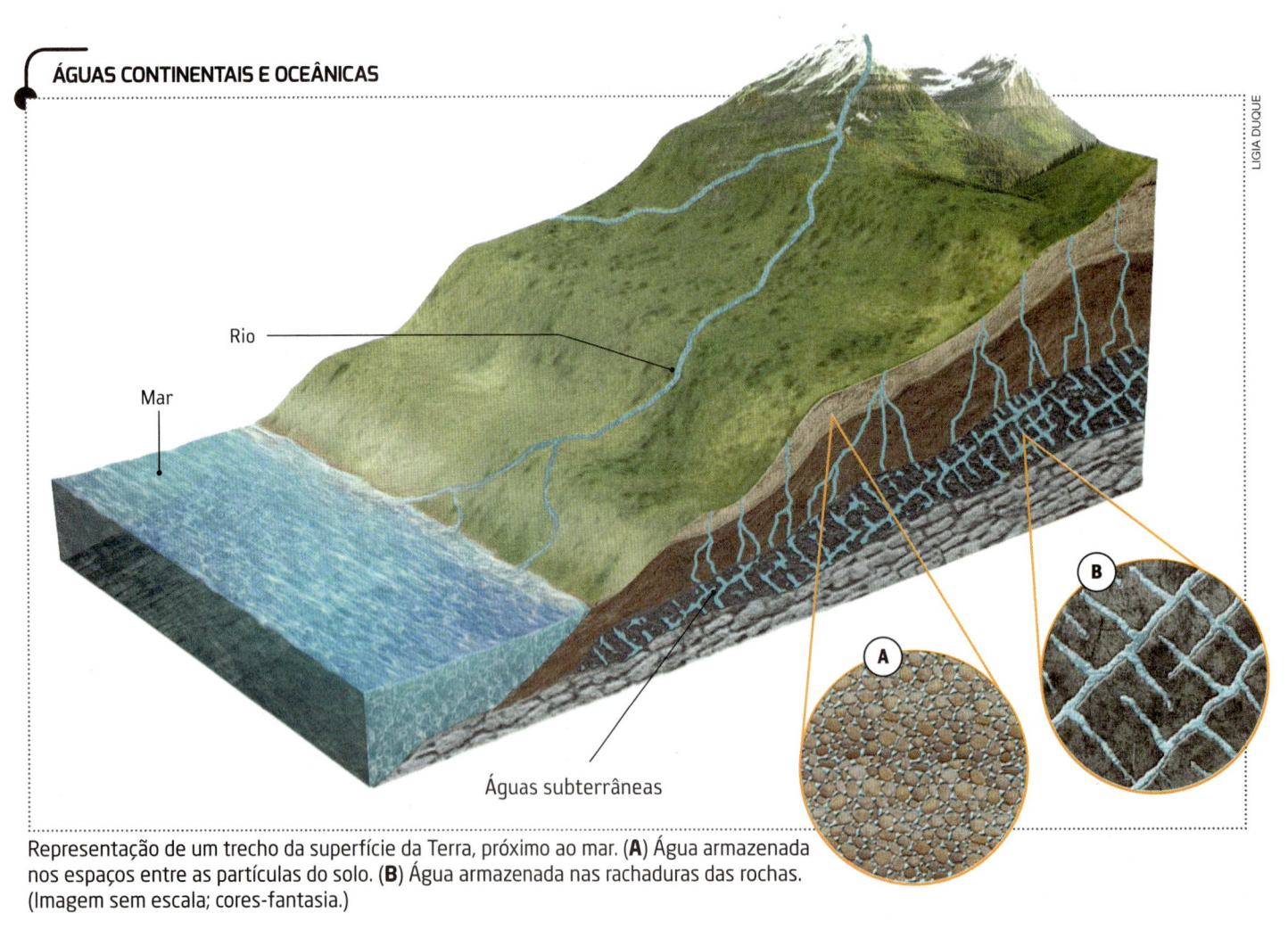

ÁGUAS CONTINENTAIS E OCEÂNICAS

Representação de um trecho da superfície da Terra, próximo ao mar. (**A**) Água armazenada nos espaços entre as partículas do solo. (**B**) Água armazenada nas rachaduras das rochas. (Imagem sem escala; cores-fantasia.)

Fonte: TEIXEIRA, W. et al. *Decifrando a Terra*. 2. ed. São Paulo: Companhia Editora Nacional, 2009.

SAIBA MAIS!

O Sistema Aquífero Grande Amazônia

Até pouco tempo acreditava-se que o aquífero Guarani era a maior reserva de água subterrânea do mundo. Ele se estende pelo Brasil, Paraguai, Argentina e Uruguai e possui uma área de aproximadamente 1,2 milhão de km². No entanto, em meados de 2010, cientistas descobriram que o aquífero Alter do Chão, localizado nos estados do Pará, Amapá e Amazonas, apresentava um volume de água doce quase duas vezes maior que o do aquífero Guarani.

Em 2013, pesquisadores da Universidade Federal do Pará (UFPA) descobriram que tanto a área quanto o volume de água do aquífero Alter do Chão são maiores e passaram a chamá-lo de Sistema Aquífero Grande Amazônia (Saga). Estima-se que essa reserva possua uma extensão de 1,3 milhão de km² e volume de 162 mil km³, enquanto o Guarani tem cerca de 39 mil km³.

Os municípios de Santarém (PA) e Manaus (AM) são abastecidos pelas águas do Saga, entretanto a quantidade de água doce armazenada nele poderia abastecer a população mundial por dois séculos. Um dos maiores desafios é como transportar essa água para abastecer regiões muito distantes do aquífero.

LOCALIZAÇÃO DO SISTEMA AQUÍFERO GRANDE AMAZÔNIA E DO AQUÍFERO GUARANI

Fonte: BORGHETTI, N. R. B.; BORGHETTI, J. R.; ROSA FILHO, E. F. *Aquífero Guarani*: a verdadeira integração dos países do Mercosul. Curitiba: Edição dos Autores, 2004; MADEIRO, C. Maior aquífero do mundo fica no Brasil e abasteceria o planeta por 250 anos. *UOL Notícias*, Cotidiano, 21 mar. 2015. Disponível em: <http://mod.lk/vvnli>. Acesso em: abr. 2018.

ATITUDES PARA A VIDA

- **Questionar e levantar problemas**

  As informações que recebemos por meio dos livros podem ser aplicadas em muitos momentos diferentes. Dados sobre a disponibilidade de água podem nos levar a questionar professores, familiares, colegas e representantes do governo sobre como esse recurso está sendo tratado, além de sugerir e debater ideias originadas desses questionamentos. Essa atitude favorece nossa participação ativa nas questões da comunidade em que vivemos.

DE OLHO NO TEMA

1. O aquífero Guarani e o Sistema Aquífero Grande Amazônia são formados por água doce ou por água salgada?
2. Como a água se deposita nos aquíferos?

TEMA 2

ESTADOS FÍSICOS DA ÁGUA

A água passa continuamente de um estado físico para outro.

A ÁGUA NA NATUREZA

A água pode ser encontrada na natureza em três diferentes estados físicos: sólido, líquido e gasoso. Veja alguns exemplos.

- No granizo, nas geleiras, na neve e nos *icebergs*, encontra-se água no estado sólido (gelo).

- Em oceanos, mares, rios e lagos, a água está presente no estado líquido.

- O ar que respiramos (parte da atmosfera) contém grande quantidade de vapor-d'água, que é água no estado gasoso. O vapor-d'água não é visível.

As nuvens se formam a partir do vapor-d'água presente na atmosfera. Como ele não é visível, o que vemos nas nuvens é um conjunto de pequenas gotas de água misturadas a partículas sólidas, como poeira.

A água é um recurso essencial à vida e é tema presente em diferentes expressões artísticas. *Rio São Francisco e Forte Maurits*, de Frans Post, 1639. Óleo sobre tela, 60 cm x 88 cm.

AS MUDANÇAS DE ESTADO FÍSICO DA ÁGUA

Na natureza, a água muda constantemente de um estado físico para outro. Alterações de estado físico podem ocorrer quando a água passa por processos de aquecimento ou resfriamento. Veja alguns exemplos.

- Quando a água líquida é resfriada e passa para o estado sólido (gelo), essa mudança de estado físico é denominada **solidificação**.
- Ao aquecer o gelo até o estado líquido, temos uma mudança de estado físico denominada **fusão**.
- Quando a água líquida é aquecida e passa para o estado gasoso (vapor), ocorre a vaporização, que pode ser lenta ou rápida. A vaporização lenta, como acontece com a roupa que seca no varal, recebe o nome de **evaporação**. A vaporização rápida, com formação de bolhas no interior do líquido, como ocorre com a água numa panela levada ao fogo, é chamada de **ebulição**.
- O vapor-d'água na atmosfera é resfriado em grandes altitudes e pode mudar para o estado líquido, formando as nuvens. É a **condensação** ou **liquefação**.

Além dessas mudanças de estado físico, a água pode passar do estado sólido diretamente para o gasoso ou do estado gasoso diretamente para o sólido, sob determinadas condições ambientais. Esse processo é denominado **sublimação**.

VAMOS FAZER

Vaporização da água

Material

- 2 lenços de papel
- 1 saco de papel
- 1 saco plástico
- 2 pedaços de barbante
- Um pouco de água

Montagem da atividade.

Procedimento

1. Umedeça de forma similar os lenços de papel e coloque um deles dentro do saco de papel e o outro dentro do saco plástico.

2. Feche os sacos com o barbante e deixe-os em local ensolarado por cerca de 4 horas.

3. Em seu caderno, anote o que você prevê que vai acontecer com os lenços de papel em cada saco e por quê. Essa será sua hipótese.

4. Após o período de 4 horas, abra os sacos e toque os lenços de papel para verificar a umidade de cada um.

Registre em seu caderno

1. Houve diferença entre a umidade do lenço que estava no saco de papel e a do lenço que estava no saco plástico?

2. A sua hipótese inicial estava correta? Elabore uma explicação para o que ocorreu.

DE OLHO NO TEMA

- Quando colocamos um líquido gelado em um copo, podemos perceber depois de alguns segundos que pequenas gotas começam a se formar na superfície externa do recipiente. Por que isso ocorre?

TEMA 3

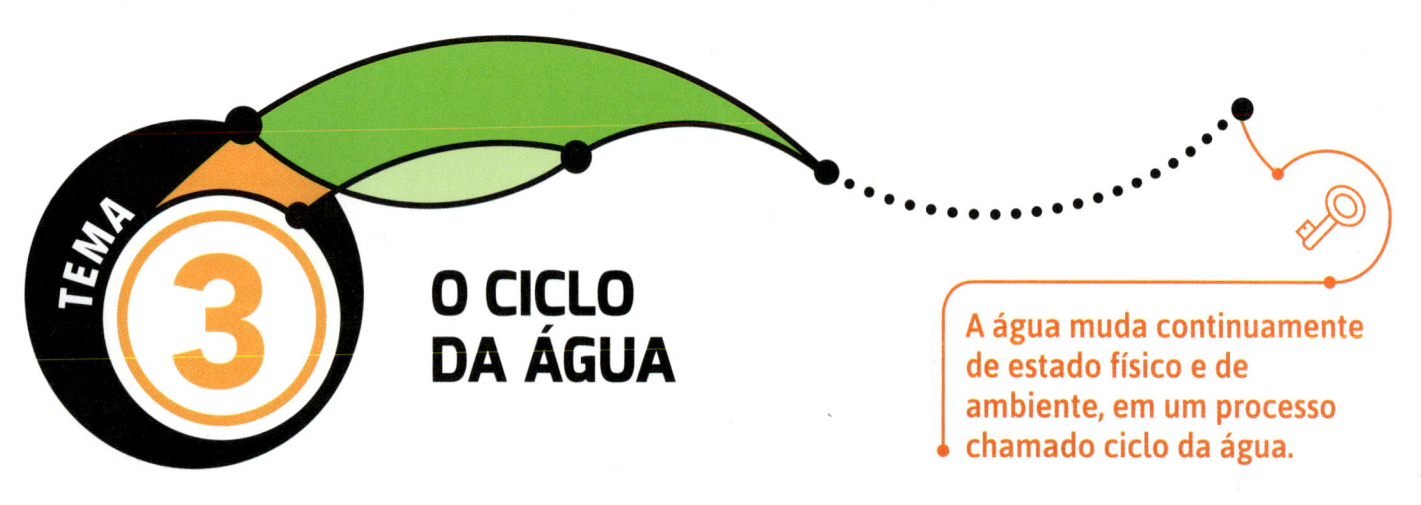

O CICLO DA ÁGUA

A água muda continuamente de estado físico e de ambiente, em um processo chamado ciclo da água.

O ciclo da água
Essa animação traz uma visualização do ciclo da água.

A CIRCULAÇÃO DA ÁGUA NA NATUREZA

Uma das hipóteses para a origem da água no nosso planeta é que, durante a formação da Terra, a hidrosfera surgiu pela liberação de vapor-d'água da superfície terrestre, por meio de atividades vulcânicas. Com o resfriamento do planeta, esse vapor-d'água se condensou, originando reservatórios naturais de água.

A água da hidrosfera está continuamente mudando de estado físico e de ambiente. Esse processo é denominado **ciclo da água** ou **ciclo hidrológico**.

O calor proveniente do Sol é a principal fonte de energia que mantém o ciclo da água: ele é responsável pela evaporação da água líquida, assim como pela água liberada na transpiração dos seres vivos.

ESQUEMA DO CICLO DA ÁGUA

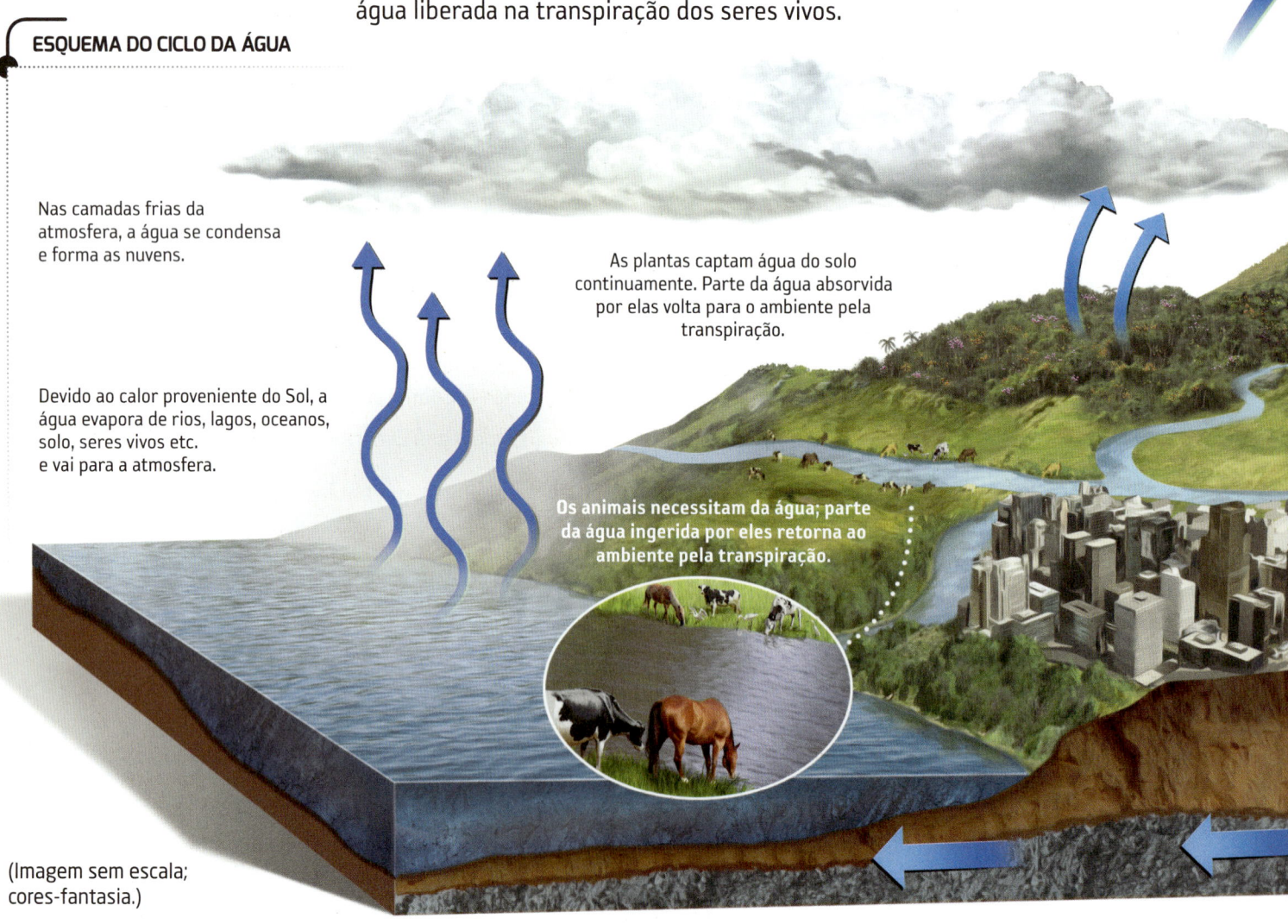

Nas camadas frias da atmosfera, a água se condensa e forma as nuvens.

As plantas captam água do solo continuamente. Parte da água absorvida por elas volta para o ambiente pela transpiração.

Devido ao calor proveniente do Sol, a água evapora de rios, lagos, oceanos, solo, seres vivos etc. e vai para a atmosfera.

Os animais necessitam da água; parte da água ingerida por eles retorna ao ambiente pela transpiração.

(Imagem sem escala; cores-fantasia.)

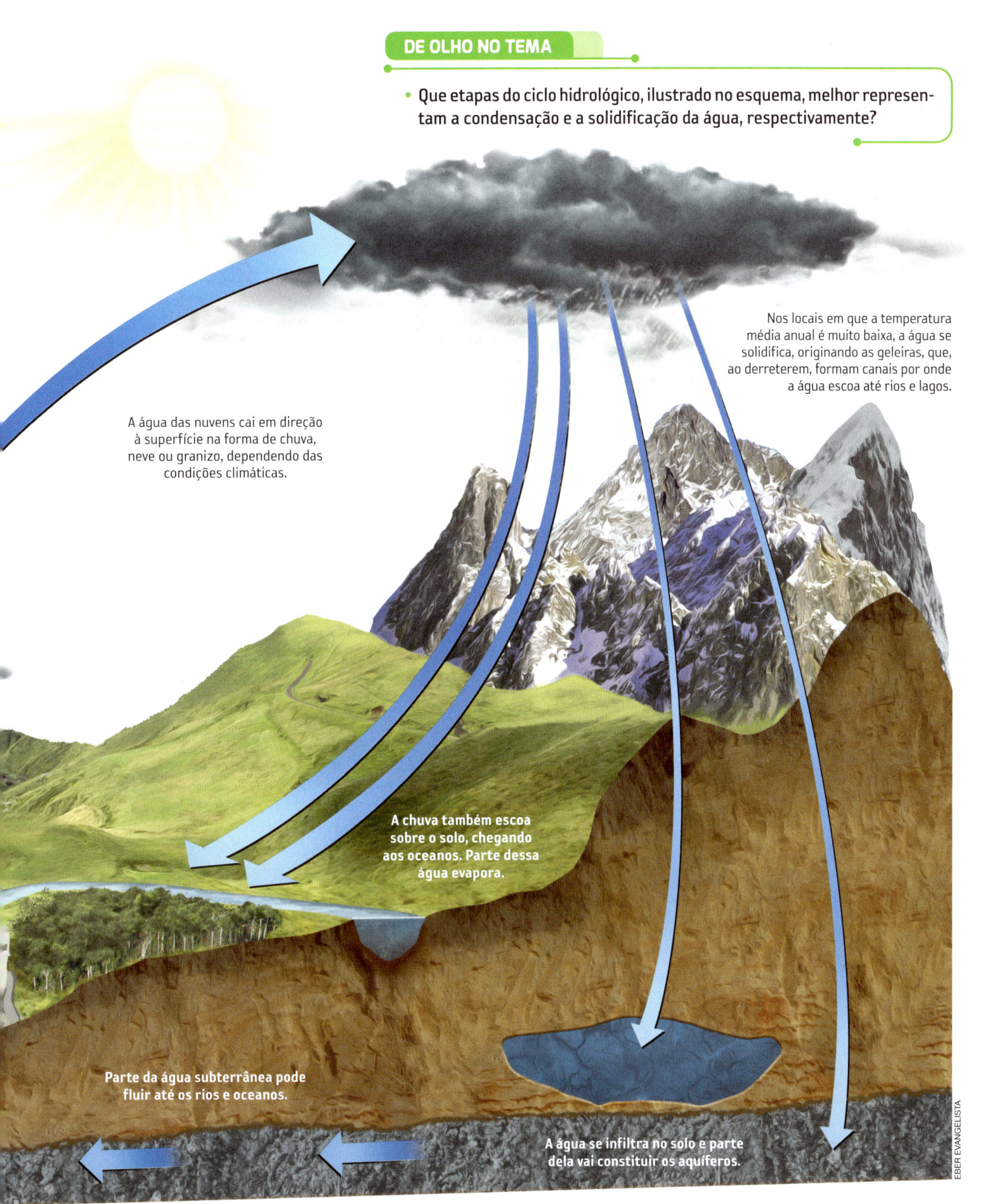

DE OLHO NO TEMA

- Que etapas do ciclo hidrológico, ilustrado no esquema, melhor representam a condensação e a solidificação da água, respectivamente?

A água das nuvens cai em direção à superfície na forma de chuva, neve ou granizo, dependendo das condições climáticas.

Nos locais em que a temperatura média anual é muito baixa, a água se solidifica, originando as geleiras, que, ao derreterem, formam canais por onde a água escoa até rios e lagos.

A chuva também escoa sobre o solo, chegando aos oceanos. Parte dessa água evapora.

Parte da água subterrânea pode fluir até os rios e oceanos.

A água se infiltra no solo e parte dela vai constituir os aquíferos.

Fonte: TEIXEIRA, W. et al. *Decifrando a Terra*. 2. ed. São Paulo: Companhia Editora Nacional, 2009.

ATIVIDADES
TEMAS 1 A 3

ORGANIZAR O CONHECIMENTO

1. Qual é a importância da água para os seres vivos?

2. Onde se encontra a maior parte da água existente na hidrosfera?

3. Em quais formas podem ser encontradas as águas atmosféricas na hidrosfera?

4. Complete as frases com as mudanças de estado físico ocorridas. Depois, numere os quadros, propondo uma sequência para os acontecimentos descritos. A primeira e a última parte da sequência já estão numeradas.

   - [ ] Em camadas elevadas da atmosfera, a água se ▬▬▬ e forma as nuvens.
   - [7] Com o aumento da temperatura, a água das geleiras sofre ▬▬▬ e escoa para rios e lagos.
   - [1] Com o calor do Sol, a água do solo, dos rios e dos lagos ▬▬▬ e vai para a atmosfera.
   - [ ] Nas nuvens, as gotículas de água se juntam e caem sobre a superfície na forma de chuva.
   - [ ] Além disso, em lugares muito frios, a água pode se ▬▬▬, formando geleiras.
   - [ ] Outra parte da água é consumida pelos seres vivos e volta para a atmosfera por meio da ▬▬▬.
   - [ ] Parte da água se infiltra no solo e passa a constituir os depósitos subterrâneos de água.

ANALISAR

5. As fotos mostram uma poça de água em dois momentos, em um dia ensolarado. Supondo que a água não foi absorvida pelo chão, o que aconteceu com ela?

   A → Alguns minutos depois → B

   FOTOS: JUNIOR ROZZO

6. Leia a tirinha e responda às questões.

   © MAURICIO DE SOUSA PRODUÇÕES - BRASIL
   © MAURICIO DE SOUSA EDITORA LTDA.

   a) Quais estados físicos da água são representados nos quadros da tirinha?

   b) Por que o personagem da tirinha fala em "caso de personalidade tripla"?

COMPARTILHAR

7. Leia o trecho a seguir. Depois, realize a atividade proposta.

   [...] A água [...] tem uma importância vital para os povos indígenas e na mitologia de várias sociedades a água está diretamente relacionada às suas origens, em muitos casos considerada um ser vivo que deve ser respeitado. Esses povos desenvolveram mitos que relatam o surgimento de suas tribos, dos ancestrais e das relações entre os seres da água e os humanos. [...].

   [...] Os Aúwe Xavante (MT) distinguem dois tipos de água: a dos rios, identificada como água viva, e a dos lagos e lagoas, considerada água parada ou morta, sendo que cada uma delas tem seus donos.

   Os donos ou espíritos da água viva (Otedewa) são generosos, alertam os adolescentes contra os perigos dos rios, controlam peixes e jacarés e curam determinadas doenças. Já os espíritos donos das águas mortas (Uutedewa) vivem no fundo dos lagos, são hostis e perigosos e por isso os índios precisam pedir-lhes permissão, fazendo rituais que precedem a pesca. [...]

   Fonte: AGÊNCIA NACIONAL DE ÁGUAS (ANA). *A história do uso da água no Brasil: do descobrimento ao século XX*. Brasília: Athalaia, 2007. Versão preliminar. Disponível em: <http://mod.lk/pdgsn>. Acesso em: maio 2018.

   - O trecho ressalta a importância da água na cultura indígena. Em grupo, pesquisem narrativas indígenas que tenham a água como tema central. Divulguem o resultado para a comunidade escolar elaborando murais ou painéis que representem essas narrativas artisticamente (vocês podem utilizar colagens, pinturas, desenhos e outras formas de expressão artística).

74

EXPLORE

TESTANDO A EVAPORAÇÃO DA ÁGUA

A quantidade de água que evapora de um local pode ser alterada?

Nesta atividade, você e seus colegas, com a ajuda do professor, vão planejar e executar um experimento para responder à questão acima. Antes de começarem, porém, observem algumas orientações.

ATIVIDADE

1. É preciso delimitar melhor a questão inicial. Esse é um procedimento comum em ciência: muitas vezes, a pergunta que nos intriga é muito ampla ou muito complexa, dificultando a realização de testes capazes de levar a uma resposta. Por isso, em grupo, testem a seguinte hipótese:

   > A temperatura pode alterar a quantidade de água que evapora de um local?

   Sugerimos que vocês realizem testes nas seguintes situações:
   - um em ambiente ensolarado e outro na sombra;
   - com água levemente aquecida e com água gelada.

2. Planejem todas as etapas do experimento e descrevam claramente o procedimento que vocês vão seguir. Se, durante a execução do experimento, for necessária alguma alteração nas etapas propostas, registrem o que foi feito.

3. Caso vocês obtenham um resultado que não haviam previsto, não se preocupem! Isso é bastante comum em ciência. Discutam os prováveis motivos desse fato e, se necessário, alterem os procedimentos para corrigir eventuais falhas.

4. Ao final, apresentem para os demais grupos os resultados obtidos por vocês e vejam se todos chegaram às mesmas conclusões. Caso haja conclusões diferentes, discutam os possíveis motivos.

ATITUDES PARA A VIDA

- **Pensar e comunicar-se com clareza**

  Quando precisar propor etapas para a solução de um problema, organize suas ideias e faça uma conexão entre elas – os seus conhecimentos prévios são muito importantes no momento de tomada de decisões. Procure comunicar sua proposta com clareza e utilizar uma linguagem precisa, evitando expressões genéricas.

TEMA 4 — A CAPACIDADE DE DISSOLUÇÃO DA ÁGUA

A vida, tal como a conhecemos, está estreitamente relacionada à capacidade de dissolução da água.

SOLUBILIDADE

A capacidade que um material tem de se dissolver em outro é chamada **solubilidade**. De acordo com a solubilidade, os materiais são classificados em **solúveis** (quando se dissolvem em um material) ou **insolúveis** (quando não se dissolvem).

Pode-se dizer que a vida depende da capacidade de dissolução da água. Por exemplo, os nutrientes, como os sais minerais e os açúcares, são transportados até as células pelo sangue, pois são solúveis em água (o sangue é constituído em grande parte por água).

A temperatura influencia a solubilidade de um material. A dissolução do gás oxigênio na água – essencial para a manutenção da vida de muitos seres vivos aquáticos –, por exemplo, diminui com o aumento da temperatura. Assim, o lançamento de uma água límpida, mas aquecida, em um corpo de água pode levar à morte diversos seres aquáticos.

VAMOS FAZER

Avaliando a capacidade de dissolução da água

Material

- Água
- Areia
- Sal de cozinha
- Açúcar comum
- Farinha de trigo
- Óleo de cozinha
- 5 copos plásticos transparentes
- 1 colher de sobremesa

Procedimento

1. Em grupo, coloquem água em um copo até um pouco acima da metade. Despejem no copo uma colher de sal de cozinha. Observem o que ocorre.
2. Agitem o conteúdo do copo com a colher durante aproximadamente um minuto. Deixem-no repousar e observem.
3. Repitam os procedimentos anteriores, substituindo o sal de cozinha pelos demais materiais. Utilizem um copo para cada teste.

Registre

1. O que aconteceu com cada um dos materiais?
2. Elaborem uma explicação para o que aconteceu em cada caso.

A ÁGUA E A FORMAÇÃO DE MISTURAS

Se adicionarmos um material a outro material, obteremos uma **mistura**. As misturas podem ser classificadas em **homogêneas** ou **heterogêneas**, de acordo com o número de **fases** que apresentam. Fase é cada parte uniforme que pode ser reconhecida em uma mistura.

Quando dissolvemos um material na água, chamamos esse material de **soluto** e a água de **solvente**. Obtemos, assim, uma **mistura homogênea**, na qual o solvente é o material presente em maior quantidade; os demais componentes da mistura são os solutos. A água tem capacidade de dissolver grande número de materiais. Por causa disso, é chamada solvente universal.

Uma mistura homogênea, também chamada **solução**, apresenta apenas uma fase, por isso não conseguimos diferenciar visualmente o soluto e o solvente. As soluções nas quais o solvente é a água são chamadas **soluções aquosas**. A água mineral e o vinagre são exemplos de soluções aquosas.

Não são todos os materiais que a água consegue dissolver; há alguns que se dissolvem pouco ou praticamente não se dissolvem nela. Ao adicionarmos esses materiais na água conseguimos distinguir visualmente a presença de mais de um componente, que forma uma fase distinta da água. As misturas assim formadas apresentam duas ou mais fases e são classificadas como **heterogêneas**.

Mesmo para os materiais solúveis em água, há uma quantidade limite que pode ser dissolvida em um dado volume do solvente. Ao ultrapassar esse limite, observamos a deposição da parte do material não dissolvida no fundo do recipiente. Nesse caso, também temos a formação de uma mistura heterogênea.

A. O vinagre é um tipo de mistura **homogênea** classificada como solução aquosa.

B. A água mineral também é uma solução aquosa, na qual estão dissolvidos diferentes sais minerais.

C. O azeite não se dissolve na água, formando com ela, portanto, uma mistura **heterogênea**.

D. Folhas e galhos de árvores não se dissolvem em água, formando também uma mistura heterogênea.

E. A água consegue dissolver apenas certa quantidade de sal de cozinha. Se acrescentarmos uma quantidade de sal acima desse limite, teremos uma mistura heterogênea.

SEPARAÇÃO DE MISTURAS

É possível separar os componentes de uma mistura homogênea, como sal dissolvido em água? E de uma mistura heterogênea, como água e areia? Como você faria essas separações?

O reconhecimento do tipo de mistura (homogênea ou heterogênea) é uma das etapas fundamentais para a escolha do melhor método de separação.

A **decantação** é um método que se baseia na diferença de densidade das fases de uma mistura heterogênea. Consiste em deixar a mistura em repouso para que a fase mais densa se deposite no fundo do recipiente; em seguida, a fase menos densa é transferida para outro recipiente. Observe o exemplo ao lado.

A **filtração** é um método usado para separar os componentes de uma mistura heterogênea, com base na diferença de tamanho das partículas que compõem as fases. Consiste em passar a mistura por um filtro onde ficarão retidos os componentes que apresentam partículas maiores do que os poros do filtro. Essa é a técnica utilizada, por exemplo, no preparo de café.

No filtro de papel, as partículas sólidas maiores que os poros ficam retidas. (Imagem sem escala; cores-fantasia.)

Separação de uma mistura heterogênea pelo método de decantação. (**A**) Mistura de água e areia em repouso, após agitação. (**B**) Após algum tempo, a areia decanta (é depositada no fundo do recipiente). A densidade da areia é maior que a da água. (**C**) A água, menos densa que a areia, pode ser transferida para outro recipiente.

Muitos métodos de separação de mistura têm grande importância na indústria. O processo de **evaporação**, por exemplo, pode ser utilizado para produzir o sal de cozinha a partir da água do mar, uma mistura na qual há diferentes sais dissolvidos. Primeiro, a água do mar é bombeada para tanques rasos, mas de grande extensão, que ficam expostos ao Sol. Isso facilita o processo de evaporação da água e torna possível o recolhimento dos sais que estavam dissolvidos nela.

Densidade: propriedade de um material que indica quanto de massa há em determinado volume desse material.

Tanques de evaporação utilizados nas salinas para produção de sal de cozinha (Araruama, RJ, 2013).

Outro importante método de separação de misturas é a **destilação**, que separa os componentes de uma mistura com base na temperatura de ebulição de cada um deles. Esse é o método utilizado para obter o etanol, usado como combustível, a partir de uma mistura na qual a água e o etanol são os principais componentes. Pelo método da destilação, a mistura é aquecida em recipiente fechado e o etanol, que tem menor temperatura de ebulição que a da água, é vaporizado. Em seguida ele passa por uma etapa de condensação, retornando ao estado líquido, para ser então recolhido em recipiente apropriado.

A destilação pode ser empregada também para separar a água de um material dissolvido nela. O vapor de água gerado com o aquecimento da solução é condensado e a água no estado líquido é recolhida em outro recipiente, separando-se do material antes dissolvido.

Temperatura de ebulição: é a temperatura em que um material passa do estado líquido para o estado gasoso, em determinadas condições. Por exemplo, a temperatura de ebulição da água é 100 °C, ao nível do mar.

Manancial: depósito superficial ou subterrâneo de água; fonte; nascente.

Nas destilarias é realizada a separação do etanol de uma mistura na qual a água também está presente. Essa separação é feita nas chamadas torres de destilação e possibilita a obtenção do etanol usado como combustível e na produção de produtos de limpeza (Pereira Barreto, SP, 2014).

DE OLHO NO TEMA

1. Quantas fases possui cada sistema a seguir? Justifique, definindo e desenhando o sistema considerado.
   a) Água do mar
   b) Chá adoçado com pouco açúcar
   c) Água gaseificada
   d) Mistura de areia, água e óleo

2. Classifique cada uma das misturas a seguir em homogênea ou heterogênea e proponha um procedimento para separar seus componentes.
   a) Água, óleo e café solúvel
   b) Água e um pouco de sal
   c) Água, sal de cozinha, carvão e álcool

3. Água doce, água salgada e água salobra são exemplos de misturas homogêneas. Pesquise sobre as diferenças entre cada uma delas e escreva um pequeno texto, na forma de verbete enciclopédico, que defina esses tipos de água.

SAIBA MAIS!

Os dessalinizadores

O programa Água Doce, do Ministério do Meio Ambiente, promove a instalação e a operação de equipamentos, chamados dessalinizadores, que retiram o excesso de sal da água salobra, proveniente de mananciais, transformando-a em água própria para o consumo.

Segundo o Ministério do Meio Ambiente, o programa lançado em 2002 atendeu, até o momento, moradores de algumas das cidades mais afetadas pela falta de água para consumo humano, em diferentes estados brasileiros (entre eles Rio Grande do Norte, Alagoas, Sergipe, Ceará, Paraíba, Bahia, Maranhão, Minas Gerais, Piauí e Pernambuco).

TEMA 5

O TRATAMENTO DA ÁGUA

Para se tornar apropriada para o consumo, a água deve passar por tratamento adequado para eliminar impurezas e microrganismos causadores de doenças.

A ÁGUA POTÁVEL

A água que utilizamos no dia a dia é uma mistura homogênea que provém principalmente de rios, lagos, represas e nascentes.

Embora a maior parte da água obtida na natureza pareça límpida, ela raramente é própria para o consumo. Nela podem estar presentes determinados materiais ou microrganismos nocivos à saúde, que precisam ser separados e eliminados por meio de um tratamento adequado. Após ser tratada, a água pode ser distribuída e consumida pela população.

AS ESTAÇÕES DE TRATAMENTO DE ÁGUA

Estações de tratamento de água são locais especializados em tornar **potável**, ou seja, própria para o consumo, a água doce encontrada na natureza. A água potável obtida com o tratamento contém materiais dissolvidos e, portanto, continua sendo uma mistura homogênea. Mas os materiais e os microrganismos nocivos à saúde são eliminados com o tratamento.

Antes de chegar às estações de tratamento, a água passa por grades que impedem a entrada de animais aquáticos e objetos maiores, como galhos. Então ela segue para uma série de tanques, onde é submetida a um processo gradual de limpeza. A água tratada é então enviada por tubos e canos subterrâneos até as residências e demais estabelecimentos da cidade.

SAIBA MAIS!

Água potável e água pura

Água potável não é sinônimo de água pura. Mesmo que a água passe por um tratamento para se tornar potável, ela continua sendo uma mistura homogênea. O termo água pura se aplica à água completamente isenta de sais minerais e qualquer outro material, que não é encontrada na natureza.

Tanques de uma estação de tratamento de água em que se vê a separação de sujeiras (Teresina, PI, 2015).

Acompanhe na ilustração a seguir as principais etapas de um tratamento da água.

ESQUEMA DE TRATAMENTO DE ÁGUA

1 Captação e bombeamento: a água captada é bombeada até a estação de tratamento.
2 Pré-cloração: são adicionados certos materiais com cloro à água para facilitar a limpeza da água nos outros tanques.
3 Floculação: adiciona-se à água um produto, como o sulfato de alumínio, que faz com que a sujeira se agrupe em grandes flocos, o que facilita sua retirada.
4 Decantação: como os flocos são mais densos que a água, eles se depositam no fundo do tanque. A água sem os flocos de sujeira passa para outro compartimento.
5 Filtração: a água passa por grandes filtros constituídos por camadas de pedra, areia e carvão, deixando impurezas que não se depositaram no tanque anterior.
6 Cloração: adiciona-se novamente cloro para eliminar microrganismos nocivos à saúde humana. Adiciona-se também flúor, que ajuda a reduzir a incidência de cáries.
7 Reservatório de distribuição: desse reservatório, a água segue por grandes tubos subterrâneos até tubos menores, que formam a rede de distribuição.

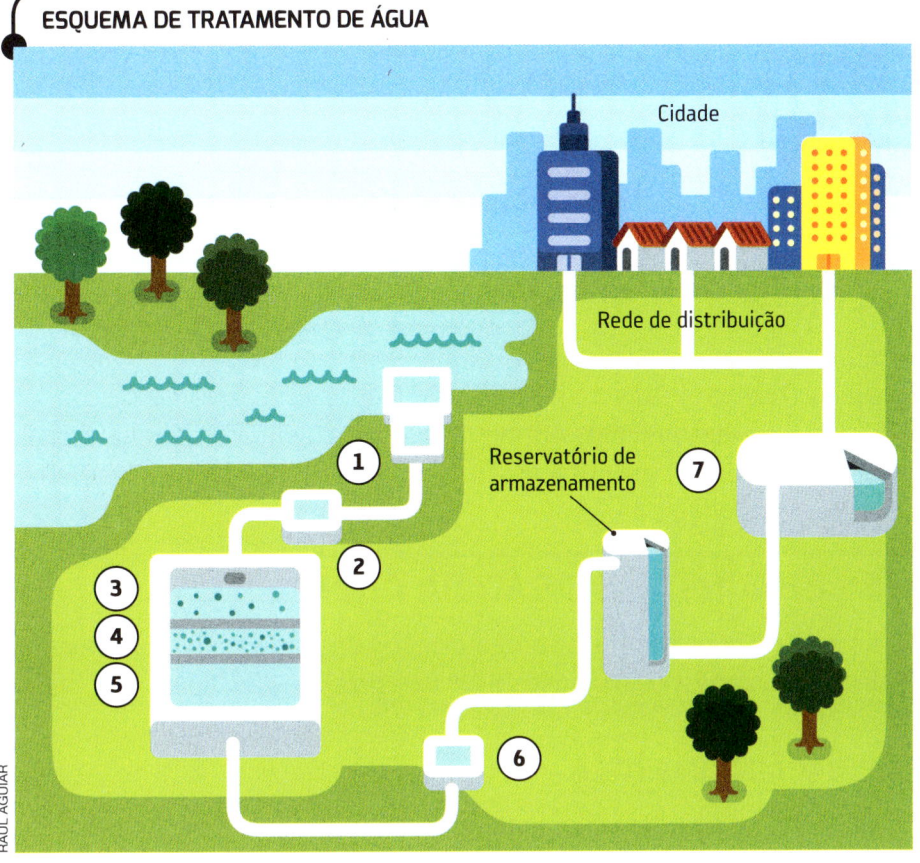

(Imagem sem escala; cores-fantasia.)

Fonte: COMPANHIA DE SANEAMENTO BÁSICO DO ESTADO DE SÃO PAULO (SABESP). *Tratamento de água.* Disponível em: <http://mod.lk/ehwip>. Acesso em: maio 2018.

AS ÁGUAS RESIDUAIS

Após o uso nas casas, nas indústrias ou na agricultura, a água se torna imprópria para consumo, sendo descartada. As águas descartadas são chamadas **águas residuais** ou **esgotos**.

Em muitas cidades, as águas residuais são coletadas pela rede de esgotos, constituída por tubulações subterrâneas, que as encaminham para estações de tratamento de esgoto antes de serem devolvidas ao ambiente.

Seis desafios para a gestão da água

A falta de saneamento básico acarreta que tipos de problema para a população? Que situações evidenciam que um local não tem acesso ao saneamento básico?

Disponível em <http://mod.lk/ac6u03>.

DE OLHO NO TEMA

Um técnico foi encarregado de avaliar a qualidade da água em uma cidade. Ele coletou amostras de água em diferentes pontos.

A amostra coletada na estação de água, após o processo de tratamento, estava livre de materiais e microrganismos nocivos à saúde. Porém, a amostra coletada da torneira de uma residência, distante da estação de tratamento, mostrou contaminação.

• **Explique como essa contaminação é possível e associe sua resposta à importância de ferver ou filtrar a água antes de consumi-la.**

TEMA 6

A CONTAMINAÇÃO DA ÁGUA

A água contaminada pode provocar graves doenças e afetar o equilíbrio do ambiente.

ÁGUA CONTAMINADA

A água é considerada contaminada se contiver organismos patogênicos ou apresentar materiais tóxicos misturados nela. Por esse motivo, a água que não passou por tratamento não deve ser consumida. Até mesmo a água tratada pode ser contaminada se o seu armazenamento e sua distribuição não forem feitos de forma adequada.

FONTES DE CONTAMINAÇÃO DA ÁGUA

Os principais responsáveis pela contaminação da água são os seres humanos e suas atividades domésticas, industriais e agrícolas.

CONTAMINAÇÃO DOMÉSTICA

Os problemas mais comuns de contaminação da água são decorrentes do despejo de esgoto doméstico no ambiente, sem tratamento prévio, o qual pode conter microrganismos causadores de doenças e materiais tóxicos.

Além disso, o descarte inadequado do lixo pode fazer com que esse material se deposite em rios, lagos ou outros corpos d'água, contaminando-os. O líquido originado da decomposição do lixo orgânico pode também se infiltrar no solo e contaminar os depósitos subterrâneos de água.

Patogênico: que pode provocar doenças.

Em 5 de novembro de 2015, um grande volume de resíduos de mineração atingiu as águas do Rio Doce (Mariana, MG) e, duas semanas depois, chegou ao mar, no estado do Espírito Santo, afetando várias cidades no trajeto. Esse é considerado um dos piores desastres ambientais da história do nosso país (Linhares, ES, 2015).

CONTAMINAÇÃO INDUSTRIAL

Os processos industriais podem gerar uma série de resíduos tóxicos, que muitas vezes são lançados diretamente nos rios, lagos ou mares. Outras vezes, esses resíduos são depositados no solo e podem, por infiltração, atingir reservatórios subterrâneos de água e contaminá-la. Porém, se forem descartados da maneira correta e tratados, os resíduos não geram problemas ambientais.

CONTAMINAÇÃO AGRÍCOLA

Pesticidas usados no controle de pragas em lavouras podem ser arrastados pelas chuvas e chegar a rios e lagos ou infiltrar-se no solo e contaminar os depósitos subterrâneos de água.

Trilha de estudo

Vai estudar? Nosso assistente virtual no *app* pode ajudar! <http://mod.lk/tr6u03>

DOENÇAS TRANSMITIDAS PELA ÁGUA

Muitas doenças, como a amebíase e a hepatite A, são transmitidas pelo consumo de água contaminada; outras são transmitidas pelo contato com ela. Durante as enchentes, há grande risco de contrair leptospirose por causa do contato com águas contaminadas por urina de ratos e outros animais portadores do microrganismo causador dessa doença. Por isso não se deve andar na água das inundações.

Existem também doenças como a dengue, a febre *chikungunya*, a febre *zika* e a malária, que são transmitidas por mosquitos que põem seus ovos em água não contaminada, acumulada em pneus, vasos e outros recipientes.

OS CUIDADOS COM A ÁGUA

A água doce é um recurso escasso e a água potável, mais escasso ainda. Por isso, devemos usar a água com consciência e evitar seu desperdício.

A água que vem de estações de tratamento pode ser contaminada no caminho até as residências, por exemplo, por sujeiras ou falhas no encanamento. Assim, é recomendado que mesmo a água tratada seja filtrada ou fervida, por pelo menos 15 minutos, após chegar as residências.

DE OLHO NO TEMA

Imagine que você está num acampamento nas proximidades de um riacho. A água é extremamente límpida, transparente e sem cheiro.

1. Essas características da água do riacho são suficientes para garantir que ela seja potável? Por quê?
2. Que atitude deve ser tomada antes de beber essa água?

ENTRANDO NA REDE

No endereço **http://mod.lk/rd4pv** você encontra dicas para evitar o desperdício de água nas atividades do cotidiano, além de conhecer programas que garantem a oferta de água em algumas regiões do Brasil.

Acesso em: maio 2018.

COLETIVO CIÊNCIAS

Um projeto para purificar as águas do Rio Doce

[...] foi registrado no subdistrito de Bento Rodrigues, em Mariana, o maior acidente da mineração brasileira. [...] Cerca de 62 milhões de metros cúbicos de rejeitos de mineração tornaram as águas da bacia impróprias para consumo.

Um grupo de estudantes [...] da UFMG, liderado pelo professor do Departamento de Química Rochel Montero Lago, desenvolveu um protótipo de purificador de água capaz de limpar 1 mil litros de água em apenas uma hora. O aparelho é capaz de transformar a água do Rio Doce, que ficou lamacenta após o desastre, em água potável e própria para o consumo. O protótipo foi batizado de Iara, em alusão à lenda da sereia que habita as águas limpas do Rio Amazonas [...].

"A água purificada pelo aparelho pode ser usada para beber, cozinhar, tomar banho e para a agricultura das famílias atingidas pelo desastre de Mariana. É um processo de tratamento para situações críticas, como catástrofes e acidentes ambientais", afirma a estudante Maria Paula Duarte de Oliveira, [...] uma das envolvidas no projeto.

O purificador conta com dois contêineres de 1 mil litros que realizam o tratamento da água de forma semelhante àquela feita pelas empresas de saneamento. Segundo Maria Paula, a diferença reside na velocidade do processo. "Enquanto a companhia de água realiza a purificação em três etapas, nosso aparelho é capaz de executar o processo completo em apenas uma etapa. [...]", diz.

[...] "Por meio do projeto Iara, percebi que o conhecimento acadêmico pode, de fato, ser aplicado, e é isso que queremos fazer para o resto de nossas vidas. Resolver um problema que afeta seriamente as pessoas é algo que nos motiva. Queremos impactar positivamente as vidas dos ribeirinhos do Rio Doce", afirma.

Fonte: MACIEIRA, L. *Iara no Rio Doce*. Boletim, 23 out. 2017. Disponível: <http://mod.lk/pal7q>. Acesso em: maio 2018.

O purificador Iara foi desenvolvido por um grupo de estudantes e pode melhorar a vida de milhares de pessoas.

A contaminação da água após o vazamento de lama tóxica em Mariana não é prejudicial apenas aos seres humanos, mas a todos os seres vivos que dependem das águas desse rio (Resplendor, MG, 2015).

ATIVIDADES
TEMAS 4 A 6

ORGANIZAR O CONHECIMENTO

1. Ordene as etapas de tratamento da água listadas a seguir, a partir da captação da água na estação de tratamento. Depois, responda às questões propostas.

   > Decantação   Floculação   Filtração
   > Pré-cloração   Cloração

   a) Quais dessas etapas são métodos de separação de misturas?

   b) Qual é a função dos compostos clorados que são adicionados à água?

2. Classifique as misturas listadas a seguir em homogêneas ou heterogêneas. Indique também métodos para separar os componentes dessas misturas.

   a) Água e areia
   b) Água e uma pequena quantidade de sal de cozinha
   c) Água e óleo de cozinha
   d) Água e álcool

ANALISAR

3. A tabela a seguir mostra a quantidade de água que uma pessoa utiliza diariamente em sua casa, em algumas atividades do dia a dia.

	Uso com desperdício	Uso sem desperdício
Escovar os dentes	12 L	1 L
Tomar banho	135 L	45 L
Usar o vaso sanitário	30 L	6 L
Lavar louça	117 L	20 L
Total	294 L	72 L

   Fonte: COMPANHIA DE SANEAMENTO BÁSICO DO ESTADO DE SÃO PAULO (SABESP). Disponível em: <http://mod.lk/zzohf>. Acesso em: maio 2018.

   a) É possível economizar quantos litros de água, considerando o uso com e sem desperdício nas quatro atividades mostradas na tabela?

   b) Proponha maneiras para escovar os dentes e tomar banho usando a água sem desperdício.

   c) De acordo com a Organização das Nações Unidas (ONU), uma pessoa precisa de 110 litros de água por dia para satisfazer suas necessidades de consumo e higiene. Sabendo disso, quantas pessoas poderiam ser atendidas com a água desperdiçada em apenas um dia com as atividades indicadas na tabela?

4. Em uma garrafa de água mineral foi colocado o selo ao lado:
   Na sua opinião, que ideia é passada para os consumidores que leem essa informação? Ela está correta do ponto de vista científico? Justifique.

5. Leia o texto e observe a imagem a seguir para responder às questões.

   Os mananciais são fontes de água superficiais ou subterrâneas que podem ser utilizadas para o abastecimento das populações humanas. As áreas onde se encontram os mananciais devem ser preservadas contra a ocupação irregular e outras agressões.

   Manancial Vargem das Flores, que vem sofrendo com a poluição de suas águas (Contagem, MG, 2017).

   a) Qual é a importância da proteção das áreas de mananciais?

   b) Quais podem ser as principais fontes de poluição do manancial mostrado na foto?

COMPARTILHAR

6. Em duplas, procurem registrar, por meio de fotos ou desenhos, alguns ambientes do seu município em que a água esteja presente. Sob orientação do professor, organizem uma exposição para apresentar as imagens registradas. Indiquem junto a cada uma delas as seguintes informações: onde o ambiente retratado está localizado? A água desse ambiente é considerada potável? Ela é classificada como água doce, salobra ou salgada?

PENSAR CIÊNCIA

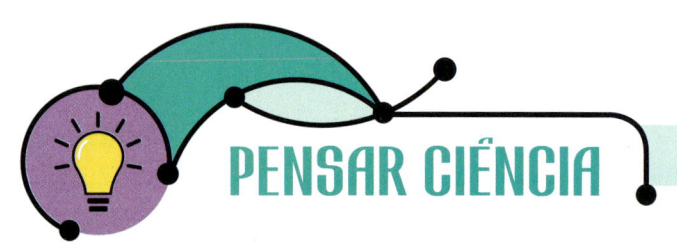

Preservar os recursos do planeta: um problema de todos

13ª Convenção das Nações Unidas para o Combate à Desertificação e Mitigação dos Efeitos das Secas (China, 2017).

Há algum tempo, pesquisadores concluíram que os problemas ambientais não afetam apenas um único país ou local: são problemas mundiais. O lixo despejado nos mares da China, por exemplo, pode chegar até as praias do Havaí, a milhares de quilômetros de distância.

Cuidar da água é uma preocupação mundial. Em 1994, cerca de 195 países, incluindo o Brasil, se uniram na Convenção das Nações Unidas para o Combate à Desertificação e Mitigação dos Efeitos das Secas (UNCCD, sigla em inglês). As áreas áridas, semiáridas e pouco úmidas são o foco de atenção dessa convenção. Elas são as áreas que possuem os ecossistemas e as pessoas mais vulneráveis a falta de água da Terra.

A proposta da UNCCD é unir cientistas, políticos e a sociedade para produzir conhecimento, identificar prioridades de trabalho e formar pessoas aptas a pôr em prática as soluções encontradas. Um dos objetivos da convenção é trocar conhecimentos sobre as tecnologias de cuidado com o ambiente adotadas em diferentes países. Outro objetivo é obter financiamento para pesquisas na área, a serem realizadas sempre com o trabalho conjunto de equipes de cientistas de diversas nações.

Essa é uma nova forma de funcionamento da ciência. Hoje é cada vez mais frequente a colaboração de cientistas de diferentes partes do mundo com o objetivo de ampliar os conhecimentos e solucionar questões ambientais que afetam a todos. Além disso, essa forma de fazer ciência alinha-se com posições recentes que defendem que todos os avanços científicos devem estar comprometidos com o bem-estar e os direitos humanos.

Mais questões no livro digital

O descarte inadequado de lixo nos oceanos gera problemas para todos os países. Atualmente, existem grandes ilhas de lixo espalhadas nos oceanos e é encontrado plástico no corpo de animais marinhos (Havaí, 2014).

ATIVIDADES

1. Converse com os colegas e com o professor: vocês concordam que os problemas ambientais são problemas mundiais?

2. Coletivamente, façam uma lista dos três principais problemas ambientais que, na opinião de vocês, deveriam ser discutidos por todos os países do mundo. Justifiquem as escolhas.

3. Na sua opinião, cientistas deveriam fazer parte de entidades políticas, auxiliando os governantes? Por quê?

4. A Declaração Universal dos Direitos Humanos, em seu artigo 27, afirma que "todo ser humano tem o direito de participar livremente da vida cultural da comunidade, de fruir as artes e de participar do progresso científico e de seus benefícios". Em grupo, discutam como vocês relacionariam esse artigo ao que foi apresentado no texto.

ATITUDES PARA A VIDA

Que problemas estão envolvidos no descarte de pilhas e baterias?

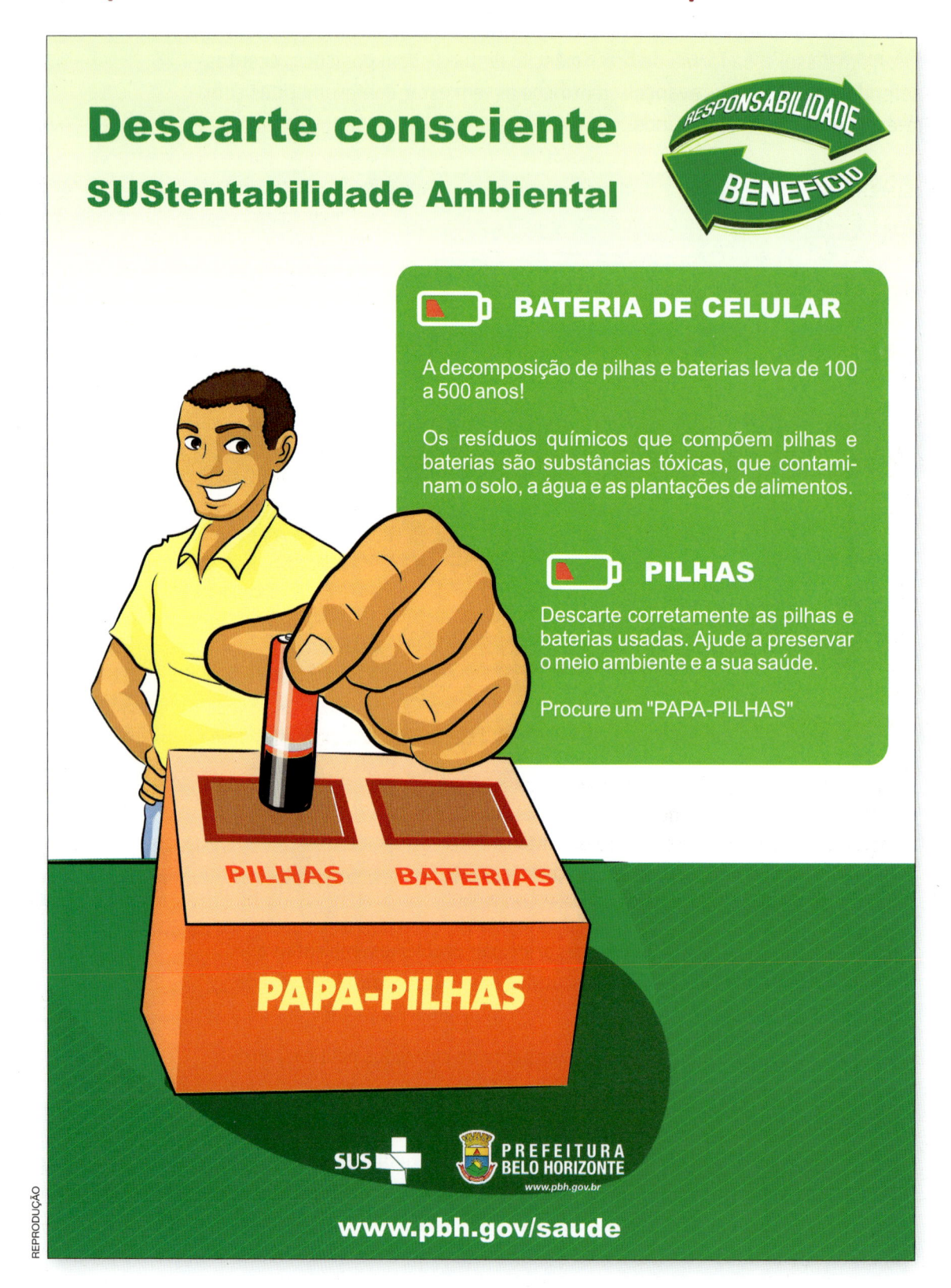

Descarte consciente
SUStentabilidade Ambiental

RESPONSABILIDADE / BENEFÍCIO

BATERIA DE CELULAR

A decomposição de pilhas e baterias leva de 100 a 500 anos!

Os resíduos químicos que compõem pilhas e baterias são substâncias tóxicas, que contaminam o solo, a água e as plantações de alimentos.

PILHAS

Descarte corretamente as pilhas e baterias usadas. Ajude a preservar o meio ambiente e a sua saúde.

Procure um "PAPA-PILHAS"

PILHAS BATERIAS

PAPA-PILHAS

SUS   PREFEITURA BELO HORIZONTE
www.pbh.gov.br

www.pbh.gov/saude

Como descartar?

A responsabilidade por recolher e encaminhar adequadamente as pilhas após o uso é do fabricante. Portanto, os materiais usados devem ser entregues aos estabelecimentos que comercializam ou às assistências técnicas autorizadas, para que eles repassem os resíduos aos fabricantes ou importadoras. As pilhas e baterias podem ser recicladas, reutilizadas, ou podem passar por algum tipo de tratamento que possibilite um descarte não nocivo ao meio ambiente.

Outro cuidado que deve ser tomado é com relação às pilhas "piratas". De procedência duvidosa, elas podem conter materiais muito mais tóxicos do que as regularizadas. [...]

Fonte: INSTITUTO BRASILEIRO DE DEFESA DO CONSUMIDOR (IDEC). Entenda por que pilhas e baterias não podem ser descartadas nos lixos comuns. Disponível em: <http://mod.lk/k6sx2>. Acesso em: maio 2018.

TROCAR IDEIAS SOBRE O TEMA

1. De que maneiras o descarte incorreto de pilhas e baterias pode afetar as pessoas e outros seres vivos?

2. Na opinião de vocês, de quem deve ser a responsabilidade pelo descarte correto de pilhas e baterias? Justifique.

3. Que ações poderiam ser feitas para conscientizar as pessoas sobre o descarte adequado de materiais?

COMPARTILHAR

- Em grupos, sob orientação do professor, conversem e façam uma lista de todos os problemas que vocês acreditam que podem ocorrer quando pilhas e baterias são descartadas de maneira incorreta. Levantem também as dúvidas relacionadas ao assunto. Após a conversa, façam uma pesquisa para complementar as ideias levantadas. Lembrem-se da importância de **questionar e levantar problemas**. Procurem ser abrangentes e analisar o problema de diferentes maneiras.

Elaborem uma cartilha relacionada ao descarte de pilhas e baterias. As cartilhas têm o objetivo de orientar e informar as pessoas de forma clara e concisa sobre determinado tema. De forma geral, as informações vêm acompanhadas de imagens ou ilustrações que chamam a atenção do leitor. Para este trabalho procurem rever as questões levantadas e analisar quais são as mais relevantes. O material produzido pelo grupo deve buscar respondê-las. Deem preferência a textos curtos para transmitir sua mensagem de forma adequada e clara para todas as pessoas. As questões a seguir podem ajudá-los a selecionar as informações necessárias para a produção da cartilha:

   I. As pilhas e baterias podem ser descartadas no lixo comum ou na rede de esgoto? Onde podemos descartá-las?
   II. O que pode acontecer ao ambiente ao descartar pilhas e baterias de forma inadequada?
   III. Como é possível contribuir para reduzir o descarte de pilhas e baterias?

- Compartilhem o material produzido com amigos, familiares e a comunidade escolar. As cartilhas podem também ser convertidas em material digital e divulgadas em outras mídias, como *blogs* e redes sociais.

COMO EU ME SAÍ?

- Busquei ser abrangente no momento de levantar questões, indo além das primeiras ideias que surgiram no grupo?

- Aproveitei o momento da pesquisa para ampliar as questões levantadas pelo grupo?

COMPREENDER UM TEXTO

A agricultura é vilã ou vítima na crise hídrica?

Cerca de 72% da água captada no país vai para a produção agrícola, o que está em linha com a média de 70% no mundo, segundo a ANA (Agência Nacional de Águas). Mas esse consumo envolve diversas variáveis e, segundo especialistas [...], ainda há desperdício significativo no setor e muito o que fazer para economizar água.

Os analistas concordam em uma coisa: o Brasil tem água o bastante para todos, mas precisa aprender a geri-la de forma mais eficiente e combater os desperdícios.

"Em locais onde falta água, podemos, no futuro, precisar optar por culturas agrícolas que consumam menos água. Isso faz parte de um planejamento maior. [...]", opina o pesquisador Lineu Rodrigues, da Embrapa (Empresa Brasileira de Pesquisa Agropecuária, ligada ao ministério da Agricultura).

[...]

Safras como as de feijão, em Goiás, e o milho, em Minas e São Paulo, perderam produtividade por conta da crise hídrica.

[...] os produtores são diretamente impactados pela falta d'água porque a legislação brasileira determina que, em caso de seca, o uso prioritário é o humano, e não o agrícola.

[...]

Fonte: IDOETA, P. A. A agricultura é vilã ou vítima na crise hídrica? *BBC Brasil*, 4 mar. 2015. Disponível em: <http://mod.lk/ebp2v>. Acesso em: maio 2018.

No Brasil, cerca de 70% da água é utilizada na agricultura. Na foto, plantação de cebola sendo irrigada (Taquaritinga, SP, 2017).

Estações meteorológicas vão auxiliar produtores do Rio Grande do Sul

Produtores agrícolas do Rio Grande do Sul terão mais um auxílio para a tomada de decisões, podendo aumentar sua produtividade e diminuir o uso de agroquímicos, reduzindo assim os impactos para o meio ambiente e para os consumidores. Por meio do projeto Mais Água [...] serão instaladas, em diferentes regiões do Estado, dezoito estações automáticas para realizar o monitoramento dos elementos meteorológicos. [...]

Conforme a agrometeorologista e coordenadora-geral do projeto, Bernadete Radin, as estações são consideradas agrometeorológicas, pois possuem sensores que monitoraram parâmetros importantes para as atividades agrícolas, como sensor para medir a umidade e temperatura do solo, molhamento foliar, radiação fotossinteticamente ativa, além dos sensores de temperatura e umidade do ar, radiação solar global, precipitação, direção e velocidade do vento e pressão atmosférica.

"A transmissão dos dados será feita via satélite (GOES), e os mesmos serão disponibilizados para pesquisadores e para o público em geral", diz a especialista. [...]

Projeto Mais Água

De acordo com a secretaria de agricultura do Rio Grande do Sul, o objetivo é contribuir para o aumento da disponibilidade e melhoria da qualidade da água, através da avaliação de práticas adequadas de manejo de solo e de resíduos de suínos, do monitoramento das condições meteorológicas e processos hidrológicos, integrados a uma análise socioeconômica, em diferentes sistemas agrícolas no Estado do Rio Grande do Sul. Com início em 2012, é considerado um dos projetos prioritários do governo do Estado e tem vigência até outubro deste ano. [...]

Fonte: SF AGRO. Disponível em: <http://mod.lk/sjrzc>. Acesso em: maio 2018.

Má distribuição das estações meteorológicas no país é um dos fatores que agravam o desperdício de água na irrigação das lavouras. Na foto, estação meteorológica localizada em Tefé, no Amazonas (2016).

Precipitação: quantidade de água que chegou ao solo por meio de chuvas, geadas e nevascas.

ATIVIDADES

OBTER INFORMAÇÕES

1. Qual é o percentual de água utilizado pela agricultura no Brasil e no mundo?

INTERPRETAR

2. Que dados obtidos por estações meteorológicas podem ajudar a economizar água?

3. Qual a importância do manejo adequado do solo na agricultura?

DISCUTIR

4. O termo "água virtual" se refere à água necessária na produção de um produto. Na produção de 1 kg de carne bovina, são consumidos cerca de 15.000 L. Nesse valor, contabilizam-se a água usada na hidratação do boi, nas etapas de manuseio e industrialização do produto e água utilizada no cultivo do alimento do animal.

- Debata com colegas a relação entre o uso da água e a produção e o consumo de produtos. Depois, redija um texto com as ideias levantadas no debate.

UNIDADE

4

A CROSTA TERRESTRE

POR QUE ESTUDAR ESTA UNIDADE?

As rochas e o solo são recursos naturais de grande importância. Os minerais, que são a matéria-prima de diversos materiais de construção e de muitos outros produtos, são extraídos das rochas. O solo, por sua vez, é o local onde crescem as plantas, que são a base de diversas cadeias alimentares. Portanto, muitos seres vivos, inclusive os seres humanos, dependem do solo para viver.

Se quisermos compreender os efeitos do uso das rochas e do solo pelos seres humanos, precisamos conhecer suas características, seu processo de formação e as transformações pelas quais passam.

A superfície da Terra está em constante mudança. Essas transformações ocorrem naturalmente ou por meio da ação de seres vivos, como nós, os humanos, que a utilizamos para, por exemplo, retirar minerais, plantar e criar animais. A imagem mostra um garimpo de ouro em Poconé, no Mato Grosso (2017).

COMEÇANDO A UNIDADE

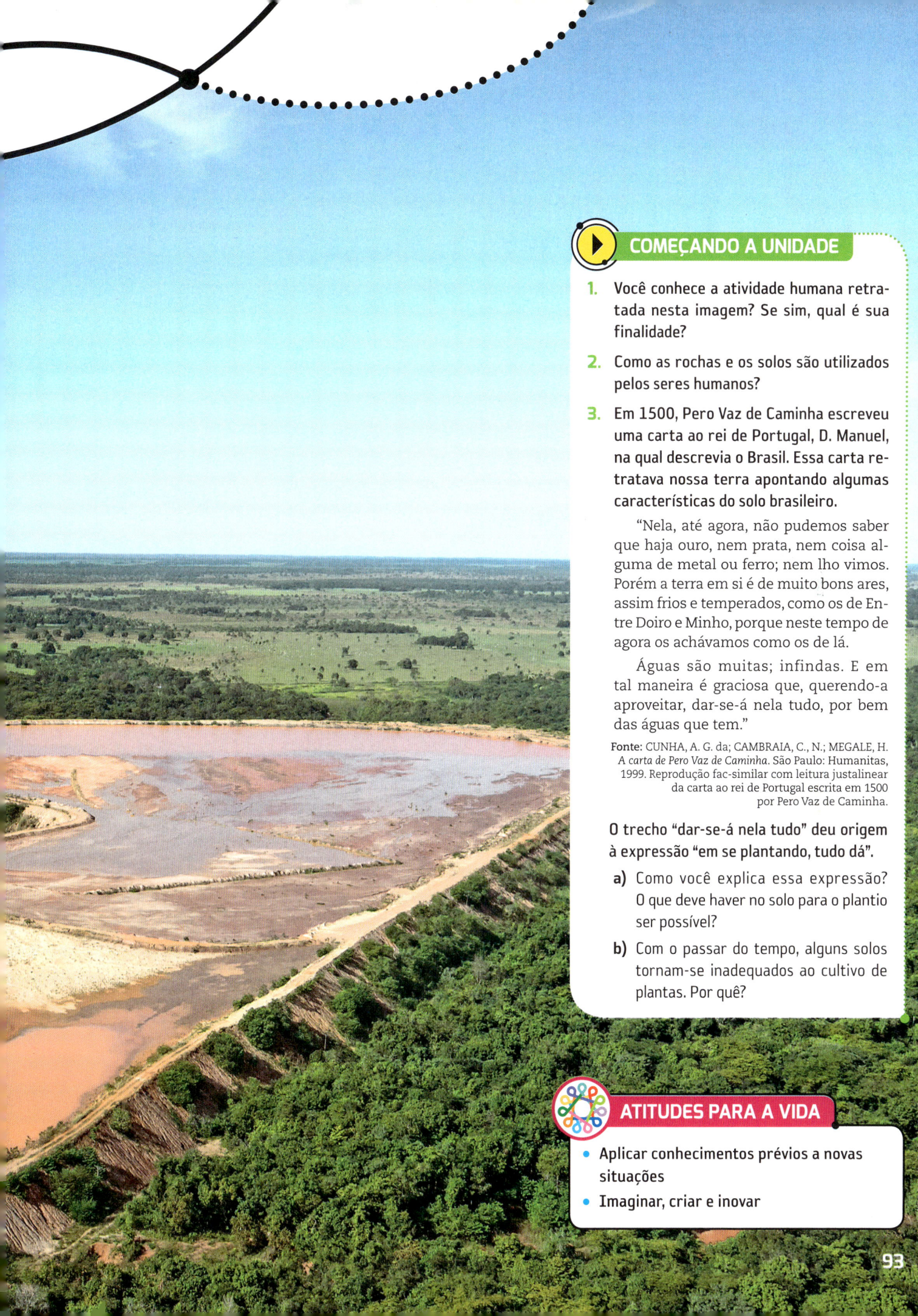

1. Você conhece a atividade humana retratada nesta imagem? Se sim, qual é sua finalidade?

2. Como as rochas e os solos são utilizados pelos seres humanos?

3. Em 1500, Pero Vaz de Caminha escreveu uma carta ao rei de Portugal, D. Manuel, na qual descrevia o Brasil. Essa carta retratava nossa terra apontando algumas características do solo brasileiro.

> "Nela, até agora, não pudemos saber que haja ouro, nem prata, nem coisa alguma de metal ou ferro; nem lho vimos. Porém a terra em si é de muito bons ares, assim frios e temperados, como os de Entre Doiro e Minho, porque neste tempo de agora os achávamos como os de lá.
>
> Águas são muitas; infindas. E em tal maneira é graciosa que, querendo-a aproveitar, dar-se-á nela tudo, por bem das águas que tem."

Fonte: CUNHA, A. G. da; CAMBRAIA, C., N.; MEGALE, H. *A carta de Pero Vaz de Caminha*. São Paulo: Humanitas, 1999. Reprodução fac-similar com leitura justalinear da carta ao rei de Portugal escrita em 1500 por Pero Vaz de Caminha.

O trecho "dar-se-á nela tudo" deu origem à expressão "em se plantando, tudo dá".

a) Como você explica essa expressão? O que deve haver no solo para o plantio ser possível?

b) Com o passar do tempo, alguns solos tornam-se inadequados ao cultivo de plantas. Por quê?

ATITUDES PARA A VIDA

- Aplicar conhecimentos prévios a novas situações
- Imaginar, criar e inovar

TEMA 1

A COMPOSIÇÃO DA CROSTA TERRESTRE

A crosta terrestre é formada em grande parte por rochas, que, por sua vez, são compostas de um ou mais minerais.

AS PARTES DA CROSTA TERRESTRE

As camadas da Terra, do interior para a parte externa, são o núcleo, o manto e a crosta terrestre. Também há a atmosfera, que fica acima da crosta terrestre.

A crosta terrestre é formada por diferentes tipos de rocha e, em sua superfície, também pelos solos. Em algumas partes da superfície do planeta, ela não é visível por estar coberta de água, de vegetação densa ou de construções humanas, como as cidades.

AS ROCHAS E OS MINERAIS

O ouro e o diamante podem nos fazer lembrar de joias valiosas. O ferro e o chumbo, por sua vez, podem nos lembrar da indústria e de seus equipamentos. Esses diferentes materiais são exemplos de **minerais**.

Os minerais são, em geral, materiais sólidos que compõem as rochas.

Embora existam muitos tipos de rocha, todas são compostas de minerais. Poucas rochas são formadas por um único mineral, como é o caso do calcário, rocha composta somente de calcita. A maioria das rochas é um agregado de diferentes minerais. O granito, por exemplo, é composto principalmente de três minerais: o quartzo, o feldspato e a mica.

Falésia em Torres, no litoral do Rio Grande do Sul (2015). Embora nem sempre sejam visíveis, as rochas influenciam toda a superfície terrestre.

MINÉRIOS

Os minerais de importância econômica para uma sociedade são chamados de **minérios**.

Ao longo da história, a utilização dos minerais pelos seres humanos foi se tornando cada vez mais frequente. Atualmente, fazemos uso direto ou indireto de quase todos os minerais conhecidos.

O aproveitamento de cada mineral está relacionado a suas propriedades, como a cor, o brilho e a dureza. O quartzo, por exemplo, é um mineral utilizado na produção de vidro, de instrumentos ópticos e de relógios. A mica é empregada como resistência em equipamentos elétricos.

Os minérios têm importância econômica e são utilizados para produzir diversos materiais, como o vidro.

ENTRANDO NA REDE

No endereço **http://mod.lk/k2j4q**, você encontra um texto sobre a utilidade de diversos tipos de minerais.

Acessando **http://mod.lk/ibqmq**, você pode ler sobre a importância da mineração ao longo da história.

Acessos em: abr. 2018.

DE OLHO NO TEMA

- Reúna-se com um colega e organizem uma relação de minerais que vocês conheçam e seus usos em nossa sociedade.

TEMA 2

AS ROCHAS

TIPOS DE ROCHA

Das rochas se extraem os minerais, e elas também são muito usadas na construção civil e nas artes plásticas.

No meio científico, as rochas são classificadas, de acordo com sua origem, em: **ígneas**, **sedimentares** e **metamórficas**.

ROCHAS ÍGNEAS

As **rochas ígneas** (*ignis*, do latim, significa "fogo") também são chamadas **magmáticas**. Elas são produzidas pelo resfriamento e pela solidificação do magma.

Existem dois tipos de rochas ígneas, que diferem pelo local onde o magma se solidificou.

As **rochas ígneas vulcânicas** formam-se na superfície da Terra, quando o magma extravasa como lava dos vulcões e se solidifica rapidamente. É como se formam a pedra-pomes e o basalto.

> As rochas são classificadas de acordo com sua origem. Elas podem ser ígneas, sedimentares ou metamórficas.

Escultores se aproveitam das características das rochas para fazer seus trabalhos: elas podem ser mais maleáveis, resistentes a condições climáticas etc. Na foto, pessoas esculpidas em pedra-sabão por Aleijadinho na Basílica do Bom Jesus de Matozinhos (Congonhas, MG, 2013).

As **rochas ígneas plutônicas** são formadas quando o magma se solidifica lentamente abaixo da superfície terrestre, a muitos quilômetros de profundidade. É o caso do granito.

Fragmentos de rochas ígneas. (**A**) Fragmento (cerca de 10 cm) de andesito, uma rocha ígnea vulcânica. (**B**) Fragmento (cerca de 10 cm) de riólito, uma rocha ígnea vulcânica porosa.

Extração de granito, uma rocha ígnea plutônica, utilizada em revestimentos de pisos, paredes e fachadas (Sangão, SC, 2015).

ROCHAS SEDIMENTARES

As rochas sedimentares, como arenito, argilito, varvito e calcário, são formadas pelo acúmulo de sedimentos, que são, em geral, fragmentos de outras rochas.

Esse tipo de rocha costuma ser utilizado como revestimento de calçadas, pisos e paredes.

A formação das rochas sedimentares está esquematizada ao lado:

1) O acúmulo de sedimentos pode ocorrer, por exemplo, na margem de um rio, no fundo do mar ou em uma praia.

2) Os sedimentos vão se acumulando e formando camadas ao longo do tempo. A parte que está embaixo sofre uma **pressão** cada vez maior, de modo que acaba se compactando e endurecendo.

3) As rochas sedimentares podem apresentar camadas e, às vezes, conter vestígios de seres que viveram no planeta em épocas remotas, os **fósseis**.

Pressão: no contexto, força feita pela camada que se deposita acima de sedimentos.

ETAPAS DO PROCESSO DE SEDIMENTAÇÃO

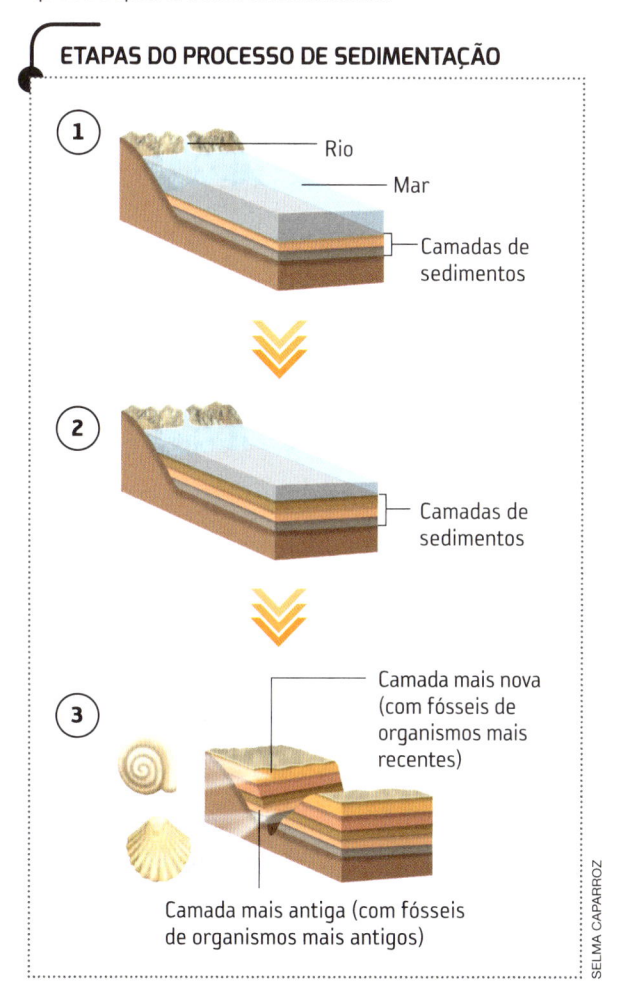

Esquema das etapas do processo de sedimentação das rochas. (Imagens sem escala; cores-fantasia.)

Rochas sedimentares do Parque Geológico do Varvito (Itu, SP, 2017).

Fonte: TEIXEIRA, W. et al. (Org.). *Decifrando a Terra*. São Paulo: Companhia Editora Nacional, 2009.

OS FÓSSEIS E AS ROCHAS SEDIMENTARES

Os restos dos seres vivos costumam sofrer um processo de decomposição. Algumas vezes, porém, eles são preservados como **fósseis**. Esse processo é raro e geralmente conserva partes duras dos organismos, como ossos, dentes, conchas, carapaças e troncos.

Uma das maneiras de se formar um fóssil acontece quando o organismo morto (ou partes dele) é soterrado por sedimentos, que o protegem da ação dos decompositores. Ao longo do tempo, novas camadas de sedimentos vão se acumulando, formando uma rocha sedimentar em meio à qual fica preservado o vestígio daquele ser vivo. Em geral, isso acontece no fundo de lugares cobertos por água.

Na fossilização, a matéria orgânica vai sendo substituída por minerais. Também pode acontecer de a parte dura do organismo desaparecer depois de deixar marcas na rocha que se formou ao seu redor.

Os paleontólogos, cientistas que estudam fósseis, dão o nome de fóssil apenas aos vestígios de organismos que viveram há mais de 11 mil anos.

Peixe fossilizado na pedra exposto no Museu Municipal Padre Daniel Cargnin (Mata, RS, 2015).

ROCHAS METAMÓRFICAS

As rochas metamórficas são formadas pela transformação de qualquer tipo de rocha, como as ígneas, as sedimentares e as próprias metamórficas. Essa transformação acontece quando, em partes profundas da crosta terrestre, as rochas são submetidas a altas pressões e temperaturas, que afetam suas estruturas.

O gnaisse, a ardósia e o mármore são exemplos de rochas metamórficas. Elas são amplamente empregadas na construção civil como revestimento de pisos, paredes e bancadas de pias, bem como na confecção de tampos de mesas e esculturas. Outro exemplo é a pedra-sabão que, pela facilidade de ser trabalhada, é muito utilizada na fabricação de panelas e na confecção de esculturas.

Fragmentos de rochas metamórficas:
(**A**) gnaisse (cerca de 15 cm);
(**B**) ardósia (cerca de 20 cm);
(**C**) mármore (cerca de 15 cm).

ENTRANDO NA REDE

No endereço **http://mod.lk/jfv92**, você encontra o *site* do Museu Heinz Ebert, com diversas informações, atividades e imagens de rochas.

Acesso em: abr. 2018.

AS ROCHAS SE TRANSFORMAM

Desde o início da formação da Terra, as rochas vêm passando por transformações.

Dependendo das condições do ambiente, cada tipo de rocha pode transformar-se em outros tipos.

O granito (rocha ígnea), quando está sob altas pressões e temperaturas em camadas profundas da crosta terrestre, pode se transformar num gnaisse (rocha metamórfica). Na superfície terrestre, porém, sedimentos que se desprendem do granito podem formar um arenito (rocha sedimentar).

DE OLHO NO TEMA

- Faça uma breve pesquisa sobre os usos que os seres humanos dão às rochas. Forme um grupo com outros colegas para identificar e listar objetos na escola que possivelmente tenham sido produzidos com rochas. Em seguida, compartilhem suas descobertas com a turma.

VAMOS FAZER

Moldes e réplicas

Existem diversos tipos de fósseis. Os moldes são fósseis formados a partir de impressões deixadas por seres vivos nas rochas, como no caso de uma pegada. Já as réplicas são fósseis formados a partir do preenchimento dessas impressões.

Material

- Massa de modelar
- Materiais para fazer os moldes e as réplicas, como conchas e folhas de plantas
- Gesso
- Água
- Copos plásticos

Procedimento

1. Preencha o fundo de um copo com a massa de modelar.
2. Pressione sobre a superfície da massa de modelar o material a partir do qual será feito o modelo do fóssil, como uma folha, por exemplo. Na massa de modelar, deve ficar a impressão do material; no caso da folha, é importante que as nervuras fiquem bem evidentes.
3. Em outro copo plástico, faça uma mistura de gesso e água. Para meio copo de água, use 5 colheres de gesso.
4. Despeje a mistura de gesso e água no copo com a massa de modelar.

> **ATENÇÃO!**
> O gesso nunca deve ser descartado no ralo. Jogue o que sobrar direto no lixo.

5. Quando o gesso estiver seco e duro, retire-o do copo e observe o que foi formado.

Atividades

1. Que materiais você utilizou para fazer os modelos de fósseis?
2. Onde foi formado o molde: na massa de modelar ou no gesso? E a réplica?
3. Pesquise sobre o processo de formação de um fóssil e responda.
   a) O que representam a massa de modelar e o gesso na fossilização?
   b) Qual é a importância do estudo desses tipos de vestígios dos seres vivos?

(Imagens sem escala; cores-fantasia.)

Fóssil de trilobite de cerca de 475 milhões de anos atrás.

TEMA 3 — O SOLO

O solo é fundamental para a vida em nosso planeta.

A COMPOSIÇÃO DO SOLO

O **solo** é a camada mais superficial da crosta terrestre. Ele é extremamente importante para os seres vivos, sendo utilizado para diversas atividades.

Ele é composto de **materiais inorgânicos** e **materiais orgânicos**.

- Os **materiais orgânicos** do solo estão nos organismos vivos (insetos, minhocas, bactérias, fungos e outros) e na matéria em decomposição, como restos de plantas (folhas, frutos, galhos) e de animais (fezes, por exemplo). Juntos, podem formar um material de coloração escura, o húmus, que é importante para as plantas.

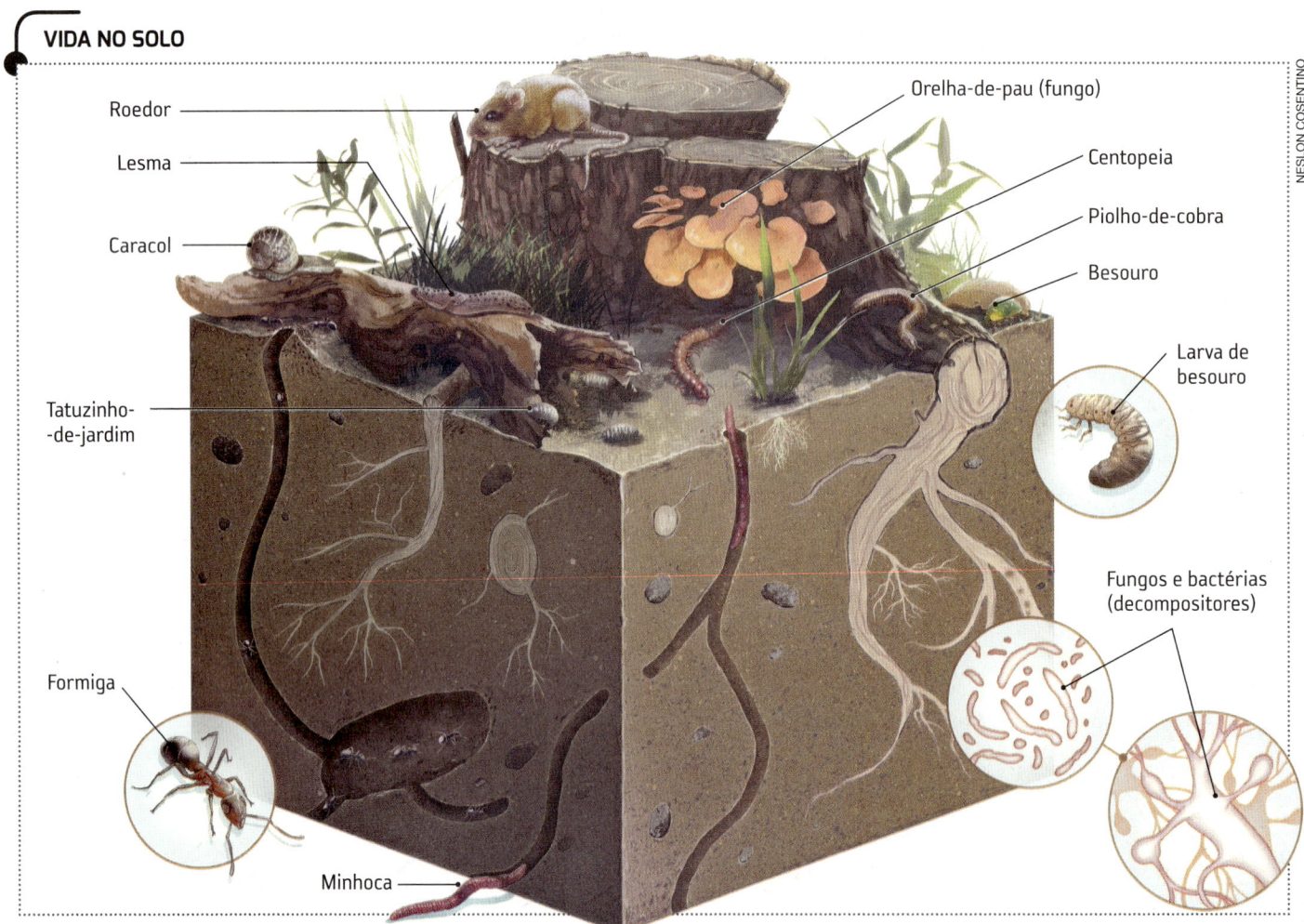

VIDA NO SOLO

Roedor — Lesma — Caracol — Tatuzinho-de-jardim — Formiga — Minhoca — Orelha-de-pau (fungo) — Centopeia — Piolho-de-cobra — Besouro — Larva de besouro — Fungos e bactérias (decompositores)

Representação da grande diversidade de organismos que uma porção de solo pode abrigar. (Imagem sem escala; cores-fantasia.)

Fonte: ECOLOGIA. Rio de Janeiro: Abril/Time-Life, 1995.

- Os **materiais inorgânicos** do solo são a água, o ar e os grãos minerais. Os grãos minerais são resultado do desgaste sofrido pelas rochas ao longo dos anos. De acordo com o tamanho, os grãos minerais são classificados em areia, silte e argila.

Grão mineral	Tamanho
Areia	0,06 a 2 mm
Silte	0,004 a 0,06 mm
Argila	Até 0,004 mm

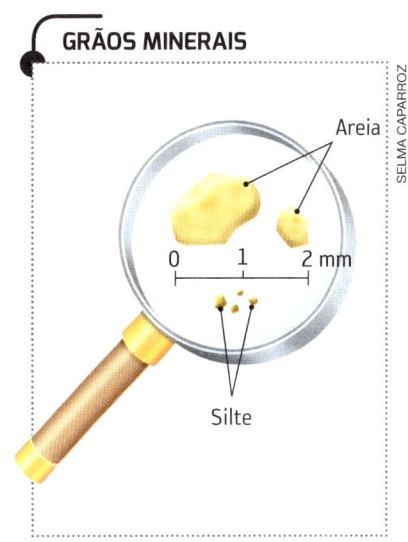

GRÃOS MINERAIS

Tamanho relativo das partículas de areia em comparação com as partículas de silte. Os grânulos de argila não são visíveis mesmo com este aumento. (Imagens sem escala; cores-fantasia.)

COMO O SOLO SUSTENTA A VIDA

No solo, são encontrados nutrientes formados por nitrogênio, fósforo e potássio.

Esses elementos são alguns dos que formam os corpos dos seres vivos. Com a morte e a decomposição desses seres, os elementos são liberados no solo e dissolvidos na água. As raízes das plantas absorvem nutrientes com esses elementos. Quando outros seres vivos se alimentam das plantas, os nutrientes são transferidos ao seu organismo.

NUTRIENTES E ÁGUA NO SOLO

(1) Restos de folhas caídas são decompostos, liberando nutrientes no solo.
(2) A água que infiltra no solo transporta os nutrientes e estes são absorvidos pelas raízes da planta.
(3) Água e nutrientes sobem para as folhas.
(4) As folhas utilizam os nutrientes do solo, o que contribui para o crescimento da planta.
(5) Aves e outros seres se alimentam do fruto e de outras partes da planta e usam os nutrientes do alimento para se desenvolver.

(Imagem sem escala; cores-fantasia.)

Fonte: Esquema elaborado com base em: LEPSCH, I. F. *Formação e conservação dos solos*. São Paulo: Oficina de Textos, 2002.

> **SAIBA MAIS!**
>
> **A fertilidade dos solos**
>
> Um solo fértil é aquele que permite o crescimento das plantas. Diversas características contribuem para que isso aconteça.
>
> Para ser fértil, o solo deve conter nutrientes que as plantas precisam durante as diversas etapas de seu ciclo de vida. Entre seus grãos deve haver espaços vazios que permitam a entrada de água e ar até as raízes. Outras características também são importantes para a fertilidade do solo.
>
> As minhocas têm um papel importante na fertilidade do solo. Elas se alimentam de restos de plantas e de animais, e suas fezes formam o húmus. Ao cavar galerias, as minhocas abrem caminhos para a entrada de água e de ar.
>
> Minhoca comum (*Lumbricus terrestris*). Ao cavar galerias no solo, as minhocas contribuem para sua umidade e aeração, pois abrem caminhos para a passagem de água e de ar.

A FORMAÇÃO DO SOLO

O solo é resultado de transformações naturais que, ao longo do tempo, desgastam as rochas. Esse processo é chamado **intemperismo**.

O intemperismo transforma uma rocha, chamada de rocha-mãe, em um material menos resistente, que se desintegra em partículas. Elas podem ser transportadas pelo mar, como ocorre com os grãos de areia, pelos rios, como acontece com as partículas de argila, e também de outras formas, como pelos ventos e por seres vivos. Essas partículas vão se sedimentando e formam o solo com outros materiais.

O clima, a inclinação do terreno e os seres vivos atuam na formação do solo, ajudando a gerar uma fina camada por ano. Esse processo geralmente se estende por centenas ou milhares de anos, o que permite o acúmulo de partículas e o aparecimento de um solo profundo.

O intemperismo pode ser classificado em **intemperismo físico** e **intemperismo químico**, embora ambos geralmente aconteçam ao mesmo tempo.

O intemperismo e a transformação da paisagem
Audiovisual que exibe características e implicações desse conjunto de processos que alteram a superfície terrestre.

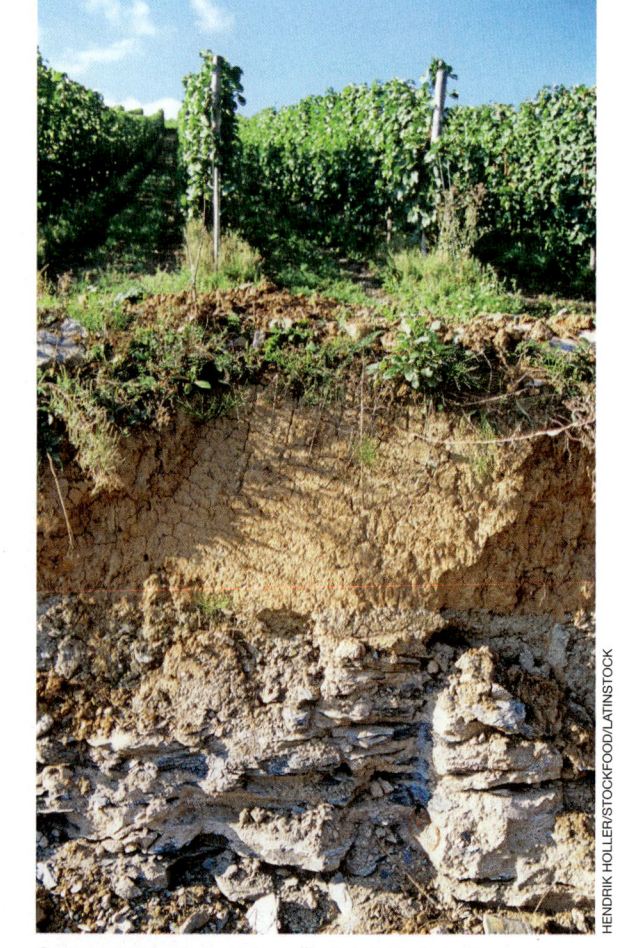

Corte mostrando a rocha-mãe (parte inferior), uma camada de solo já formada e a presença de plantas na superfície.

INTEMPERISMO FÍSICO

O intemperismo físico ocorre quando agentes físicos quebram as rochas.

Por exemplo, com o calor do Sol, as rochas se dilatam. À noite, quando esfriam, elas se contraem. Esse fenômeno, repetido durante longos períodos, faz com que as rochas se quebrem em pequenos fragmentos.

Nos países de clima frio, o gelo pode fragmentar as rochas. Isso acontece porque a água infiltra-se em suas fraturas e, ao se transformar em gelo, aumenta de volume, forçando rachaduras. Com a repetição desse processo, as rochas se desagregam.

INTEMPERISMO QUÍMICO

O **intemperismo químico**, ou decomposição das rochas, acontece quando seus minerais sofrem alterações químicas causadas por substâncias presentes, por exemplo, na água e na atmosfera. Essas transformações podem acabar por quebrar as rochas em sedimentos, que podem formar o solo.

Parque Estadual de Vila Velha, onde é possível observar o resultado do intemperismo físico nas rochas (Ponta Grossa, PR, 2017).

A cor amarelada em parte deste fragmento de rocha evidencia o processo de intemperismo químico, sinalizando alterações na composição da rocha.

OS USOS DO SOLO

No Brasil, fatores como a grande extensão do território e diferentes tipos de solo possibilitam usos distintos da terra.

Grande parte dos solos brasileiros é utilizada na **agricultura**, tanto no cultivo de alimentos como no de plantas voltadas para a produção de combustível e de matérias-primas para a indústria.

A **criação de animais** também tem destaque no uso dos solos. Os animais podem ser criados soltos ou confinados em espaços menores, como currais ou galpões.

Outra atividade importante relacionada ao uso do solo é o extrativismo, que consiste na retirada de recursos naturais do meio ambiente com o objetivo de obtenção de renda. Diferentes formas de extrativismo têm relação com solo, como a extração de minerais e de recursos vegetais como madeira, frutos e sementes.

(**A**) Horta comunitária em Londrina, PR (2017).
(**B**) Criação de gado em Fortaleza de Minas, MG (2017). Cerca de 20% da área do território nacional é ocupada por pastagens para a criação de gado.

DE OLHO NO TEMA

1. Reúna-se com um colega e discutam:

   Você sabe de onde vêm as frutas e as hortaliças que você consome no seu dia a dia? E o trigo para fazer pão, macarrão e biscoitos? E a carne? Qual é a relação de todos esses alimentos com o solo?

2. Na Região Norte do Brasil, alguns recursos da Floresta Amazônica são utilizados de maneira sustentável por cooperativas de moradores. Uma dessas cooperativas coleta castanhas e extrai látex da seringueira e óleo da copaíba.

   - Como é chamado esse tipo de atividade?
   - Qual é a relação que essas atividades têm com o solo?
   - Você conhece alguma atividade assim na região em que mora?

Impactos da mineração

Essa multimídia apresenta consequências da atividade de mineração no ambiente e na sociedade.

O extrativismo é uma atividade econômica realizada no Brasil desde a chegada dos colonizadores europeus.
Na imagem, extração de calcário, rocha sedimentar usada na produção de cimento, vidro e também na decoração (Santana do Cariri, CE, 2015).

ATIVIDADES TEMAS 1 A 3

ORGANIZAR O CONHECIMENTO

1. Explique qual é a relação entre as rochas, os minerais e os minérios.

2. Monte uma tabela com informações sobre a formação dos três tipos de rochas existentes na Terra.

3. Faça uma relação dos tipos de material que compõem o solo e indique a origem de cada um deles.

4. Relacione a formação dos fósseis ao processo de formação das rochas sedimentares.

5. Quais são os tipos de intemperismo que podem dar origem ao solo?

ANALISAR

6. Observe a tabela.

	Pedra-sabão
Tipo	Metamórfica
Mineral predominante	Talco
Características	• Baixa dureza • Resistente a mudanças de temperatura • Altamente impermeável

Você sabia que a estátua do Cristo Redentor, localizada a 709 metros de altura, no morro do Corcovado (Rio de Janeiro, RJ), é toda revestida de pedra-sabão? Analisando suas características, explique por que ela é adequada para esse uso.

Estátua do Cristo Redentor, do alto no morro do Corcovado (Rio de Janeiro, RJ, 2016).

7. Qual é o tipo da rocha que aparece na figura a seguir? Explique como você chegou a essa conclusão.

Parque Nacional da Serra da Capivara, PI (2015).

8. Observe a ilustração e responda às questões.

(Imagens sem escala; cores-fantasia.)

a) Que fenômeno está representado nas imagens?

b) Quais são os fatores ambientais que provocam esse fenômeno?

9. Uma pesquisadora encontrou dois tipos diferentes de solo em locais distantes um do outro.

Solo I: formado por fragmentos grandes de rochas, pouca areia, silte e argila e quase sem húmus.

Solo II: formado por grãos de areia, silte e argila, com grande quantidade de húmus.

A pesquisadora concluiu que um dos solos era jovem, pois resultava de pouco intemperismo, e que o outro era antigo, já que havia sofrido muito intemperismo.

Identifique qual solo era jovem e qual era bem desenvolvido. Justifique.

EXPLORE
OBSERVANDO SOLOS

Nesta atividade, vocês farão a observação de dois tipos de solo para comparar algumas de suas características.

A observação do solo pode revelar detalhes que costumam passar despercebidos quando o vemos rapidamente.

Manipular o solo sobre um jornal ajuda na limpeza da sala após a atividade.

ATIVIDADE

MATERIAL

- 2 amostras diferentes de solo (separadas em copos plásticos)
- Copos plásticos
- Luvas de jardinagem
- Folhas de jornal
- Palitos de madeira (por exemplo, palito de churrasco ou de picolé)
- Lupa (opcional)

PROCEDIMENTO

Reúna-se em grupo com mais dois colegas.

1. Forrem o tampo de uma mesa ou parte de uma bancada com folhas de jornal.
2. Despejem as amostras de solo sobre o jornal, tomando cuidado para que não se misturem.
3. Observem as amostras e, com a orientação de seu(sua) professor(a), definam alguns critérios de comparação entre os dois tipos de solo.
4. Definam o(s) aluno(s) que fará(farão) o manuseio do solo; ele(s) deve(m) calçar as luvas.
5. Com a ajuda de um palito de madeira, mexam nas amostras para observar – se possível com o auxílio de uma lupa – as características das amostras.

REGISTRE EM SEU CADERNO

1. As amostras de solo são iguais? Se não, em que diferem?
2. Seria possível classificar os solos em relação à quantidade de húmus? Que característica deveria ser observada para fazer essa classificação?
3. Monte uma tabela para organizar as informações sobre as características dos dois tipos de solo.

TEMA 4

DEGRADAÇÃO E CONSERVAÇÃO DO SOLO

O ser humano tem a responsabilidade de conservar o solo, mantendo a produtividade desse recurso.

O QUE DEGRADA O SOLO?

Uma fina camada de solo pode demorar centenas de anos para se formar. Entretanto, o solo pode ser degradado em poucos anos ou até em horas. Essa degradação pode ocorrer tanto na área rural quanto na urbana e pode ser consequência de vários processos. Vamos conhecer alguns deles.

EROSÃO

A erosão é a perda de grãos minerais e material orgânico desencadeada principalmente pelos ventos e pela água. Uma das causas mais comuns da erosão é a retirada da cobertura vegetal. O solo fica exposto e sua camada superficial, que em geral é a mais fértil, acaba sendo arrastada.

A erosão pode ser **hídrica** ou **eólica**.

- A **erosão hídrica** é causada pela ação da água da chuva, da irrigação, dos rios e dos mares. Em relevos inclinados, partículas de solo são arrastadas pela água que escorre (enxurrada). Por isso, a erosão hídrica é mais intensa em terrenos mais inclinados.

- A **erosão eólica** é causada pelo vento. Ocorre principalmente quando o solo está seco e suas partículas podem ser facilmente levantadas e transportadas.

Solo que sofreu erosão na Praia da Ribanceira, em Imbituba, SC (2016).

A erosão do solo pode fazer com que os materiais arrastados pelas águas se depositem em leitos de rios, córregos, lagos e açudes. Esse processo, chamado de **assoreamento**, diminui a profundidade das reservas de água, o que permite que elas transbordem facilmente.

A erosão também pode provocar a **desertificação** e a **arenização**. Com a perda da parte fértil do solo e sem a vegetação, as enxurradas carregam as partículas mais finas (silte e argila), restando apenas grãos de areia. Esses processos tornam o solo improdutivo.

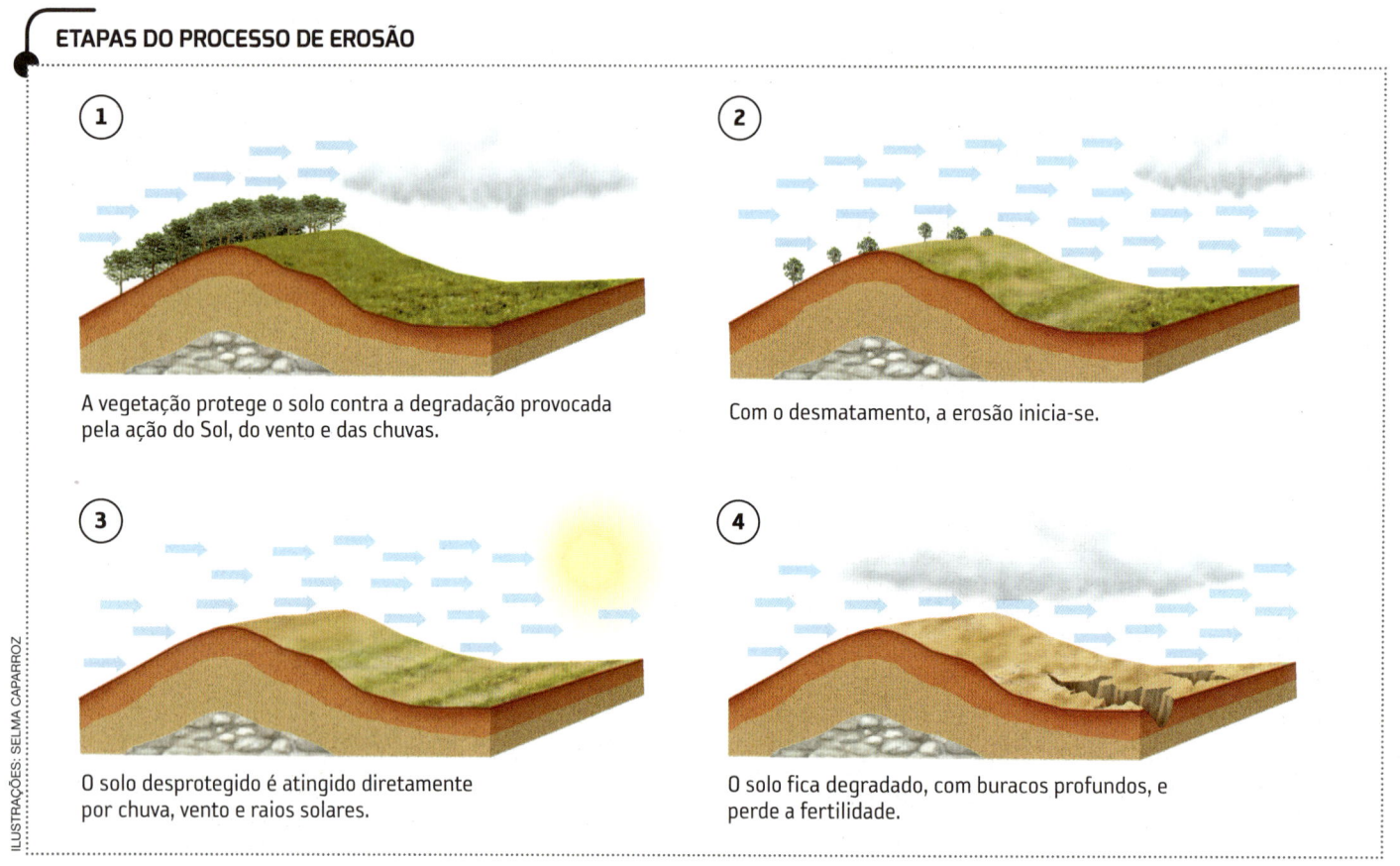

ETAPAS DO PROCESSO DE EROSÃO

1 A vegetação protege o solo contra a degradação provocada pela ação do Sol, do vento e das chuvas.

2 Com o desmatamento, a erosão inicia-se.

3 O solo desprotegido é atingido diretamente por chuva, vento e raios solares.

4 O solo fica degradado, com buracos profundos, e perde a fertilidade.

(Imagens sem escala; cores-fantasia.)

Fonte: LEPSCH, I. F. *Formação e conservação dos solos*. São Paulo: Oficina de Textos, 2002.

COMPACTAÇÃO E IMPERMEABILIZAÇÃO

O solo pode ser comparado a uma esponja de lavar pratos, que apresenta buracos chamados poros. Se apertamos a esponja, o tamanho dos poros diminui e ela se torna mais compacta. O mesmo acontece com o solo. O tráfego intenso de máquinas, pessoas e outros animais provoca sua **compactação** e a redução de sua porosidade.

Com isso, o solo torna-se menos permeável. A água e os gases, como o gás oxigênio, têm maior dificuldade para entrar no solo e chegar às raízes das plantas, que também têm dificuldade em penetrar no solo compacto.

Nas áreas urbanas, a **impermeabilização** é causada pela pavimentação, principalmente por concreto ou asfalto, que impede a penetração da água da chuva no solo. Ela se acumula na superfície, podendo provocar enchentes.

CONTAMINAÇÃO

Outra causa da degradação do solo é o lançamento de materiais que causam sua contaminação.

Nas áreas urbanas, a contaminação do solo costuma ocorrer em terrenos que recebem esgoto doméstico e/ou lixo doméstico que não passam por nenhum tratamento.

Plásticos, pilhas, pneus, lâmpadas, garrafas de refrigerante, baterias, material hospitalar, entre tantos outros materiais, precisam receber destinação adequada.

A **redução** do consumo, o **reaproveitamento** e a **reciclagem** de produtos são alternativas para diminuir a quantidade de lixo gerada e, consequentemente, seu despejo no solo.

As indústrias que lançam resíduos no solo também contribuem para contaminá-lo.

Nas áreas rurais, os defensivos agrícolas (agrotóxicos), empregados para combater as pragas que ameaçam lavouras, e os adubos sintéticos, utilizados para corrigir a falta de nutrientes do solo, são importantes fontes de contaminação do solo.

A contaminação atinge a camada superficial do solo. Mas os produtos podem ser levados pela água e, assim, chegar a um lençol freático ou ao leito de rios e lagos. Por essa razão, a poluição do solo pode contaminar a água, causando danos à fauna e à flora que dependem dela.

Há casos em que a contaminação do solo impede a construção de moradias e o plantio, além de provocar o risco de diversas doenças, que podem ser transmitidas por microrganismos ou pelo consumo de plantas do solo contaminado.

O destino inadequado de resíduos gerados pelas atividades humanas é uma das causas da contaminação do solo. Na imagem, lixo descartado de forma imprópria (Mauá, SP, 2017).

Aplicação de defensivos em plantação de soja. Dependendo de como são aplicados, esses materiais podem degradar solo, água e ar (Sertanópolis, PR, 2017).

VAMOS FAZER

Doenças relacionadas ao solo contaminado

Você sabia que existem diversas doenças transmitidas pelo solo contaminado?

1. **Organizem-se em trios. Cada integrante do grupo deverá fazer uma breve pesquisa sobre uma doença relacionada ao solo contaminado: tétano, amarelão (ou ancilostomíase) ou oxiuríase (ou enterobiose).**

   Todas as pesquisas devem trazer as seguintes informações:

   a) organismo causador;
   b) formas de transmissão;
   c) sintomas;
   d) formas de prevenção.

2. **Reúnam-se nos trios para que cada membro do grupo apresente aos colegas as informações sobre a doença pesquisada.**

QUEIMADAS

Os casos mais comuns são as queimadas realizadas antes da colheita da cana-de-açúcar e as queimadas de pastagens e de florestas nativas para iniciar uma atividade agrícola, pastoril ou mesmo uma construção. Há também as queimadas que ocorrem naturalmente por incidência de raios ou por seca prolongada.

As queimadas diminuem a quantidade de húmus e de água no solo, além de prejudicar diversos seres vivos e contribuir para o aumento da temperatura do planeta.

O QUE CONSERVA O SOLO?

Vimos que diversos tipos de ação humana provocam a degradação do solo. Para conservá-lo, é preciso que as atividades sejam planejadas, de modo que o aproveitamento do solo não comprometa seu uso pelas gerações futuras.

A seguir, vamos conhecer algumas atitudes que cooperam para a conservação dos solos.

COBERTURA VEGETAL

Uma forma de evitar a erosão é manter a cobertura vegetal. Ela impede que as chuvas e os ventos atinjam o solo diretamente. Além disso, as raízes das plantas fixam o solo e abrem espaço para a entrada da água. Isso diminui o risco de as enxurradas arrastarem a camada mais fértil do solo.

Em terrenos inclinados, a cobertura vegetal ajuda a prevenir desmoronamentos, evento que pode ocorrer facilmente no solo degradado nas encostas dos morros e à beira de nascentes, rios e lagos. A preservação da **mata ciliar**, que cresce em suas margens, evita o assoreamento e, por isso, é fundamental para a sobrevivência de espécies que dependem da água.

> **ATITUDES PARA A VIDA**
>
> - Imaginar, criar e inovar
>
> Ao estudar como conservar o solo ou outros recursos naturais, geralmente são retratadas situações específicas, que não necessariamente se encaixam em nosso dia a dia. Assim, é importante criar e imaginar maneiras de aplicar os temas estudados ao cotidiano para que possamos ter atitudes que respeitam o ambiente.

A presença de áreas verdes em cidades ajuda a drenar a água das chuvas, além de contribuir com o bem-estar da população (Belo Horizonte, MG, 2016).

A mata ciliar ajuda a preservar rios e lagos dos efeitos da erosão (Alto Paraíso de Goiás, GO, 2017).

DE OLHO NO TEMA

Rio sem mata ciliar

A) A água das chuvas vai levando a terra solta.

O rio vai sendo assoreado.

Rio com mata ciliar

B) A vegetação absorve a água da chuva.

As raízes seguram a terra.

O rio consegue fluir.

(Imagens sem escala; cores-fantasia.)

Reúna-se com dois colegas para discutir o esquema ao lado.

1 Qual é o caminho da água da chuva quando ela chega ao solo nas situações **A** e **B**?

2 Comparem a profundidade do rio em cada situação. O que causa essa diferença?

AS TÉCNICAS DE PLANTIO E A CONSERVAÇÃO DO SOLO

- O **plantio direto** é aquele feito sem que os restos de cultivos anteriores, como a palha, sejam retirados ou queimados. Essa camada, rica em matéria orgânica, também ajuda a evitar a erosão e a perda de água do solo por evaporação.

- A **adubação verde** acrescenta nutrientes ao solo por meio de restos de plantas, esterco animal ou mesmo restos de alimento. Para ser usada como adubo, a matéria orgânica deve ser preparada pela **compostagem**.

Compostagem: processo de decomposição da matéria orgânica, como restos de plantas e dejetos de animais. Esse processo resulta num tipo de adubo.

Trilha de estudo

Vai estudar? Nosso assistente virtual no *app* pode ajudar! <http://mod.lk/tr6u04>

Plantação de milho. O uso de restos de cultivos anteriores, como palha, em uma nova plantação ajuda a evitar a perda de água e matéria orgânica do solo (Arapongas, PR, 2015).

- O **plantio em nível** e o **terraceamento** são feitos em terrenos inclinados para diminuir a velocidade da água em seu caminho morro abaixo. No plantio em nível, as plantas são cultivadas em linhas que cortam o trajeto de descida da água. No terraceamento são construídos terraços no solo. Ao diminuir a velocidade da água, essas técnicas facilitam sua infiltração no solo. Assim, evitam a erosão e a perda de nutrientes do terreno.

- A **rotação de culturas** alterna o plantio de diferentes culturas vegetais em uma mesma área para evitar que os nutrientes do solo se esgotem. É comum, por exemplo, alternar o plantio de plantas leguminosas como o feijão, a soja e o amendoim, que enriquecem o solo, e de plantas como o milho e os cereais, que podem esgotá-lo.

Em terrenos inclinados, o plantio em nível evita a erosão. Na foto, plantação de café (Alto Caparaó, MG, 2015).

DE OLHO NO TEMA

3. Agora que você conhece algumas causas da contaminação do solo, discuta com os colegas sobre as razões pelas quais esse problema tornou-se mais grave ao longo da história e enumere-as em uma lista.

4. Reúna-se com um colega. Escolham três fatores que causam a degradação do solo em sua cidade e discutam formas possíveis de evitá-los ou solucioná-los.

ENTRANDO NA REDE

As fazendas agroecológicas buscam minimizar os impactos que suas atividades geram no ambiente. Conheça como funciona uma fazenda agroecológica no endereço **http://mod.lk/hbcce**.

Acesso em: abr. 2018.

COLETIVO CIÊNCIAS

A pesquisa na agropecuária

A Embrapa (Empresa Brasileira de Pesquisas Agropecuárias) é um órgão do governo responsável por pesquisas e pelo desenvolvimento de tecnologias voltadas à agropecuária. Ela reúne as atividades de plantio (agricultura) e de criação de animais (pecuária).

O setor da Embrapa responsável pelos solos conta com pesquisadores de diversas áreas, como agrônomos, biólogos, químicos e geólogos. Juntos, eles estudam práticas de plantio e criação de animais que façam bom uso do solo, além de buscar soluções para recuperar solos desgastados.

Os pesquisadores da Embrapa trabalham em parceria com universidades e, apoiados por especialistas em tecnologia da informação, transferem seus conhecimentos a agricultores de todo o país.

ATIVIDADES — TEMA 4

ORGANIZAR O CONHECIMENTO

1. Por que a erosão pode tornar o solo inadequado ao plantio?

2. Leia a seguinte notícia:

   "O Rio Taquari, um dos mais importantes da Bacia do Pantanal, no Mato Grosso do Sul, está ameaçado pela erosão e o assoreamento. O Taquari é um dos principais leitos de drenagem das águas da Bacia Pantaneira para o Rio Paraguai. Ainda conserva, em alguns pontos, a aparência de santuário ecológico. Mas, na maior parte do seu leito, o Rio Taquari exibe outra realidade: a do descaso e da devastação. [...]"

   Fonte: GLOBO RURAL. Erosão e assoreamento ameaçam o Rio Taquari. Disponível em: <http://mod.lk/dkbiu>. Acesso em: abr. 2018.

   a) O que é assoreamento e como ele ocorre?

   b) Quais procedimentos podem evitar que o assoreamento ocorra?

3. Como a compactação do solo faz com que ele se torne impermeável?

4. Faça uma relação das fontes de contaminação do solo nas áreas urbanas e rurais.

ANALISAR

5. Algumas aldeias africanas alternam cultivos de plantas como na imagem abaixo.

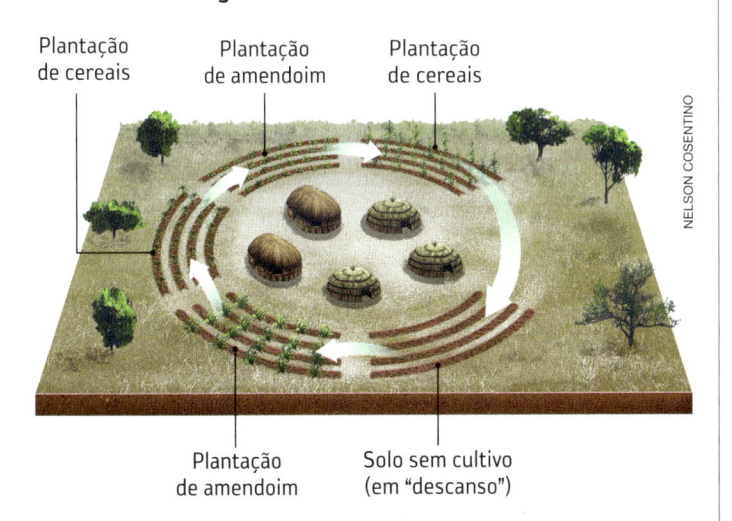

   Plantação de cereais — Plantação de amendoim — Plantação de cereais — Plantação de amendoim — Solo sem cultivo (em "descanso")

   NELSON COSENTINO

   a) Que nome recebe essa prática agrícola?

   b) O que se espera com essa prática?

6. O quebra-vento é uma técnica de plantio de árvores e arbustos ao redor da área de cultivo agrícola. De que forma essa prática pode ajudar a preservar o solo?

7. Leia.

   "Dez espécies de peixes encontrados mortos no Rio Riachão, em Francisco Dumont, foram levados para um laboratório em Montes Claros [...], para passarem por uma análise. Os peixes fazem parte de uma amostra de cardumes que estão morrendo ao longo do rio. [...]

   Há suspeita de que, com as chuvas, os agrotóxicos de plantações da região tenham atingido o rio. [...]"

   Fonte: PEIXOTO, J. Centenas de peixes, aves e gado foram encontrados mortos em comunidades de Francisco Dumont. *Grande Minas Inter* TV, 2017. Disponível em: <http://mod.lk/ayxsk>. Acesso em: abr. 2018.

   Explique como os agrotóxicos usados nas plantações poderiam ter chegado ao rio Riachão.

COMPARTILHAR

8. Reúna-se com alguns colegas e discutam a seguinte afirmação:

   A redução do consumo, o reaproveitamento e a reciclagem de produtos contribuem para evitar a degradação do solo.

   a) Construa argumentos para justificar essa afirmação.

   b) Faça uma lista de atitudes que possam ser praticadas por você e por seus colegas para evitar a degradação do solo.

   Em seguida, preparem um material (texto para um *blog*, *slides* ou vídeo) que apresente as ações propostas pelo grupo, deixando claro de que forma elas contribuem para a preservação do solo.

9. Embora a mineração seja uma atividade extremamente importante para nosso cotidiano e para a economia do país, o extrativismo mineral é responsável por diversos problemas ambientais.

   Reúna-se com mais quatro colegas e façam uma pesquisa em *sites* de busca sobre danos ambientais causados por essa atividade. Em seguida, atentos às orientações do(a) professor(a), apresentem suas descobertas aos demais grupos. Observem se os demais grupos descobriram informações diferentes das que vocês descobriram.

PENSAR CIÊNCIA

Fósseis: o passado marcado nas rochas

Maior repatriação de fósseis do país revela história das espécies marinhas

Bacia sedimentar: área extensa em que pequenas partículas (sedimentos) que se desprenderam de rochas se acumulam, formando rochas sedimentares.

Repatriação: ato de trazer algo de volta ao país.

"RIO — Quatrocentos milhões de anos atrás, quando metade do território do país estava coberto por grandes mares rasos, invertebrados como caramujos, estrelas do mar, moluscos e corais dominavam as regiões alagadas. Boa parte do que sabemos sobre este cenário muito anterior aos dinossauros, que surgiram 200 milhões de anos depois, é conhecido graças a 700 quilos de vestígios coletados pelo geólogo e paleontólogo americano Kenneth Edward Caster em bacias sedimentares brasileiras na década de 1940 e levados para a Universidade de Cincinnati (EUA). O material chega ao Museu Nacional/UFRJ, sua nova casa, até o fim do mês. Esta é a maior repatriação de fósseis já realizada no Brasil [...].

[...]

— Foi um processo simples porque Caster levou as peças para os EUA com autorização do governo brasileiro. Após sua morte, em 1992, ninguém continuou suas pesquisas. Então, quando pedimos a coleção, a Universidade de Cincinnati aceitou doá-la — explica Sandro Marcelo Scheffler, professor do Departamento de Geologia e Paleontologia do Museu Nacional. — Ainda não sabemos quantos fósseis receberemos, porque nunca foram catalogados. Depois deste levantamento, vamos incorporá-los às nossas exposições.

O paleontólogo americano percorreu grande parte do Brasil entre 1944 e 1947, quando foi professor da USP. Percorreu grande parte do país, trabalhando principalmente nas bacias sedimentares de Piauí, Paraná e Amazonas. Boa parte das peças encontradas era do Período Devoniano (entre 415 milhões e 360 milhões de anos atrás). Cerca de metade do território continental era coberto por mares rasos, onde os invertebrados marinhos se proliferaram praticamente sem predadores — as espécies mais perigosas, e já extintas, eram parentes distantes do polvo, os nautiloides; e de crustáceos, os trilobitas. Os fósseis são de animais que ficaram presos em sedimentos no fundo da água, que transformaram-se em rochas.

[...]

Fósseis de peixes. Essas estruturas ajudam a entender o passado do planeta e como as espécies se modificam ao longo do tempo.

Coleções de fósseis podem ser estudadas e expostas em museus.

— Alguns fósseis eram encontrados somente no atual território do país, indicando que eram espécies endêmicas, mas outros foram registrados também em localidades como a África do Sul, o que seria um sinal de que os continentes já estiveram unidos — destaca Scheffler. [...]"

Fonte: O GLOBO. Maior repatriação de fósseis do país revela história das espécies marinhas. *O Globo*, 22 abr. 2016. Disponível em: <http://mod.lk/udqyg>. Acesso em: abr. 2018.

Endêmica: que é encontrada apenas em uma região ou país.

Sambaquis

A palavra sambaqui tem origem tupi e significa "amontoado de conchas". Os sambaquis, porém, são formados também por diversos outros materiais. Cite exemplos desses materiais e explique a importância deles para a Arqueologia.
Disponível em <http://mod.lk/ac6u04>.

ATIVIDADES

1. Descreva o percurso feito pelos fósseis desde a descoberta do paleontólogo Caster até os dias atuais.
2. De que forma o estudo feito por Caster permitiu conhecer melhor o ambiente que, há milhões de anos, ocupava o atual território brasileiro?
3. Qual é a importância, para os pesquisadores brasileiros, de ter a coleção de fósseis repatriada?

ENTRANDO NA REDE

No endereço **http://mod.lk/n9al9**, você pode assistir a uma reportagem sobre uma exposição de fósseis no Museu Nacional do Rio de Janeiro.

Acesso em: abr. 2018.

ATITUDES PARA A VIDA

Destino dos produtos eletrônicos no mundo e no Brasil

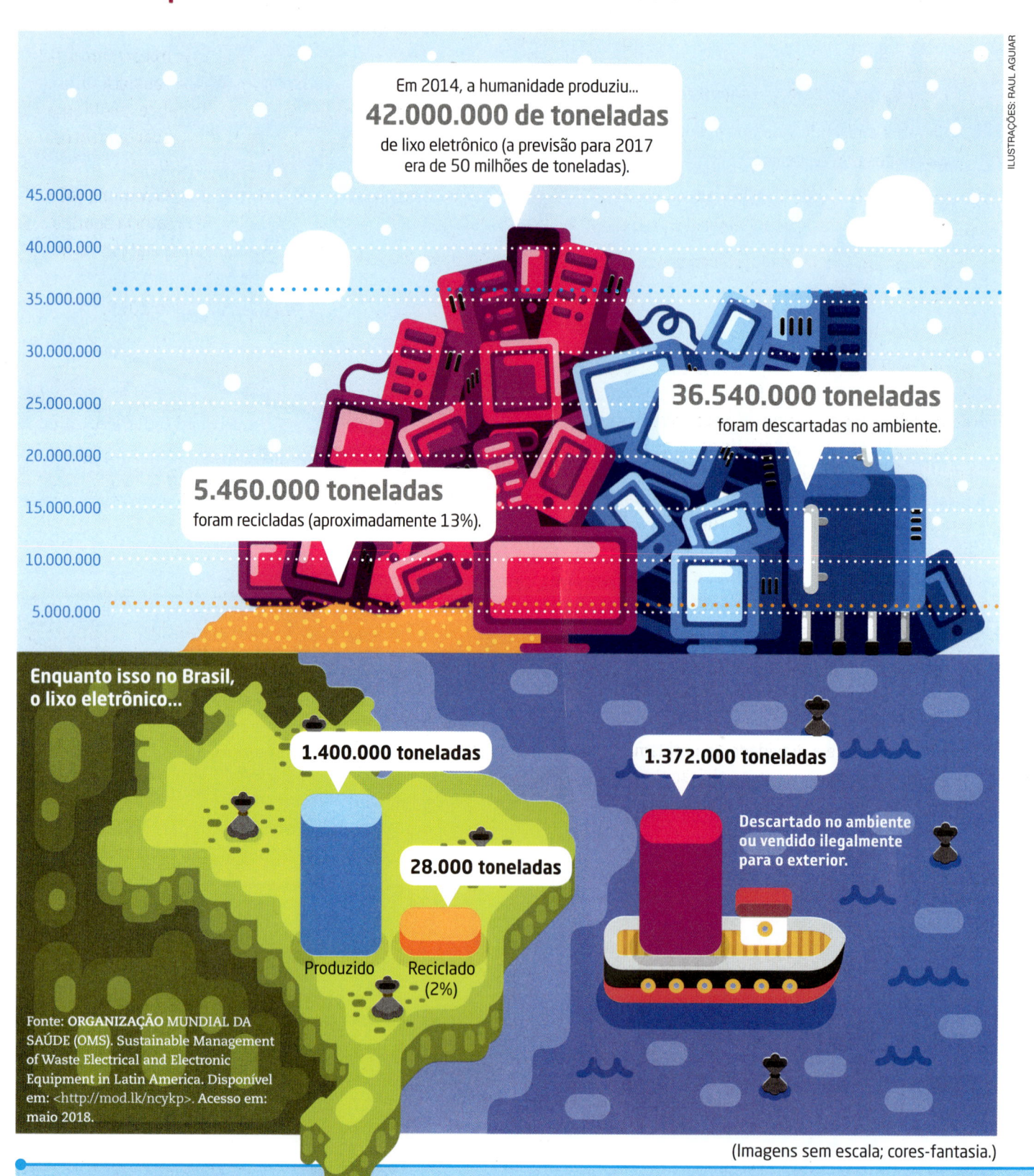

Em 2014, a humanidade produziu...
42.000.000 de toneladas
de lixo eletrônico (a previsão para 2017 era de 50 milhões de toneladas).

36.540.000 toneladas
foram descartadas no ambiente.

5.460.000 toneladas
foram recicladas (aproximadamente 13%).

Enquanto isso no Brasil, o lixo eletrônico...

1.400.000 toneladas — Produzido

28.000 toneladas — Reciclado (2%)

1.372.000 toneladas — Descartado no ambiente ou vendido ilegalmente para o exterior.

Fonte: ORGANIZAÇÃO MUNDIAL DA SAÚDE (OMS). Sustainable Management of Waste Electrical and Electronic Equipment in Latin America. Disponível em: <http://mod.lk/ncykp>. Acesso em: maio 2018.

(Imagens sem escala; cores-fantasia.)

ILUSTRAÇÕES: RAUL AGUIAR

TROCAR IDEIAS

Em grupo, discutam as seguintes questões:

1. Observe o ciclo de vida dos produtos eletrônicos. Qual é o descarte adequado desse tipo de lixo?
2. Explique por que o destino adequado dado ao lixo eletrônico contribui para reduzir a extração mineral e preservar o solo e a água.
3. A maior parte do lixo eletrônico produzido no planeta recebe um destino apropriado? E no Brasil?

COMPARTILHAR

Em grupo, façam uma pesquisa sobre locais como empresas, lojas e centros de triagem, que recolhem lixo eletrônico produzido em sua cidade para reaproveitar peças e reciclar materiais. Se possível, entrem em contato com essas empresas para descobrir os tipos de equipamento que elas recebem e o destino que lhes é dado.

Em seguida, façam o planejamento de uma campanha para orientar a comunidade da escola (alunos, funcionários e pais) sobre o descarte de produtos eletrônicos. A campanha pode comunicar os problemas causados pelo lixo eletrônico ao meio ambiente e à saúde, além de informar endereços de locais que recolhem esse tipo de produto.

Nesta atividade, fiquem atentos à importância de **aplicar conhecimentos prévios a novas situações**:

- Fazer um levantamento dos temas estudados nesta Unidade que sejam importantes para compreender a questão do lixo eletrônico.
- Refletir sobre a gravidade do problema apresentado com base no que vocês já conhecem sobre a poluição do solo e da água.
- Utilizar seus conhecimentos sobre a importância da preservação do solo para criar a campanha que será feita à comunidade.

ENTRANDO NA REDE

No endereço **http://mod.lk/jamsv**, pode-se assistir a uma reportagem sobre problemas gerados pelo descarte incorreto do lixo eletrônico.

Em **http://mod.lk/wnmmi**, você encontra uma matéria sobre a produção de lixo eletrônico no mundo.

Acessos em: maio 2018.

COMO EU ME SAÍ?

- Consegui relacionar o problema do lixo eletrônico com os assuntos que havia estudado nesta Unidade?
- Voltei a consultar o material didático?
- Utilizei o que havia aprendido para poder compreender o problema do lixo eletrônico e discutir a campanha com meus colegas?

COMPREENDER UM TEXTO
TRABALHO INFANTIL

"Estudo da Organização Internacional do Trabalho (OIT) […], na Assembleia das Nações Unidas, estima que 152 milhões de crianças foram submetidas a trabalho infantil em 2016, sendo 64 milhões do gênero feminino e 88 milhões do masculino. Isso representa que uma em cada dez crianças de 5 a 17 anos foi explorada dessa forma em todo o mundo.

Cerca de 73 milhões, quase metade do total, exerciam o que a OIT considera trabalho perigoso, que são atividades que colocam em risco sua saúde, segurança e desenvolvimento moral, como ocorre na mineração e na construção civil. Entre estas pessoas, 38% das que têm de 5 a 14 anos e quase dois terços das que têm de 15 a 17 anos trabalham mais de 43 horas por semana.

[…]

A pesquisa Estimativas Globais de Trabalho Infantil: resultados e tendências 2012-2016 aponta que o maior contingente de crianças exploradas está na África (72,1 milhões), depois na área da Ásia e do Pacífico (62 milhões), das Américas (10,7 milhões), da Europa e da Ásia Central (5,5 milhões) e dos Estados Árabes (1,2 milhão). Os ramos que mais exploram mão de obra infantil em âmbito global são agricultura (70,9% dos casos), serviços (17,1%) e indústrias em geral (11,9%).

No caso das Américas, esses percentuais alcançam 51,5% na agricultura, 35,3% nos serviços e 13,2% nas indústrias. O setor de serviços ocupa, portanto, fatia maior do que ocorre nos países em geral, chegando a utilizar proporcionalmente mais de uma em cada três crianças que trabalham. Embora a OIT reconheça o avanço no combate a esse tipo de violação na região, destaca que ele 'não foi compartilhado igualmente entre países ou dentro deles; grupos significativos, incluindo crianças indígenas, foram deixados para trás', conforme o texto da pesquisa.

Crianças transportando rochas em montanhas. Elas costumam fazer diversas viagens por dia para entregar as rochas. O trabalho infantil é um problema mundial que deve ser combatido. (Nepal, 2010).

LISA KRISTINE/IP ARCHIVE/GLOW IMAGES

A análise considera ainda o número total de crianças no emprego, que são aquelas submetidas às formas de exploração do trabalho infantil, somadas às que têm as modalidades permitidas de emprego infantil. O total chega a 218 milhões de pessoas. A organização alerta para um dos impactos mais evidentes desse emprego, que é o afastamento das crianças do ambiente escolar. Aproximadamente um terço das crianças de 5 a 14 anos envolvidas em trabalho infantil estão fora das escolas. Já os jovens de 15 a 17 anos têm maior propensão a abandonar a escola prematuramente. [...]"

Fonte: MARTINS, H. OIT: 152 milhões de crianças foram vítimas de trabalho infantil em 2016. *EBC Agência Brasil*, 2017. Disponível em: <http://mod.lk/vehvl>. Acesso em: abr. 2018.

TRABALHO INFANTIL NO BRASIL

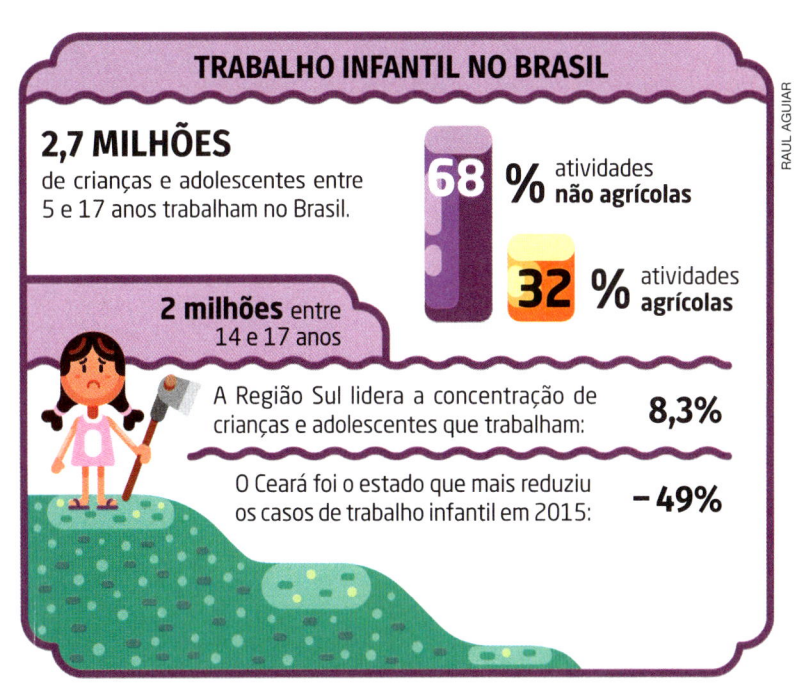

2,7 MILHÕES de crianças e adolescentes entre 5 e 17 anos trabalham no Brasil.

68% atividades não agrícolas
32% atividades agrícolas

2 milhões entre 14 e 17 anos

A Região Sul lidera a concentração de crianças e adolescentes que trabalham: **8,3%**

O Ceará foi o estado que mais reduziu os casos de trabalho infantil em 2015: **−49%**

Fonte: PESQUISA NACIONAL POR AMOSTRA DE DOMICÍLIOS (PNAD) 2015. Disponível em: <http://mod.lk/vfcij>. Acesso em: maio 2018.

ATIVIDADES

OBTER INFORMAÇÕES

1. Quais são os principais problemas relacionados ao trabalho infantil?
2. Quais são os ramos que mais exploram o trabalho infantil?
3. O trabalho infantil interfere na educação das crianças e dos adolescentes? Explique.

REFLETIR E COMPARTILHAR

4. O artigo 32 da Convenção sobre os Direitos da Criança da legislação brasileira enuncia que "os Estados Partes reconhecem o direito da criança de estar protegida contra a exploração econômica e contra o desempenho de qualquer trabalho que possa ser perigoso ou interferir em sua educação, ou que seja nocivo para sua saúde ou para seu desenvolvimento físico, mental, espiritual, moral ou social". Contudo, dados da Pesquisa Nacional por Amostra de Domicílios (PNAD) de 2015 revelam que, embora esse número esteja diminuindo, ainda há 2,7 milhões de crianças de 5 a 17 anos em situação de trabalho infantil no Brasil.

- Pesquise informações atuais sobre o trabalho infantil no Brasil, enfatizando a área de mineração. Houve mudanças significativas? Compare e justifique.
- Baseie-se na sua pesquisa, no conteúdo da seção, na legislação brasileira, nas estatísticas sobre trabalho infantil e em seus próprios conhecimentos e opiniões e escreva um pequeno texto sobre o trabalho infantil em nosso país. Compartilhe seu texto com os colegas.

5. Em grupo, discutam as responsabilidades de diferentes setores da sociedade na luta pelo fim do trabalho infantil. Governos, organizações não governamentais, empresas mineradoras, comerciantes, empresas que utilizam minérios na fabricação de joias e eletroeletrônicos, consumidores finais, todos podem atuar nessa questão. Escolham um desses exemplos e elaborem uma carta para informar e orientar as pessoas a contribuir no combate ao trabalho infantil. Avaliem os argumentos utilizados pelo grupo.

UNIDADE 5
DE OLHO NO CÉU

COMEÇANDO A UNIDADE

1. Você já observou o nascer ou o pôr do sol? O que acontece no céu nesses momentos?
2. Você já notou fenômenos que se repetem no céu? Se sim, quais?
3. Seria possível saber as horas baseando-se na posição do Sol? Em caso positivo, como isso poderia ser feito?

POR QUE ESTUDAR ESTA UNIDADE?

A sucessão dos dias e das noites causa deslumbramento. Talvez você já tenha parado para contemplar um pôr do sol como o desta imagem.

A sucessão dos dias e das noites é consequência de um dos movimentos da Terra. Conhecer esse e outros movimentos do nosso planeta nos ajuda a compreender a grande influência que o Sol exerce sobre a vida.

Apresentação de músico a bordo de uma canoa nas águas da praia do Jacaré, em João Pessoa, na Paraíba, durante o pôr do sol (2017).

ATITUDES PARA A VIDA

- Aplicar conhecimentos prévios a novas situações
- Persistir

TEMA 1

O ESTUDO DO CÉU

ASTRONOMIA

Há muito tempo as pessoas observam o céu. O estudo das estrelas, dos planetas e de outros astros deu origem à Astronomia. As primeiras observações eram realizadas a olho nu, e permitiram aos nossos antepassados fazer previsões sobre os movimentos dos astros, identificar estações do ano, entre outros. Com o tempo, diferentes instrumentos foram desenvolvidos para ajudar nessa tarefa.

O estudo do Universo e dos corpos celestes é o campo de pesquisa da Astronomia.

INSTRUMENTOS PARA ESTUDO DOS ASTROS

Obelisco de Montecitório (Itália, 2018).

Stonehenge, no Reino Unido (2018).

Telescópio original de Galileu Galilei, em exposição no Museo delle Scienze, na Itália.

Telescópio que pertenceu a Isaac Newton.

Há 5.500 anos
O gnômon permite relacionar a trajetória do Sol no céu com a passagem das horas na Terra: ao se observar as mudanças na sombra que ele projeta, é possível saber o caminho que o Sol percorre no céu. O obelisco de Montecitório, mostrado na fotografia, era parte de um grande relógio de sol. Ele tinha a função de gnômon nesse relógio.

Há 5.100 anos
No monumento Stonehenge, cada pedra tem aproximadamente 26 toneladas. A linha principal da construção parte do centro do arranjo e aponta para a direção em que o Sol nasce no solstício de verão. Algumas pedras estão alinhadas com o nascer e o pôr do sol no início do verão e do inverno.

Em 1609
O estudioso italiano Galileu Galilei (1564-1642) aperfeiçoou um instrumento usado para ver a longas distâncias, criando o primeiro telescópio (ou luneta). O instrumento possibilitou a observação de crateras da Lua, das fases de Vênus, das luas de Júpiter e de uma grande quantidade de estrelas, por exemplo.

Em 1670
O físico e matemático inglês Isaac Newton aperfeiçoou o instrumento desenvolvido por Galileu, produzindo um telescópio mais potente que o anterior.
É conhecido como telescópio refletor ou telescópio newtoniano.

OS INSTRUMENTOS DE OBSERVAÇÃO DO CÉU

Uma das formas de explorar o espaço é estudá-lo daqui mesmo, da Terra, por meio de equipamentos como lunetas e telescópios, além do uso de cálculos matemáticos feitos com base em observações e medidas. Outra forma de estudar o céu é enviar ao espaço foguetes, sondas e satélites, que permitam obter imagens e amostras de rochas de outros astros, por exemplo.

Gnômon: parte do relógio solar que projeta sombra, como uma haste de madeira ou uma coluna.

DE OLHO NO TEMA

Os instrumentos de observação do céu evoluíram ao longo do tempo e permitiram conhecer cada vez mais o Universo.

- Escolha um dos instrumentos da linha do tempo e comente o que você gostaria de observar com o equipamento escolhido. Discuta com seus colegas se essa observação seria possível.

ENTRANDO NA REDE

No *site* **http://mod.lk/yraia** é possível rastrear satélites, o telescópio Hubble ou a Estação Internacional Espacial.

Acesso em: fev. 2018.

Espectroscópio de visão direta.

Radiotelescópios do Very Large Array (VLA), localizados nos Estados Unidos (2017).

Telescópio Hubble em órbita.

Imagem "O campo profundo do Hubble" (The Hubble Ultra-Deep Field).

Em 1859
Os espectroscópios são instrumentos de observação que fornecem informações sobre a luz emitida ou refletida por corpos celestes. Essas informações permitem aos pesquisadores conhecer os materiais que formam tais corpos.

Em 1965
Existem diferentes "tipos" de luz além daquela que podemos enxergar. Um exemplo são as ondas de rádio, que despertam o interesse de muitos cientistas. Para estudar as ondas de rádio vindas do espaço foram criados os radiotelescópios, que são como antenas de rádio equipadas com aparelhos bastante sensíveis.

Em 1990
Os telescópios espaciais são muito eficientes e têm câmeras de alta resolução, tornando possível a observação de corpos celestes que estão muito distantes da Terra. Também permitem a obtenção de imagens muito nítidas de planetas do Sistema Solar e de algumas galáxias.

Em 2014
Esta imagem, captada em 2014 pelo telescópio Hubble, mostra cerca de 10.000 galáxias. Cada uma dessas galáxias pode conter bilhões de estrelas e planetas.

Os acontecimentos dessa linha do tempo não foram representados em escala temporal.

TEMA 2 — PONTOS DE REFERÊNCIA NA ASTRONOMIA

Considerar o ponto de vista do observador, na Terra, é muito importante para compreender fenômenos do céu.

POSIÇÃO DO OBSERVADOR

Para compreender diversos fenômenos que acontecem no céu, é muito importante considerar a posição de quem os observa. Duas pessoas que estão próximas enxergam praticamente o mesmo cenário no firmamento, mas, conforme a distância entre elas aumenta, suas perspectivas podem mudar.

Normalmente, utilizam-se as coordenadas de latitude e de longitude como referências para determinar um posicionamento no planeta. Na Astronomia, a informação mais importante é a latitude do observador, bem como sua localização em relação à linha do Equador, às linhas dos trópicos ou aos círculos polares – veja a representação de algumas dessas coordenadas na figura a seguir.

Para dois observadores distantes entre si explicarem um ao outro a posição de determinado astro, é necessário que eles definam essa posição em relação a duas coordenadas: o horizonte e o zênite.

> **DE OLHO NO TEMA**
>
> - Pesquise e identifique qual é a coordenada de latitude da sua cidade. Olhe para uma representação do globo terrestre e identifique se a sua cidade está próxima a algum dos paralelos mais conhecidos.

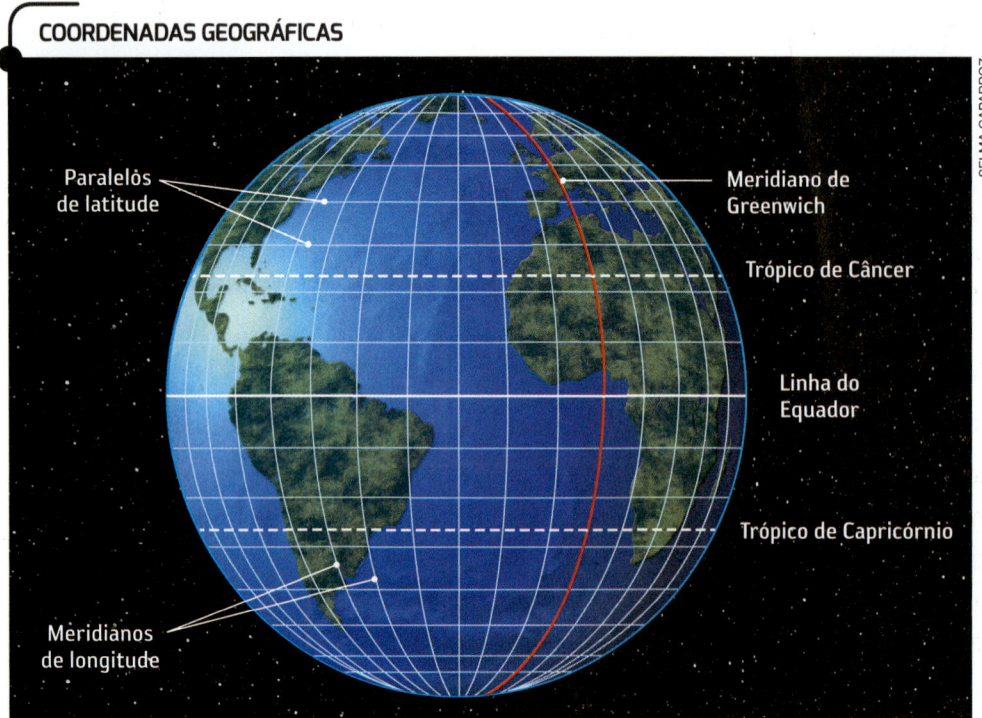

COORDENADAS GEOGRÁFICAS

Representação esquemática da Terra e suas principais linhas imaginárias. (Imagem sem escala; cores-fantasia.)

Fonte: Elaborado com base em: CALDINI, V. L. M.; ÍSOLA, L. *Atlas geográfico Saraiva*. 4. ed. São Paulo: Saraiva, 2013.

O **horizonte** é uma linha imaginária situada entre o céu e o solo ou a água. Geralmente é difícil visualizar o horizonte nas grandes cidades por causa da presença de prédios e outras construções. Já o **zênite** corresponde ao ponto exatamente acima da cabeça do observador, no qual uma linha vertical imaginária intercepta a esfera celeste.

Esfera celeste: é uma esfera imaginária, com a Terra no centro, na qual os corpos celestes encontram-se projetados do mesmo modo como são observados.

A ESFERA CELESTE, A LINHA DO HORIZONTE E O ZÊNITE

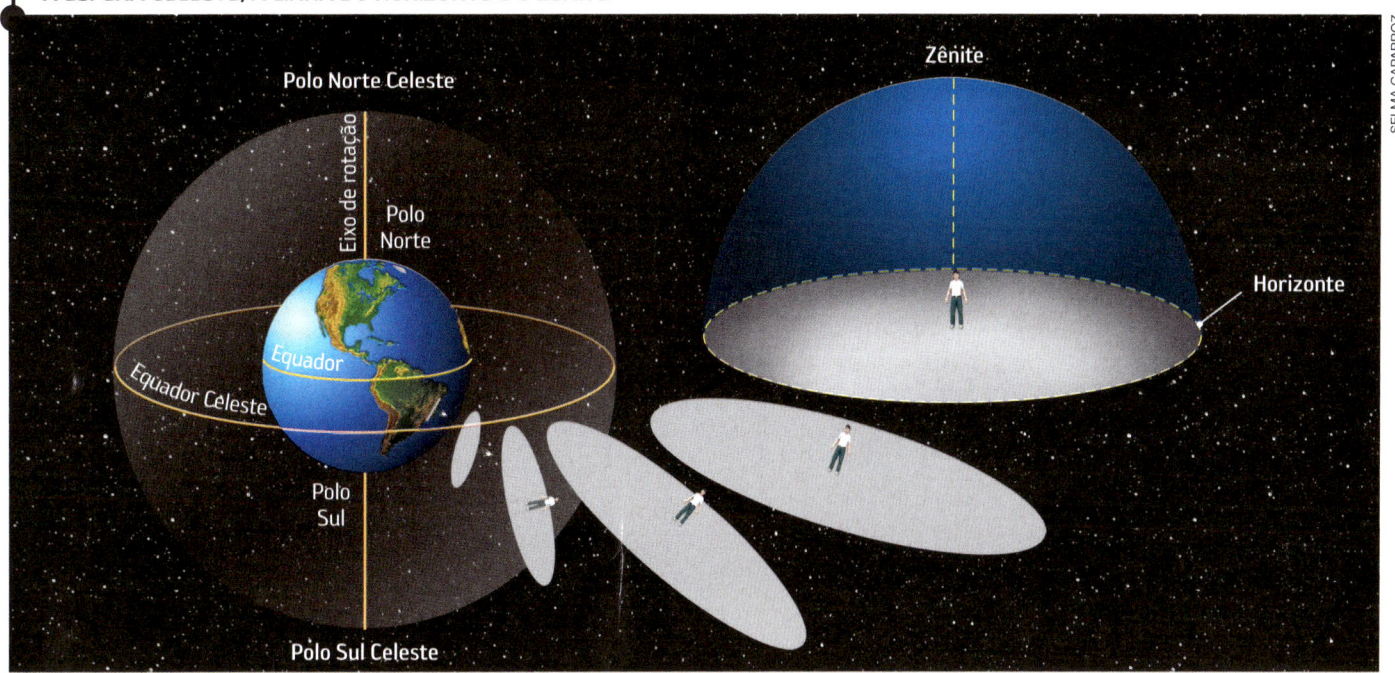

Na figura, o observador encontra-se em um ponto do hemisfério Sul. O horizonte representa a linha imaginária entre o céu e o solo (ou a água) e limita a parte da esfera celeste que o observador pode enxergar. O ponto mais alto é o zênite, que está exatamente sobre a cabeça do observador se for traçada uma linha imaginária vertical até a esfera celeste. Para fins didáticos, a Terra está representada sem sua inclinação característica. (Imagem sem escala; cores-fantasia.)

Fonte: OLIVEIRA FILHO, K. de S.; SARAIVA, M. de F. O. *Astronomia e astrofísica*. 4. ed. São Paulo: Livraria da Física, 2017.

COLETIVO CIÊNCIAS

Projeto Galaxy Zoo – voluntários fazem descobertas astronômicas

O Galaxy Zoo (Zoológico das Galáxias) é um projeto colaborativo, via internet, em que milhares de pessoas colaboram para estudar o céu. Os voluntários têm acesso a imagens de telescópios e auxiliam a descrever o formato de galáxias, para construírem um grande mapeamento do Universo.

Saiba mais sobre esse projeto:

[...] As imagens do [telescópio] Hubble são as últimas publicadas em um *site* da *web* chamado Galaxy Zoo, que em seus cinco anos de existência se tornou, talvez, o maior projeto científico de participação em massa já concebido. Existem mais de 250 mil "zooítas" ativos de todas as idades, e entre eles esses "cientistas cidadãos" voluntários classificaram centenas de milhões de imagens dos telescópios mais poderosos do mundo – e ao fazê-lo criaram um mapa mais detalhado do Universo conhecido do que se considerava possível. Seu trabalho deu origem a mais de 30 trabalhos científicos revistos por pares, a pelo menos uma descoberta fundamental, a inúmeras amizades *on-line* e talvez até alguns namoros à luz das estrelas...

Fonte: ADAMS, T. Galaxy Zoo e a nova aurora da ciência cidadã. *Carta Capital*, 27 mar. 2012. Disponível em: <http://mod.lk/ahpjc>. Acesso em: mar. 2018.

TEMA 3

O SOL E AS SOMBRAS

Podemos marcar a passagem das horas observando a posição de uma sombra ao longo do dia.

OBSERVAÇÃO DIURNA

Costumeiramente, a palavra "dia" é usada para nomear tanto o período de 24 horas quanto o período entre o nascer e o ocaso do Sol. Nesse último caso, "dia" é o contrário de "noite". O termo "dia claro" será utilizado para identificar o período entre o nascer e o pôr do sol.

Na observação diurna, é possível perceber o movimento aparente do Sol no céu desde o amanhecer até o anoitecer. Dizemos que o movimento é aparente porque, na realidade, é a Terra que se movimenta – esse fenômeno será estudado nos próximos Temas.

Ocaso: pôr do sol; momento em que o Sol vai desaparecendo no horizonte até que não fique mais visível e a noite se inicie.

Aparente: que parece, que pode ser percebido.

VAMOS FAZER

Investigando sombras

Procure, em uma área aberta, um objeto fixo vertical e reto, como um poste de energia elétrica, uma árvore alta, traves de campos esportivos etc.

Observe a sombra do objeto escolhido em 3 momentos ao longo de um dia, preferencialmente: por volta das 9 horas da manhã, ao meio-dia e ao final da tarde.

Registre em seu caderno

- Você percebeu diferenças entre as sombras projetadas nos diferentes horários? Se sim, descreva-as.

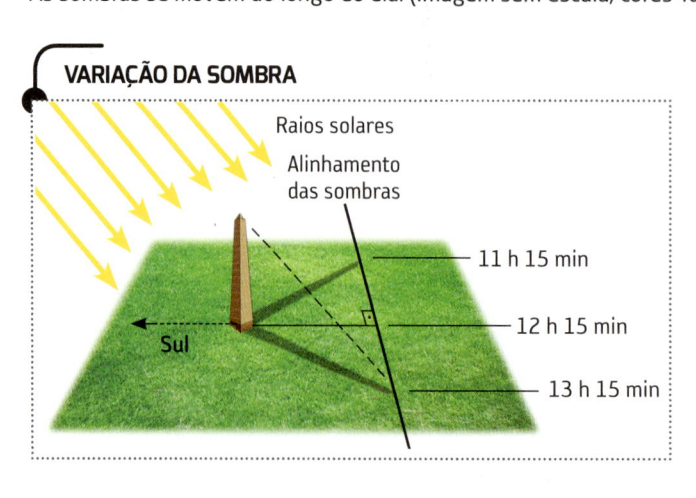

Representação esquemática de posições da sombra de um gnômon em três momentos de um dia. (Imagem sem escala; cores-fantasia.)

SOMBRAS AO LONGO DO DIA

Direção leste

Direção oeste

As sombras se movem ao longo do dia. (Imagem sem escala; cores-fantasia.)

VARIAÇÃO DA SOMBRA

Raios solares
Alinhamento das sombras
11 h 15 min
12 h 15 min
13 h 15 min
Sul

Observando a sombra de um mesmo objeto ao longo do dia, percebe-se que ela muda de posição. O Sol nasce e se põe no horizonte, sendo que o nascente corresponde ao lado leste e o poente, ao lado oeste. Nesses dois momentos do dia, o objeto forma as maiores sombras. Por volta do meio-dia, quando percebemos que o Sol está no ponto mais alto do céu, a sombra fica reduzida ao seu menor tamanho.

A haste utilizada para realizar a investigação das sombras funciona como um gnômon. Esse aparato existe há mais de 5.500 anos. Acredita-se que o gnômon tenha sido o primeiro instrumento usado para medir a passagem do tempo ao longo do dia.

SAIBA MAIS!

Relógios de sol

O relógio de sol é um instrumento que possibilita marcar o decorrer das horas no dia claro. Já existia desde civilizações muito antigas, como a dos egípcios e a dos babilônios, que perceberam como as sombras mudavam por conta da variação da posição do Sol ao longo de um dia.

Sua superfície plana contém as linhas que servem para a marcação das horas. Além disso, ele tem um pino ou uma placa que serve como gnômon, cuja sombra serve como o ponteiro do relógio.

Relógio de sol da praia de Areia Preta, em Natal, RN (2013).

DE OLHO NO TEMA

- A sombra de uma árvore pode variar de tamanho e de posição ao longo do dia, funcionando como um gnômon. Por que a sombra apresenta mudanças com o passar das horas?

ATIVIDADES

TEMAS 1 A 3

ORGANIZAR O CONHECIMENTO

1. Defina, com suas palavras, os termos horizonte e zênite.

2. Durante uma observação diurna do céu, que astros podem ser observados?

3. Cite alguns dos corpos celestes que podem ser observados utilizando um telescópio galileano.

ANALISAR

4. Leia o texto abaixo e depois responda à questão.

   Marina estava animada com a luneta que ganhou de aniversário. Quando olhou o pacote com atenção, leu na embalagem:

   "Não utilize a luneta durante o dia".

   - O aviso pode ser interpretado de duas maneiras. Quais são elas?

5. Leia a tirinha abaixo e responda às questões.

   a) A tirinha passa uma mensagem relacionada à observação do céu. Que mensagem é essa?

   b) Em grupos, conversem, pesquisem e façam uma lista de aspectos positivos e negativos relacionados à observação do céu por meio de computadores ou celulares.

COMPARTILHAR

6. Formem grupos de quatro alunos, escolham um instrumento de observação astronômica e produzam uma apresentação para divulgar grandes descobertas realizadas com o aparato selecionado. Usem a criatividade! Vocês podem utilizar desenhos, incorporar entrevistas, preparar uma encenação teatral, entre outras possibilidades. Se possível, façam vídeos das apresentações e divulguem no *site* e nas redes sociais da escola.

EXPLORE

A DISTRIBUIÇÃO DE LUZ SOLAR EM UMA CASA

Quando se pretende construir uma casa, a posição do telhado e das paredes e janelas em relação ao Sol deve ser levada em conta no projeto arquitetônico, para aproveitar ao máximo a iluminação natural e proporcionar aos futuros moradores conforto e climatização adequados. A seguir, você realizará uma atividade para analisar a distribuição de luz e de calor em uma moradia.

Projeto arquitetônico: é o processo pelo qual um imóvel é concebido e representado, de forma gráfica ou escrita.

ATIVIDADE

Material

- Lápis
- Caderno para anotações
- Câmera fotográfica ou celular com essa função

Planejar, coletar e trabalhar com dados

1. Observe com atenção os cômodos de onde você mora e faça uma planta simples, como mostra a imagem desta página.

2. Tendo como referência o lugar onde você mora, verifique de que lado o Sol nasce e de que lado ele se põe. Com isso, você poderá encontrar a direção aproximada dos pontos cardeais. Anote-os na sua planta.

3. Defina uma frequência para fazer as observações (pode ser a cada 2 ou 3 horas), de modo que seja possível perceber todas as alterações da incidência da luz solar em sua casa.

4. Registre os nomes dos cômodos, a frequência com que você fez as observações e a intensidade da luz e do calor do sol em cada ponto do interior da casa. Se possível, fotografe os locais a cada observação.

5. Identifique as características da iluminação e do aquecimento de cada ambiente.

6. Em sua opinião, na hora de comprar ou alugar um imóvel, uma pessoa pode ser influenciada pela maneira como ele é iluminado e aquecido pelo Sol?

7. Com base em suas observações e análises, é possível aproveitar melhor a iluminação e o aquecimento que sua casa recebe do Sol? Se sim, de quais maneiras?

ATITUDES PARA A VIDA

- **Persistir**

  O trabalho científico exige observações e análises que podem durar horas, dias e até mesmo anos. Muitas vezes, persistência ao longo do tempo é necessária para resolver problemas.

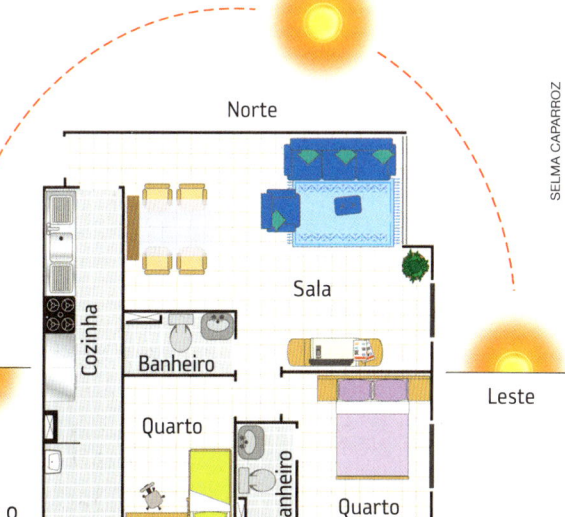

Exemplo da planta de uma casa, com o trajeto aparente do Sol ao longo de um dia e a localização dos pontos cardeais.

TEMA 4

A ROTAÇÃO DA TERRA

> A rotação da Terra está associada à ocorrência dos dias claros e das noites.

O MOVIMENTO APARENTE DO CÉU

O movimento do céu observado diariamente, onde o Sol e outros corpos celestes deslocam-se de leste para o oeste, é um **movimento aparente**. Ele é resultado do giro que a Terra dá em torno do seu próprio eixo, no sentido anti-horário. Esse movimento é chamado **rotação**.

O MOVIMENTO DE ROTAÇÃO

À medida que a Terra gira ao redor de si mesma, em torno de um eixo imaginário, a luz do Sol atinge diferentes partes do planeta em momentos distintos. As variações nas sombras de um gnômon mostram como a iluminação se altera em um local com o passar das horas, consequência do movimento de rotação.

O eixo de rotação da Terra é uma linha reta imaginária que atravessa o globo do polo Sul ao polo Norte. Essa linha é inclinada em relação ao plano da órbita terrestre ao redor do Sol.

Enquanto a Terra gira, é dia claro na parte do planeta que fica voltada para o Sol e noite na parte oposta. A Terra leva cerca de 24 horas para completar o movimento de rotação, o que corresponde ao período de um dia. Para um observador na Terra, parece que é o Sol que está se movendo no céu, nascendo de um lado e se pondo do outro ao longo do dia claro.

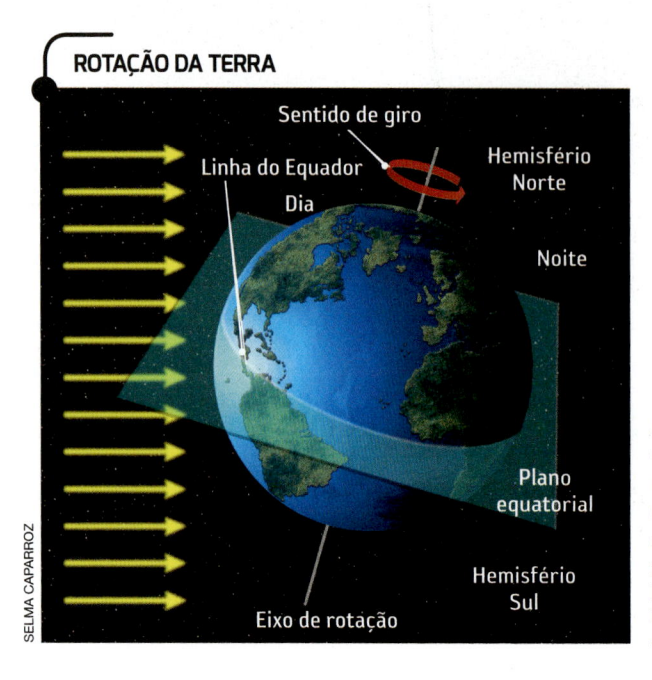

ROTAÇÃO DA TERRA

Ao longo de 24 horas, a parte do planeta iluminada pelo Sol representa o dia claro e a parte escura, a noite. (Imagem sem escala; cores-fantasia.)

Fonte: UNIVERSIDADE FEDERAL DO RIO GRANDE DO SUL (UFRGS). Disponível em: <http://mod.lk/1wv3h>. Acesso em: maio 2018.

VAMOS FAZER

Sentido do movimento de rotação da Terra

Material

- Papel
- Caneta ou lápis
- Tesoura com pontas arredondadas

Procedimento

1. Desenhe um círculo no papel.
2. Com uma tesoura, recorte esse círculo.
3. Em um dos lados do disco de papel, escreva "Polo Norte" e desenhe uma seta indicando o sentido anti-horário de rotação da Terra.
4. Do outro lado (no verso do papel), escreva "Polo Sul".
5. Segure o círculo com o lado "Polo Norte" voltado para você e gire-o no sentido indicado pela seta. Peça a um colega que observe o sentido de movimento do disco com o lado "Polo Sul" voltado para ele.

Registre em seu caderno

Para um observador que esteja acima do Polo Norte, o sentido de rotação da Terra é anti-horário. Dizemos que o corpo se move em sentido anti-horário quando o seu movimento é circular e no sentido contrário ao dos ponteiros de um relógio. Se você estivesse no espaço exatamente acima do Polo Sul, como descreveria o sentido de movimento de rotação da Terra?

Imagem do limite difuso entre o dia e a noite na Terra, registrada da janela da Estação Espacial Internacional (ISS), em 2012.

DE OLHO NO TEMA

Durante o dia, podemos ter ideia de onde ficam alguns dos pontos cardeais observando a trajetória aparente do Sol.

- Quais são esses pontos cardeais e por que é possível determiná-los com a atividade observacional mencionada?

TEMA 5

A TRANSLAÇÃO DA TERRA

O movimento de translação está relacionado à duração do ano.

Além de girar ao redor do próprio eixo, a Terra também gira em torno do Sol. Esse movimento recebe o nome de **translação**.

A trajetória da Terra ao redor do Sol é chamada órbita terrestre. Ela é aproximadamente circular, e o Sol ocupa uma posição um pouco deslocada do centro desse círculo.

A Terra demora aproximadamente 365 dias e 6 horas para dar uma volta completa ao redor do Sol. Como em um ano consideramos somente os dias, a cada quatro anos se acumula um total aproximado de 24 horas que não foram consideradas no nosso calendário. É por isso que existem os anos bissextos, com 366 dias.

A inclinação do eixo de rotação, a curvatura da Terra e sua trajetória ao redor do Sol influenciam diretamente a incidência dos raios solares, fazendo com que haja regiões do globo terrestre que recebem maior quantidade de luz do que outras. Perto da linha do Equador, a quantidade de raios solares é maior, e as temperaturas nesses locais costumam ser mais altas. Próximo aos polos, a quantidade de raios solares é menor, aquecendo menos essas regiões, nas quais as temperaturas são mais baixas.

MOVIMENTO DE TRANSLAÇÃO

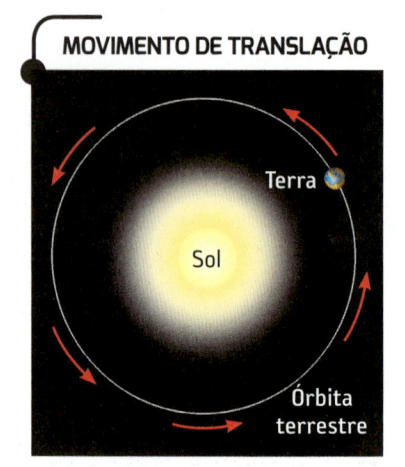

O movimento da Terra em torno do Sol é chamado translação. As setas indicam o sentido desse movimento para um observador fora da Terra e acima do polo Norte. (Imagem sem escala; cores-fantasia.)

Fonte: FUNBEC. *Investigando a Terra*. São Paulo: McGraw-Hill do Brasil, 1973. v. 1.

INCIDÊNCIA DE LUZ SOLAR NA TERRA

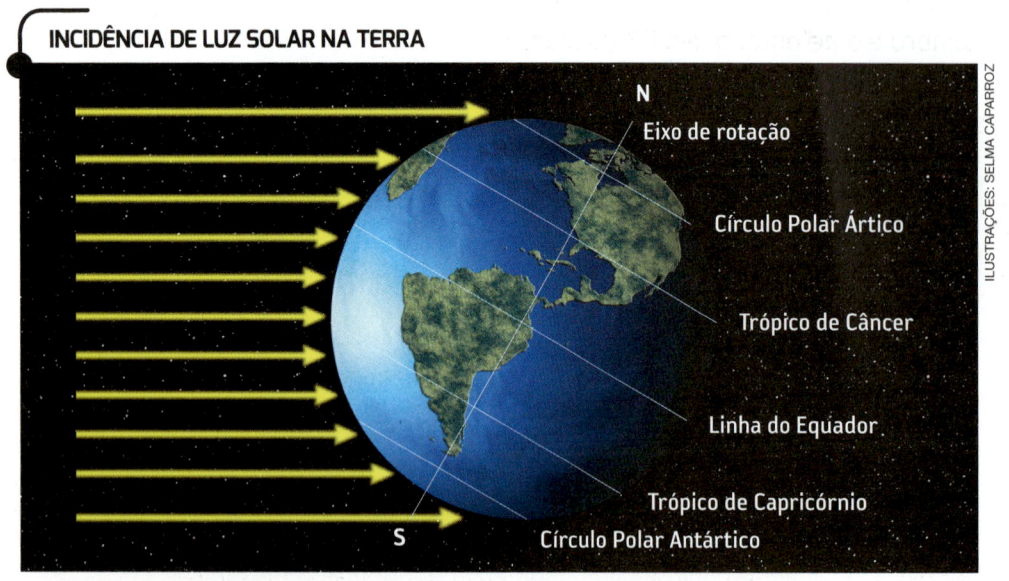

O eixo de rotação da Terra é inclinado em relação ao plano de sua órbita ao redor do Sol. Os raios solares incidem com mais intensidade em algumas regiões do que em outras, dependendo da época do ano. Nesta imagem, temos a incidência maior no hemisfério Sul, o que marca o verão nesse hemisfério. Enquanto isso, é inverno no hemisfério Norte, onde a incidência dos raios solares é menor. (Imagem sem escala; cores-fantasia.)

Observe o esquema a seguir, que mostra a Terra em algumas posições em sua órbita ao longo do ano. Quando é verão no hemisfério Sul, é inverno no hemisfério Norte. Após seis meses, as estações se invertem.

MOVIMENTO DE TRANSLAÇÃO TERRESTRE

Fonte: Adaptado de MATSUURA, O. T. *Atlas do Universo*. São Paulo: Scipione, 1996.

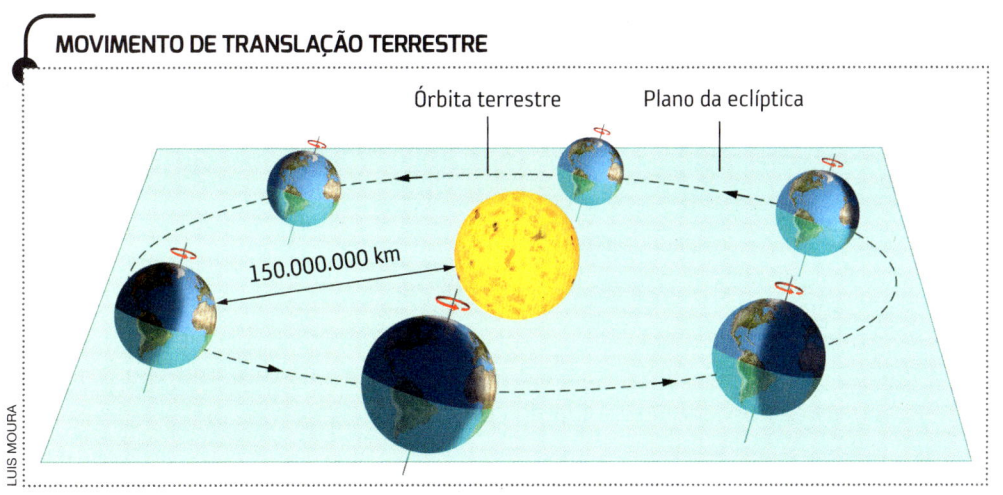

Imagine uma folha de papel gigantesca com o movimento de translação desenhado nela. A trajetória descrita pela Terra é chamada órbita, e o plano (a folha de papel), constituído por essa órbita, é denominado eclíptica. Apesar de a órbita da Terra ser elíptica, ela é quase um círculo. Nesta representação, isso não pode ser visto em virtude da perspectiva utilizada. (Imagem sem escala; cores-fantasia.)

EQUINÓCIO E SOLSTÍCIO

As datas de passagem de uma estação do ano para outra são definidas por posições da Terra em sua trajetória ao redor do Sol. Essas posições são chamadas equinócio e solstício.

O equinócio corresponde à posição da Terra em que o dia claro e a noite têm a mesma duração. Há dois equinócios por ano. Um deles marca o início da primavera e o outro, o início do outono. No hemisfério Sul, o equinócio de primavera geralmente começa em 22 de setembro e o de outono, em 21 de março.

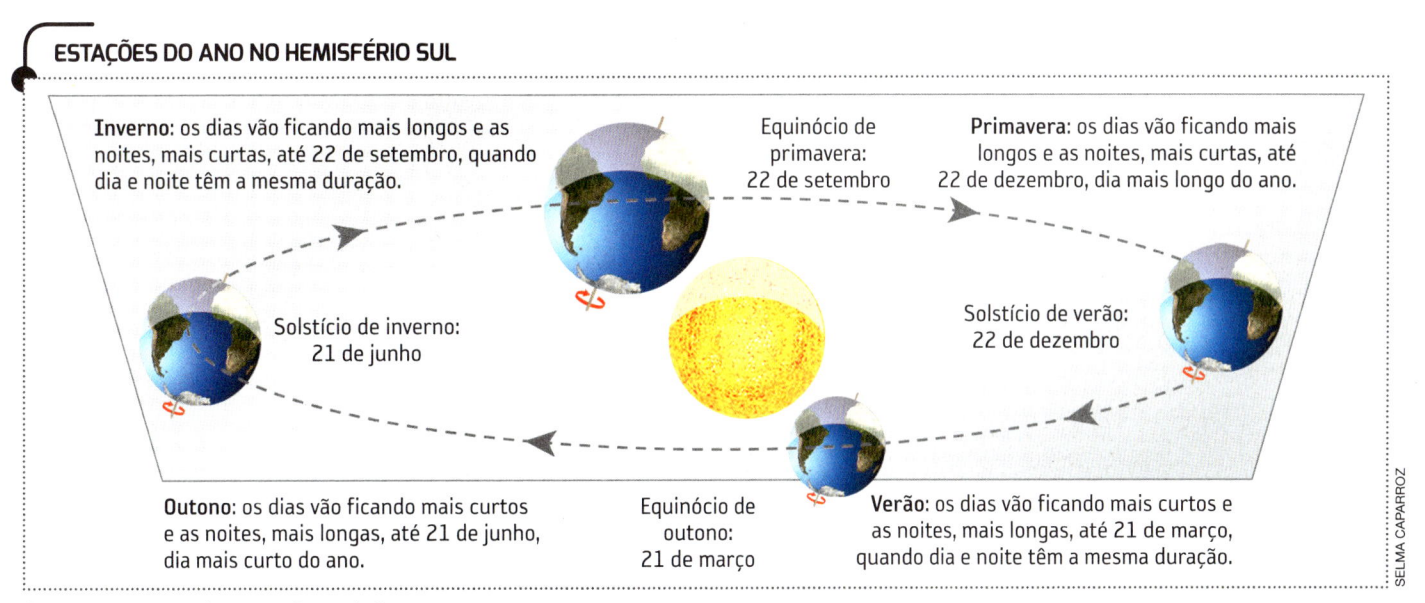

ESTAÇÕES DO ANO NO HEMISFÉRIO SUL

Inverno: os dias vão ficando mais longos e as noites, mais curtas, até 22 de setembro, quando dia e noite têm a mesma duração.

Equinócio de primavera: 22 de setembro

Primavera: os dias vão ficando mais longos e as noites, mais curtas, até 22 de dezembro, dia mais longo do ano.

Solstício de inverno: 21 de junho

Solstício de verão: 22 de dezembro

Outono: os dias vão ficando mais curtos e as noites, mais longas, até 21 de junho, dia mais curto do ano.

Equinócio de outono: 21 de março

Verão: os dias vão ficando mais curtos e as noites, mais longas, até 21 de março, quando dia e noite têm a mesma duração.

(Imagem sem escala; cores-fantasia.)
Fonte: Elaborado com base em: LUHR, J. F. *Enciclopédia ilustrada da Terra*. São Paulo: Três, 2009.

O solstício corresponde à posição da Terra em que a duração do dia claro e a da noite alcança a diferença máxima. Há dois solstícios por ano: no início do verão e no início do inverno. No hemisfério Sul, o solstício de verão geralmente começa em 22 de dezembro e o de inverno, em 21 de junho.

ESTAÇÕES DO ANO NO HEMISFÉRIO NORTE

Primavera: os dias vão ficando mais longos e as noites, mais curtas, até 21 de junho, dia mais longo do ano.

Equinócio de primavera: 21 de março

Inverno: os dias vão ficando mais longos e as noites, mais curtas, até 21 de março, quando dia e noite têm a mesma duração.

Solstício de verão: 21 de junho

Solstício de inverno: 22 de dezembro

Verão: os dias vão ficando mais curtos e as noites, mais longas, até 22 de setembro, quando dia e noite têm a mesma duração.

Equinócio de outono: 22 de setembro

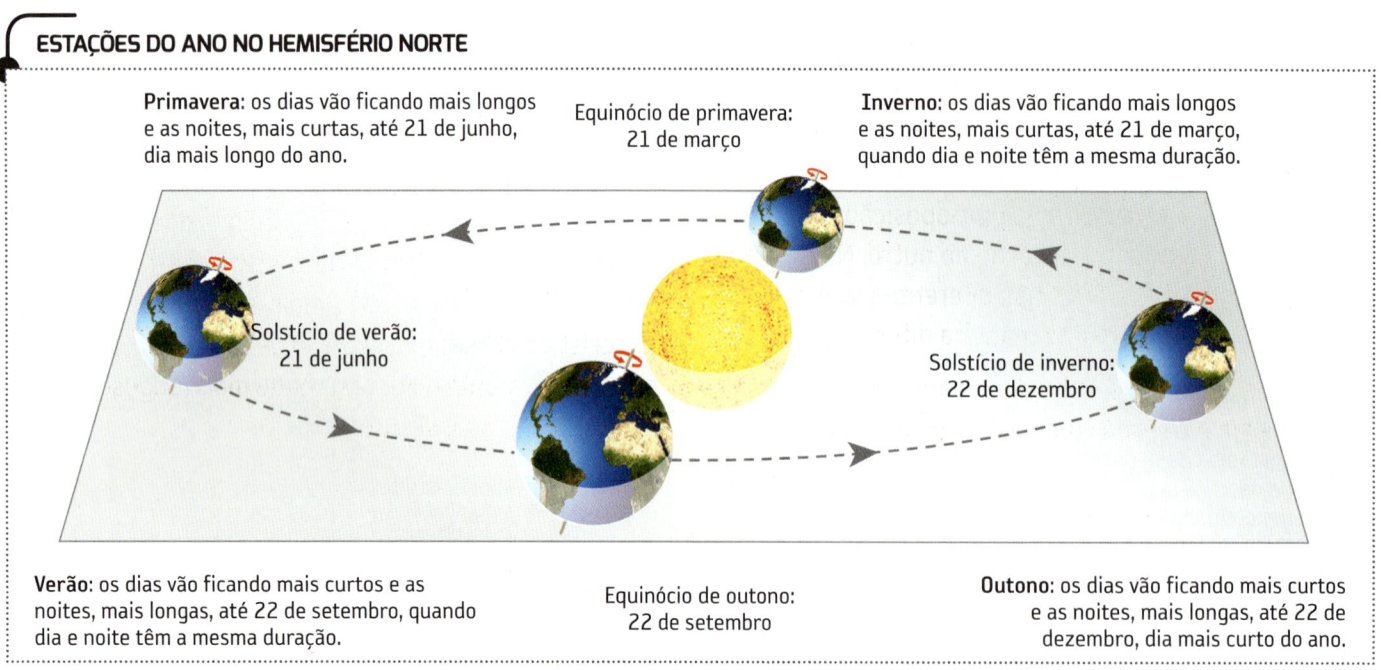

Outono: os dias vão ficando mais curtos e as noites, mais longas, até 22 de dezembro, dia mais curto do ano.

(Imagens sem escala; cores-fantasia.)

Fonte: Elaborado com base em: LUHR, J. F. *Enciclopédia ilustrada da Terra*. São Paulo: Três, 2009.

A DURAÇÃO DO DIA CLARO NO INVERNO E NO VERÃO

Vamos imaginar a posição de um observador na Terra, no hemisfério Sul, próximo ao Trópico de Capricórnio. Durante o inverno, a trajetória aparente do Sol no céu é mais curta e a duração do dia claro é menor que no verão, quando a trajetória aparente do Sol é mais longa e o dia claro tem duração maior. Assim, a duração do dia claro varia nas estações do ano.

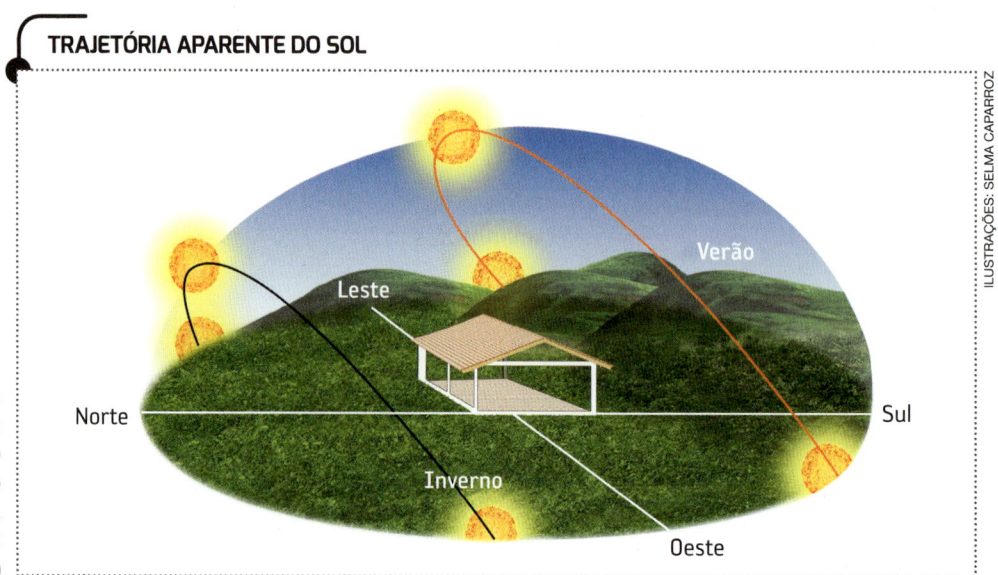

TRAJETÓRIA APARENTE DO SOL

Representação da trajetória aparente do Sol no céu para um observador localizado no hemisfério Sul, próximo ao Trópico de Capricórnio. (Imagem sem escala; cores-fantasia.)

AS ESTAÇÕES DO ANO EM DIFERENTES LATITUDES

O verão é a estação que vigora na porção do planeta que recebe a maior incidência de raios solares. Na porção com menor incidência, temos o inverno. A primavera é o momento de transição de inverno para verão, assim como o outono é fase de transição de verão para inverno.

Graças à inclinação do eixo de rotação da Terra, a incidência solar é diferente em cada hemisfério ao longo de um ano, o que faz com que haja uma oposição entre eles: quando é verão em um, é inverno no outro. No entanto, em um mesmo hemisfério, nas diferentes latitudes, as estações são percebidas de maneira diferente.

Regiões próximas à linha do Equador não vão perceber o inverno e o verão como estações de tempo frio ou quente. São lugares quentes praticamente o ano todo, ou seja, a variação de temperatura nesses locais é bem pequena. O que faz a diferença entre as estações nessas regiões é a temporada de chuva, no verão, e a de seca, no inverno.

À medida que nos distanciamos latitudinalmente da linha do Equador, percebemos um aumento gradual nas diferenças de temperatura. Em regiões que ficam entre os trópicos e os polos, as diferenças de temperatura geralmente são maiores e mais evidentes. Outra característica dessas regiões são os dias claros, que têm durações bastante distintas, sendo mais longos no verão e mais curtos no inverno.

VAMOS FAZER

Variação das sombras do gnômon ao longo de um ano

Procure, em uma área aberta, um objeto fixo vertical reto, como um poste de energia elétrica, uma árvore alta, traves de campos esportivos etc. Este será o seu gnômon.

Escolha 2 dias no ano, um próximo ao mês de junho e outro próximo ao mês de novembro. É importante que esses dias tenham um intervalo de 6 meses e que um deles seja no inverno e outro no verão. Em um horário próximo ao meio-dia, faça a medição da sombra desse gnômon no chão e anote no caderno.

Registre em seu caderno

Construa uma tabela semelhante a esta em seu caderno e anote as informações pedidas.

Medida	Data	Horário	Comprimento da sombra
1			
2			

- Você percebeu a variação no tamanho das sombras? Se sim, explique o porquê.

Uma árvore pode funcionar como um gnômon.

DE OLHO NO TEMA

- Quais são as principais características das estações do ano na cidade em que você mora?

TEMA 6

A TERRA NO ESPAÇO

A Terra já foi considerada o centro do Universo. Sabe-se hoje que ela gira em torno do Sol. Já o Universo não tem um centro definido.

A cultura de diversas civilizações antigas foi bastante influenciada por fenômenos celestes. Esse interesse inspirou muitos pensadores da Antiguidade a estudar como os astros se moviam no céu. Suas observações resultaram em vários modelos que descrevem esses movimentos, entre os quais dois se destacaram: o modelo geocêntrico e o modelo heliocêntrico.

OS MODELOS GEOCÊNTRICO E HELIOCÊNTRICO

Os astrônomos da Antiguidade observaram que o Sol, os planetas e as estrelas pareciam girar em torno da Terra. Foi proposto então que a Terra ficava no centro do Universo e os demais astros giravam todos ao seu redor. Essa ideia se tornou conhecida como **modelo geocêntrico** (*geo*, em grego, quer dizer Terra). O grego Aristóteles foi um dos defensores desse modelo, há mais de 2.300 anos.

O também grego Aristarco de Samos percebeu cerca de 2.200 anos atrás que o Sol é maior que a Terra e que esta é maior que a Lua. Ele sugeriu, então, um **modelo heliocêntrico** (*hélios*, em grego, quer dizer Sol), no qual a Lua gira em torno da Terra, que, por sua vez, gira em torno do Sol. No entanto, essa ideia não teve reconhecimento na época e o modelo foi abandonado por centenas de anos. O modelo geocêntrico parecia mais convincente porque proporcionava a percepção imediata de que tudo girava em torno da Terra, tornando difícil a tarefa de contestar o que "podia" ser observado diariamente por qualquer pessoa.

Trilha de estudo
Vai estudar? Nosso assistente virtual no *app* pode ajudar!
<http://mod.lk/tr6u05>

Em 1543, o polonês Nicolau Copérnico (1473-1543), defendeu e aperfeiçoou o modelo heliocêntrico de Aristarco. No modelo de Copérnico, o Sol está no centro do Universo e os planetas Mercúrio, Vênus, Terra, Marte, Júpiter e Saturno transitam ao seu redor, formando caminhos denominados **órbitas**. Nesse modelo, a Lua continuava orbitando em torno da Terra.

Em 1610, o italiano Galileu Galilei (1564-1642), um dos pioneiros no uso de telescópios, apresentou evidências que ajudavam a refutar o modelo geocêntrico. Uma delas dizia respeito ao movimento de alguns astros em torno de outro planeta que não a Terra. Tratava-se das luas de Júpiter.

No início do século XVII, o alemão Johannes Kepler (1571-1630) analisou as informações sobre as posições dos planetas obtidas pelo dinamarquês Tycho Brahe (1546-1601). Kepler concluiu que as órbitas percorridas pelos astros em torno do Sol têm a forma de **elipses**. De maneira simplificada, uma elipse pode ser vista como um círculo alongado.

MODELOS GEOCÊNTRICO E HELIOCÊNTRICO

(A) Modelo geocêntrico

(B) Modelo heliocêntrico

Representação de modelos do Sistema Solar. (**A**) No modelo geocêntrico, a Terra é o centro do Universo. (**B**) No modelo heliocêntrico, o Sol é o centro do Universo e a seu redor giram os outros astros do Sistema Solar, entre eles a Terra. (Imagens sem escala; cores-fantasia.)

Atualmente, o Sol é considerado o centro do Sistema Solar, e não do Universo. Em torno dele movem-se planetas, planetas-anões (planetoides), satélites naturais, cometas e asteroides. Não há um centro do Universo definido.

Geocentrismo e Heliocentrismo

O modelo geocêntrico proposto por Cláudio Ptolomeu perdurou por toda a Idade Média até ser contestado no século XVI. Por que esse modelo é considerado um aperfeiçoamento do modelo defendido por Aristóteles?
Disponível em <http://mod.lk/ac6u05>

Registro fotográfico feito pela nave Cassini, da Nasa, em 19 de julho de 2013. Essas imagens nos ajudam a compreender que o planeta Terra é apenas uma pequeníssima parte da vizinhança dentro do Sistema Solar, ainda mais reduzida em comparação à imensidão do Universo. (**A**) A foto mostra, em primeiro plano, um recorte do planeta Saturno com seus anéis. Ao fundo (indicado pela flecha) está o planeta Terra.
(**B**) Ampliando a imagem, é possível ver a Terra como um ponto azul (à esquerda) e a Lua, seu satélite natural, branca e menos nítida (à esquerda). Ambas são vistas, aqui, através de um anel fraco e difuso de Saturno.

DE OLHO NO TEMA

- Como a observação do céu influenciou a criação do modelo geocêntrico e, mais tarde, ajudou a provar que ele estava errado?

ATIVIDADES
TEMAS 4 A 6

ORGANIZAR O CONHECIMENTO

1. Responda.
   a) O que é o movimento de translação da Terra?
   b) O que é o movimento de rotação da Terra?
   c) Quanto tempo a Terra leva para completar um movimento de rotação?
   d) Quanto tempo a Terra leva para completar um movimento de translação?

2. Analise a tabela e responda às questões.

MOVIMENTO APARENTE DO SOL			
Nova York – dia 5/10/2017		São Paulo – dia 5/10/2017	
Nascente	6 h 56 min	Nascente	6 h 12 min
Poente	18 h 32 min	Poente	18 h 21 min

   a) Em qual cidade a duração do dia claro foi menor?
   b) Qual era a estação do ano, nessa data, em cada um dos locais?

ANALISAR

3. Algumas frases abaixo contêm informações incorretas. Identifique-as e reescreva-as corretamente.
   a) O Sol sempre nasce no leste e se põe no oeste.
   b) A duração do dia claro e a da noite são diferentes, dependendo da latitude em que o observador está e da época do ano.
   c) Os equinócios são os 4 dias no ano em que o dia claro e a noite têm a mesma duração nas regiões polares.

4. Imagine que, na sua cidade, exista um relógio solar em uma praça. Sabendo que o tamanho da sombra da haste do relógio solar (gnômon) muda, dependendo da hora do dia claro e da época do ano, responda:
   a) Como ela varia ao longo de um dia? Em que momentos ela é maior e menor?
   b) Como ela varia ao longo de um ano? Em que momentos ela é maior e menor?

5. Observe a imagem de um relógio de sol e responda às questões.

   a) Que hora o relógio está marcando?
   b) Por que existe um espaço sem números no relógio?

6. Leia a tirinha e responda às questões.

   a) A personagem Garfield faz referência a qual modelo planetário?
   b) Quais eram os modelos defendidos por Aristóteles e por Aristarco com relação aos movimentos dos astros?
   c) Qual é a ideia principal de cada um desses modelos?

COMPARTILHAR

7. Procure fotos de sua cidade registradas durante o inverno e o verão. Atente para como as estações são percebidas. Discuta com seus colegas se há diferenças e, caso existam, quais são. Em grupos, elaborem um pequeno texto explicando como a inclinação do eixo da Terra e seus movimentos influenciam as estações em sua cidade e o apresentem para a turma.

PENSAR CIÊNCIA

As mulheres na Astronomia

Os registros mais antigos de mulheres voltadas para as práticas astronômicas remontam a 6.000 anos a.C. No entanto, foi necessário esperar pela dinastia do imperador babilônico Sargão I (2334-2279), da Acádia, para identificar com precisão a primeira astrônoma da história: En-Hedu-Anna, que viveu por volta de 2.300 a.C., sendo que as tábuas com os seus conhecimentos sobre astronomia desapareceram, só restando os seus poemas.

[...]

A partir de 1600, os nomes das mulheres começaram a aparecer com regularidade nos anais da Astronomia. No entanto, todas viveram à sombra dos homens, pai, irmão ou cônjuge cientistas a quem ajudavam em seus trabalhos, colaboravam na redação, nos cálculos e nas classificações. [...]

Caroline Herschel (1750-1848), apaixonada pela astronomia, especializou-se no polimento dos espelhos dos telescópios construídos pelo seu irmão – o famoso músico e astrônomo inglês de origem germânica, William Herschel, descobridor do planeta Urano – para ajudá-lo. Trabalhadora incansável, ela descobriu um cometa em 1786, o primeiro dos nove que descobriu em onze anos. Foi a primeira mulher a receber uma remuneração pelos seus trabalhos.

[...]

No Brasil, a primeira astrônoma profissional foi Yeda Veiga Ferraz Pereira, que trabalhou no Observatório Nacional, na década de 1950.

[...]

Hoje, muitas mulheres se dedicam às carreiras científicas, mas foram necessários muitos anos de lutas nessa direção. No entanto, ainda permanecem muitos preconceitos que precisam ser combatidos e eliminados. [...]

Fonte: MOURÃO, R. R. de F. As mulheres na astronomia. *Tribuna Paraná*, 15 abr. 2007. Disponível em: <http://mod.lk/nv2ws>. Acesso em: abr. 2018.

Equipe feminina do Observatório de Harvard (Estados Unidos), nos anos 1890. Elas faziam cálculos minuciosos e, com seus estudos, realizaram importantes contribuições para o avanço da Astronomia, mas seus salários eram muito inferiores aos de profissionais do sexo masculino.

ATIVIDADES

1. Em sua opinião, existem profissões que são mais "masculinas" e outras mais "femininas"? O que diferenciaria umas das outras?

2. Faça uma pesquisa em sua turma: quantos gostariam de ser cientistas – biólogos(as), matemáticos(as), físicos(as) ou outros – no futuro? Entre esses, quantos são meninos e quantas são meninas? Há diferença na proporção ou o resultado foi equilibrado?

3. Lembre-se dos cientistas famosos que você conhece. Você pensou em cientistas homens ou mulheres? Por que, ao longo do tempo, o trabalho das cientistas foi menos reconhecido que o de seus pares do sexo masculino? Faça uma pesquisa buscando informações históricas sobre o assunto.

4. Faça uma pesquisa sobre a vida e o trabalho de uma mulher cientista. Reúna-se com os colegas da classe para divulgar as informações pesquisadas para a comunidade. Contextualize o trabalho dessa cientista, ou seja, descreva as condições na qual ele ocorreu. Como eram os costumes na época? Ocorreu alguma importante evento social ou econômico? Como o trabalho dela era visto pelos colegas?

ATITUDES PARA A VIDA

Luz, proteção, saúde!

Raios ultravioleta são uma parte da luz solar. Podem causar queimaduras e outros problemas na pele das pessoas.

TROCAR IDEIAS SOBRE O TEMA

Em grupo, discutam as seguintes questões:

1. Vocês e sua família conhecem os cuidados a respeito da exposição solar? Como agem em relação a eles?

2. Muitas pessoas acreditam, equivocadamente, que o verão acontece porque a Terra está mais perto do Sol. Explique por que isso não é correto, utilizando o que você estudou nesta Unidade.

3. Sabendo que os raios ultravioleta estão contidos na luz que vem do Sol, o que explica a maior incidência dessa radiação no verão?

4. Devemos nos proteger dos raios ultravioleta durante o ano todo, até mesmo no inverno. Analisem e justifiquem o motivo de essa sugestão ser adequada.

5. Como você explica o elemento de humor da charge?

COMPARTILHAR

6. Em grupo, criem uma campanha por meio de um material para orientar as pessoas a se expor adequadamente ao Sol. Vocês podem produzir um material físico (em papel) ou digital e mostrá-lo tanto para a classe como para a comunidade escolar. Essa tarefa pode ser facilitada com o uso de redes sociais.

   Nessa campanha, mostrem também como a inclinação, a rotação e a translação da Terra influenciam a maneira como ela é iluminada pelo Sol. Durante a produção desse material, percebam a importância de usar o que se sabe e transferir aprendizados para além da situação na qual foram estudados, **aplicando conhecimentos prévios a novas situações**.

COMO EU ME SAÍ?

- Consegui relacionar os conhecimentos sobre as estações do ano com a incidência de raios ultravioleta?
- Para fazer essa campanha, utilizei algum conhecimento prévio, não estudado nesta Unidade?
- Compreendi que posso usar conhecimentos prévios em novas situações para rever conceitos equivocados?
- Reconheci a importância de utilizar conhecimentos prévios para ter atitudes mais saudáveis em relação à exposição ao Sol e a outras situações cotidianas?

COMPREENDER UM TEXTO

Das estrelas ao GPS

[...]

Atualmente, é muito mais fácil viajar do que era no passado. As viagens foram facilitadas tanto pelo desenvolvimento de novas tecnologias como pelo aumento do próprio número de viagens, o que levou a seu barateamento e tornou-as mais acessíveis para grande parte da população.

Antes do advento dos aviões a jato, as viagens aéreas para grandes distâncias eram algo penoso, principalmente por conta da pequena autonomia das aeronaves. Em qualquer viagem, mesmo dentro do Brasil, era preciso fazer várias escalas para abastecê-las. Hoje, os aviões de passageiros são capazes de viajar mais de 10 mil km sem necessidade de abastecimento. [...]

Desde a antiguidade, [a humanidade] criou várias formas de se orientar e encontrar os caminhos certos em suas viagens, que antes de serem simplesmente para as férias de verão, carregavam a missão de descoberta e exploração.

Ferramentas cotidianas que utilizamos, como um localizador por GPS, eram impensáveis até pouco tempo.

Na direção das estrelas

Observar as estrelas foi uma das primeiras formas de orientação usadas pelos viajantes. Ao olharmos para o céu, podemos ver que há uma distribuição regular das estrelas que formam padrões conhecidos como constelações. Elas inspiraram os povos da antiguidade a visualizar representações de animais, deuses, heróis, guerreiros e figuras mitológicas. Contudo, por mais belas que sejam, elas são apenas figuras que imaginamos no céu. [...]

O Cruzeiro do Sul é a menor constelação dentre as 88 catalogadas até hoje. Ela é muito conhecida por nós brasileiros, pois, além de ser facilmente reconhecida no céu, está presente na bandeira nacional, no brasão de armas nacionais e no emblema do exército. [...]

Os navegantes aprenderam a se orientar pelas estrelas reconhecendo as constelações. Em função de suas posições no céu, eles podiam identificar a latitude em que estavam. A longitude podia ser determinada em função da hora em que as estrelas passavam pelo ponto mais alto do céu, chamado de zênite. [...]

Imagem detalhada do céu noturno mostrando as estrelas. Em algum momento da história da humanidade, as pessoas perceberam que poderiam se orientar por meio da posição e do arranjo das estrelas no céu.

No mundo moderno...

A melhor tecnologia disponível hoje para determinar a posição exata de um ponto é o GPS – sigla de *Global Positioning System*. Em português, Sistema de Posicionamento Global.

O sistema utiliza satélite com **relógios atômicos** perfeitamente sincronizados, [...] o que permite a localização de um objeto com margem de erro de apenas 15 metros.

O GPS é amplamente utilizado em embarcações e aviões. Com o barateamento dessa tecnologia, ficou acessível também para os motoristas de automóveis [...]. Com o equipamento, é mais fácil navegar pelas ruas e estradas, pois ele permite traçar as rotas mais rápidas ou mais curtas, o que é muito útil nas grandes cidades. [...]

Ao viajar, seja de avião ou automóvel, contando com as facilidades tecnológicas hoje disponíveis, nem lembramos o quanto já foi difícil fazer viagens e travessias. Mas fato é que o homem, para encontrar o caminho correto – ou o mais rápido —, já utilizou as mais diversas estratégias e aparatos, desde as mais simples, como a observação das estrelas, às mais sofisticadas, como o GPS. [...]

Fonte: OLIVEIRA, Adilson. *Das estrelas ao GPS.* Disponível em: <http://mod.lk/E1Ohr>. Acesso: abr. 2018.

Relógio atômico: É um tipo de relógio de alta precisão.

ATIVIDADES

OBTER INFORMAÇÕES

1. O que são as constelações?
2. Qual é o nome da menor constelação citada no texto?
3. Como os navegantes utilizavam as estrelas para se orientar no céu?
4. Qual é a principal funcionalidade do aparelho GPS?

INTERPRETAR

5. Como o custo de um sistema de localização por GPS influencia seu uso?
6. Que outros fatores, além de um sistema de localização, auxiliam para que sejam feitas viagens rápidas e seguras?
7. Como você explicaria o título do texto? Qual é a relação entre as estrelas e o aparelho GPS?
8. Qual é a importância do GPS no dia a dia das pessoas?

O Cruzeiro do Sul é reconhecido por 5 estrelas, que formam uma imagem similar a uma cruz.

UNIDADE 6

OS MATERIAIS

POR QUE ESTUDAR ESTA UNIDADE?

Na Terra há diferentes materiais, encontrados na natureza ou produzidos pelos seres humanos. Basta olhar ao nosso redor para encontrar vários deles, como argila, madeira, vidro, borracha, metal, plástico e muitos outros.

É importante conhecer as características dos materiais para entender de que maneira utilizá-los, combiná-los para produzir outros materiais e aplicá-los em soluções para diversos problemas.

A argila era a matéria-prima utilizada na confecção de objetos de cerâmica há mais de mil anos pelos indígenas da região hoje denominada Ilha de Marajó (PA).

ATITUDES PARA A VIDA

- Controlar a impulsividade
- Pensar de maneira interdependente

Um pigmento extraído das sementes de urucum (*Bixa orellana*) dava a tonalidade vermelha presente em muitos desses artefatos.

COMEÇANDO A UNIDADE

1. Muitos objetos cerâmicos encontrados na Ilha de Marajó foram produzidos há mais de mil anos pelos povos indígenas que lá viviam. Como essas peças podem ajudar a compreender a sociedade da época?

2. De onde são extraídas as matérias-primas de todos os materiais que existem?

3. Qual é o principal material utilizado na produção de vasos de cerâmica, como os mostrados na página ao lado? Esse material pode servir para outras aplicações? Explique.

Para deixar as peças mais resistentes, os indígenas costumavam misturar conchas trituradas à argila.

A CERÂMICA MARAJOARA

As cerâmicas produzidas pelos indígenas que habitaram a Ilha de Marajó, no estado do Pará, há mais de mil anos, são consideradas uma das artes de cerâmica mais antigas entre os povos das Américas. Essas peças são conhecidas internacionalmente.

Vasos, urnas funerárias, pratos, tigelas e estatuetas eram alguns dos objetos produzidos com argila e outros materiais, como conchas e ossos triturados, que aumentavam a resistência das peças. As características e o acabamento dos objetos evidenciam técnicas sofisticadas de fabricação e produção artística.

Mais de 2 mil dessas peças estão sob a custódia do Museu Paraense Emílio Goeldi, em Belém (PA).

Oficina de cerâmica
Vídeo em que uma professora de Arte mostra aspectos da produção de artefatos que têm argila como matéria-prima.

Reprodução de vaso Marajoara. Na interpretação de muitos estudiosos, as mulheres ocupavam uma posição de destaque na sociedade marajoara, pois há a representação de imagens femininas em muitos objetos.

A tradição da arte marajoara tem sido preservada por meio do trabalho de diversos artesãos, que confeccionam as peças em cerâmica, especialmente no distrito de Icoaraci (Belém, PA, 2015).

TEMA 1

CARACTERÍSTICAS GERAIS DOS MATERIAIS

Todos os materiais têm massa e volume.

OS MATERIAIS TÊM MASSA

Podemos dizer, de maneira simplificada, que **massa** é a quantidade de um determinado material.

Para conhecer a massa de um material, utilizamos balanças, que podem ser de diversos tipos, como a de braços iguais e a eletrônica.

Geralmente utilizamos as unidades **quilograma (kg)** ou **grama (g)** para expressar a massa de um material (1 kg equivale a 1.000 g).

(**A**) A balança de braços iguais compara as massas de duas porções de materiais. Quando os braços são nivelados, determina-se a massa desconhecida, pois ela será igual à massa já conhecida do material de comparação. (**B**) A balança eletrônica indica diretamente a massa do material.

SAIBA MAIS!

Calibração de balanças

As balanças são aparelhos de uso cotidiano, principalmente na medição de alguns artigos de consumo. Muitas vezes o valor de um produto está associado à sua massa. Para garantir a correta determinação da massa de um material, a balança deve estar calibrada. Na calibração de uma balança, um objeto de massa conhecida – chamado padrão – é medido para verificar se o valor atribuído pelo equipamento coincide com sua massa.

OS MATERIAIS TÊM VOLUME

Volume é a medida do espaço ocupado por determinado material, seja sólido, seja líquido, seja gasoso. Geralmente utilizamos as unidades **litro (L)** ou **mililitro (mL)** para indicar o volume de um material (1 L equivale a 1.000 mL).

Um gás ocupa todo o volume do recipiente no qual está contido. Por isso, o volume de um gás será o volume do recipiente usado para armazená-lo.

Usando um recipiente graduado, podemos determinar o volume de materiais líquidos. Nesse caso, o volume será o valor indicado no recipiente que corresponda ao nível da superfície do líquido. Ao mergulhar nesse líquido um material sólido, podemos determinar o volume do sólido pela diferença entre os níveis do líquido depois e antes da sua imersão no recipiente. Isso acontece porque dois materiais não podem ocupar o mesmo espaço ao mesmo tempo. Veja o exemplo.

Cilindros de diferentes volumes utilizados para armazenar gases. O volume do gás armazenado é o próprio volume do cilindro.

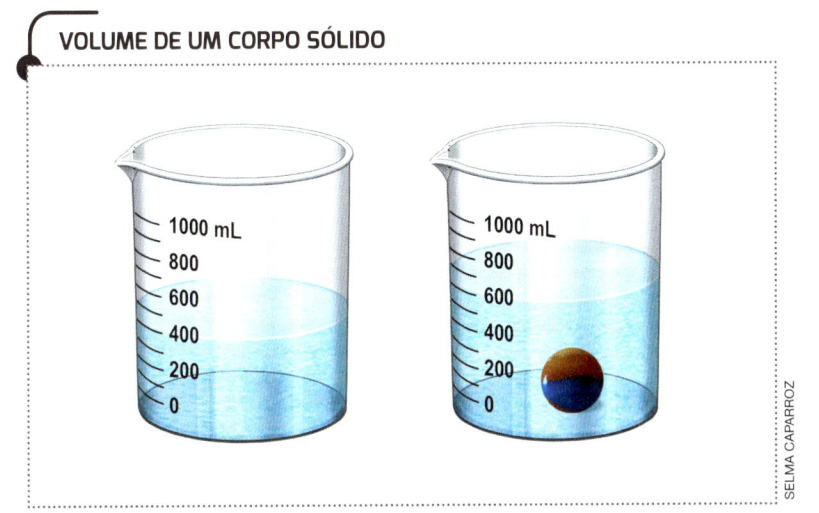

VOLUME DE UM CORPO SÓLIDO

Após mergulhar um material sólido no recipiente contendo 400 mL de água, o nível da água aumentou para 600 mL. Para determinar o volume desse sólido, calcula-se a diferença entre o nível da água depois e antes da sua imersão: 600 mL − 400 mL = 200 mL. (Imagem sem escala; cores-fantasia.)

DE OLHO NO TEMA

- O que tem maior massa: um quilograma de um pedaço de ferro ou um quilograma de algodão? Justifique sua resposta, considerando que os objetos citados têm formas diferentes.

VAMOS FAZER

Como montar uma balança caseira

Você aprendeu que é possível medir o volume de um material pelo deslocamento que esse material provoca no nível da água em um recipiente. Nesta atividade, você vai montar uma balança caseira para medir a massa de um material com base nesse princípio.

Material

- 2 garrafas PET de 2,5 L ou de 2 L
- 1 garrafa PET de 3 L
- Água
- Objeto de massa 1 kg (1 pacote de sal de cozinha ou de açúcar comum, por exemplo)
- Objeto de massa 500 g
- Caneta de marcação permanente
- Régua
- Fita adesiva

Procedimento

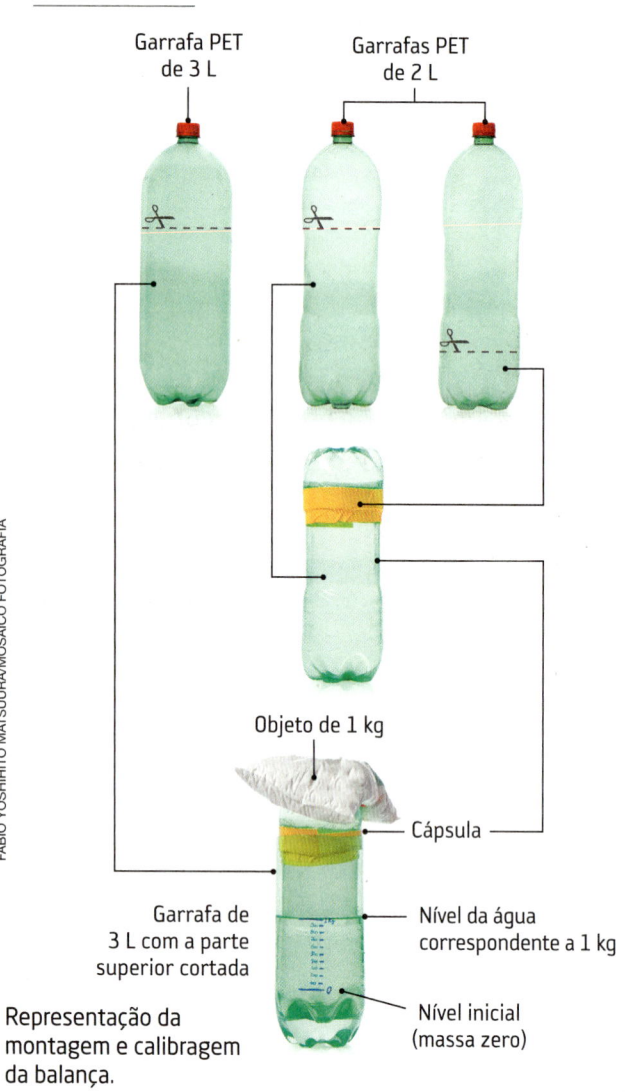

Representação da montagem e calibragem da balança.

Montagem da balança

1. Formem grupos de três integrantes. O professor vai fornecer três garrafas PET já cortadas a cada grupo.

2. Encaixem a parte inferior de uma das garrafas menores na parte superior da garrafa do mesmo tamanho, formando uma cápsula. Passem fita adesiva no local da junção das duas peças para que as partes não se soltem.

3. Coloquem a cápsula dentro da garrafa de 3 L, que teve a parte superior cortada. Ela será a base da balança. Segurando a cápsula encostada no fundo da garrafa maior, coloquem água no espaço que ficou entre a cápsula e a garrafa até cerca de 2 cm da borda da garrafa maior.

Calibração da balança

4. Soltem a cápsula, mantendo-a livre dentro da base com água. Com a caneta, marquem na garrafa o nível do líquido. Essa marcação representará a **massa zero**.

5. Coloquem o objeto de 1 kg sobre a cápsula. Notem que o nível da água se desloca para cima. Façam, então, a marcação na garrafa do nível da água observado. Essa marcação corresponde a 1.000 g (ou 1 kg).

6. Com a régua, meçam a distância entre o nível inicial (massa zero) e o nível final (1.000 g) da água. Dividam essa distância em dez partes iguais e, com o auxílio da régua, façam uma escala graduada na garrafa. Cada parte será equivalente, portanto, a 100 g.

Utilização da balança

7. A massa de um material será determinada pelo nível que a água atinge na escala graduada. Retirem o objeto de 1 kg e coloquem o objeto de 500 g sobre a cápsula e verifiquem se a balança que vocês construíram está funcionando de forma adequada.

Registre em seu caderno

1. A balança funciona corretamente? Expliquem.

2. É possível medir a massa de qualquer objeto nessa balança caseira? Justifiquem.

TEMA 2

ESTADOS FÍSICOS DOS MATERIAIS

Os materiais podem estar no estado sólido, líquido ou gasoso.

OS ESTADOS FÍSICOS E AS CARACTERÍSTICAS ESPECÍFICAS DOS MATERIAIS

Os diferentes materiais podem ser encontrados em estados físicos distintos, como o **sólido**, o **líquido** e o **gasoso**.

Em temperatura ambiente (cerca de 25 °C), cada material apresenta um estado físico característico. Por exemplo, nessa temperatura, a borracha é sólida, a água é líquida e o ar é gasoso. Algumas características específicas de um material estão relacionadas ao seu estado físico.

A variação de temperatura pode alterar o estado físico de um material e, consequentemente, suas características.

O ESTADO SÓLIDO

Os materiais no estado sólido apresentam forma definida e volume constante em determinada temperatura. Os sólidos podem ter diferentes características específicas, como a **elasticidade**, a **maleabilidade** e a **resistência**.

- **Elasticidade.** É a capacidade que um material tem de recuperar total ou parcialmente sua forma depois de esticado (desde que não se rompa). É o caso das tiras de borracha, por exemplo.

- **Maleabilidade.** É a característica que permite a um material ser moldado. São exemplos de materiais maleáveis alguns tipos de plástico e o arame.

- **Resistência.** É a capacidade que um material sólido tem de suportar esforços antes de se deformar. O ferro, por exemplo, é um material resistente e, por isso, é utilizado na produção de ferramentas e na construção de edifícios e pontes.

O arame é um material maleável, mas não possui elasticidade, uma vez que, depois de flexionado, não volta espontaneamente à forma inicial. Na foto, escultura feita com arame.

O ESTADO LÍQUIDO

Os materiais no estado líquido têm forma variável e volume constante em determinada temperatura. Assim, um líquido adquire a forma do recipiente em que está contido sem que se altere seu volume.

Os líquidos podem assumir formas variáveis. Na foto, todas as garrafas contêm o mesmo volume (500 mL) de líquido.

Como os sólidos, os materiais líquidos também apresentam diferentes características. Entre elas, podemos citar a **volatilidade** e a **viscosidade**.

- **Volatilidade.** Um material no estado líquido pode passar para o estado gasoso por meio da evaporação. Quanto maior a facilidade de um líquido para evaporar, mais volátil ele é. O perfume, por exemplo, tem componentes voláteis e, por isso, seu volume tende a diminuir com o tempo caso o frasco que o contém não fique bem fechado. Outros componentes, menos voláteis, tendem a permanecer no frasco.

- **Viscosidade.** É a resistência de um líquido ao escoamento. Quanto mais lentamente um líquido escorre por uma abertura ou pelas paredes do recipiente em que está armazenado, mais viscoso ele é. Por exemplo, o mel e as tintas usadas em artesanato são materiais mais viscosos que a água.

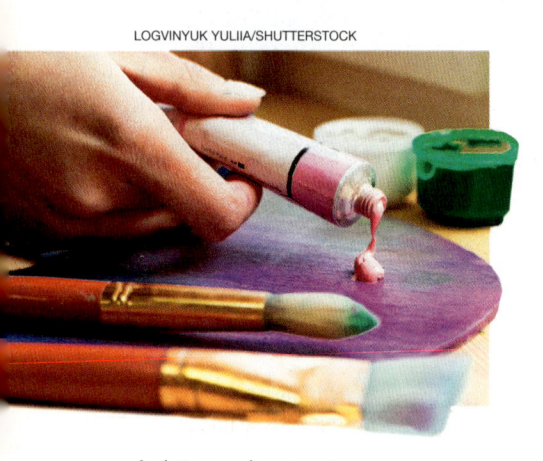

A tinta usada em artes é um material viscoso.

O ESTADO GASOSO

Os materiais no estado gasoso têm forma e volume variáveis. Assim, um material gasoso adquire a forma do recipiente em que se encontra e ocupa todo o espaço interior.

Uma característica dos materiais gasosos é a capacidade de **expansão** (aumento de volume) e **compressão** (diminuição de volume), que resulta em mudanças de volume de uma mesma quantidade de material.

Materiais no estado gasoso estão presentes em muitas aplicações no cotidiano. Quando enchemos o pneu do carro ou da bicicleta, por exemplo, estamos colocando ar atmosférico dentro dele, ocupando todo o seu volume. O amortecimento da bicicleta ocorre, em parte, por causa da compressão e da expansão do ar contido nos pneus, e em parte por causa da elasticidade da borracha dos pneus.

DE OLHO NO TEMA

- Considerando dois materiais líquidos distintos, como você poderia verificar qual deles é o mais volátil?

ATIVIDADES — TEMAS 1 E 2

ORGANIZAR O CONHECIMENTO

1. Duas bolinhas de materiais diferentes, uma de aço e outra de vidro, ocupam a mesma quantidade de espaço. Qual das bolinhas tem maior volume?

2. Considere que as bolinhas da atividade anterior foram colocadas em uma balança de braços iguais. Se dois objetos que apresentam a mesma massa são colocados sobre esse tipo de balança, os pratos permanecem alinhados entre si. Com base nessa informação, observe a figura abaixo e responda:

   - Qual das bolinhas tem maior massa? Por quê?

3. Verifique as frases a seguir e reescreva, corrigindo, as que julgar incorretas.

   a) Os materiais líquidos têm forma constante em determinada temperatura.

   b) Os materiais gasosos têm forma e volume variáveis.

   c) Os materiais sólidos têm forma variável e volume constante em determinada temperatura.

   d) A elasticidade e a resistência são algumas das características que podem ser apresentadas por materiais sólidos.

ANALISAR

4. Observe a foto e leia a legenda. Depois, responda às questões.

   Dentro do cilindro do mergulhador, o ar comprimido ocupa o volume de 12 L. Se não estivesse comprimido, essa mesma quantidade de ar poderia ocupar cerca de 2.700 L.

   a) Qual é a necessidade de o mergulhador utilizar um cilindro de ar?

   b) Por que é interessante que o ar seja comprimido?

5. Observe a sequência de imagens.

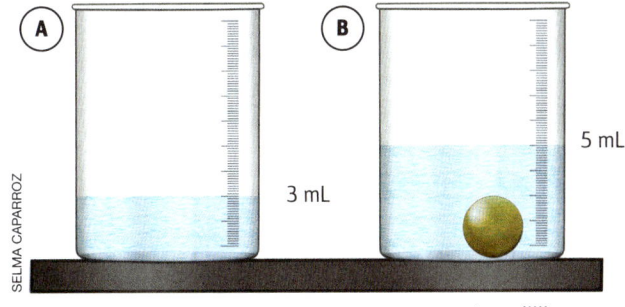

   A: 3 mL
   B: 5 mL
   mL = mililitro

   - Qual é o volume da bolinha? De que maneira você determinou essa medição?

6. Observe as figuras abaixo e responda: quantos cilindros de 1 kg terão de ser colocados para nivelar a balança na posição indicada na figura 3?

Figura 1   Figura 2   Figura 3

COMPARTILHAR

7. Reúna-se com alguns colegas e, juntos, analisem a fotografia a seguir para realizar a atividade proposta.

    - Identifiquem e listem pelo menos cinco materiais que aparecem na imagem.

    - Classifiquem esses materiais de acordo com seu estado físico (sólido, líquido ou gasoso) e descrevam algumas características para cada um deles (como maleabilidade, solubilidade em água, viscosidade, resistência).

    - Com essas informações, confeccionem cartões nos quais vocês: a) identifiquem o material por meio de uma ilustração; b) indiquem no verso do cartão as características que vocês listaram para esse material.

    - Compartilhem os cartões com os colegas de outro grupo e peça a eles que descrevam algumas características do material ilustrado antes de consultar o verso do cartão. Verifiquem se suas observações foram semelhantes ou diferentes e discutam as semelhanças e as diferenças apontadas.

    - Realizem essa mesma atividade contando com a participação de outras pessoas do ambiente escolar. Procurem prestar atenção às respostas fornecidas por cada um dos participantes; caso elas sejam muito diferentes do que vocês indicaram no verso do cartão, procurem trocar informações e conhecimentos com o participante que as forneceu.

EXPLORE

QUAL É O ESTADO FÍSICO DA ESPUMA DE BARBEAR?

Às vezes, pode ser difícil determinar o estado físico de um material, como o da espuma de barbear. Na atividade prática a seguir você e seus colegas vão observar as características de uma quantidade desse material e definir seu estado físico.

ATIVIDADES

Material

- Espuma de barbear
- Folha de papel-toalha
- Moeda de 5 centavos
- Lupa

Procedimento e coleta de informações

1. Em grupo, coloquem uma pequena quantidade de espuma de barbear sobre a folha de papel-toalha e observem. Anotem as características desse material.

2. Com cuidado, coloquem a moeda sobre a espuma e observem. A espuma de barbear se comporta mais como um sólido, um líquido ou um gás? Anotem suas observações.

3. Analisem novamente o aspecto da espuma, mas desta vez com o auxílio da lupa. Que detalhes podem ser visualizados com o uso desse instrumento? Anotem.

4. Deixem a espuma de barbear na folha de papel-toalha de um dia para o outro. No dia seguinte, anotem o aspecto do material.

ANALISAR E DISCUTIR OS RESULTADOS

Discutam em grupo suas observações. É possível concluir qual é o estado físico da espuma de barbear? Apresentem suas considerações aos demais colegas.

ATITUDES PARA A VIDA

- **Gerenciar a impulsividade**

  É comum darmos a primeira resposta que vem à cabeça quando nos fazem uma pergunta ou propõem um problema. Essa atitude, embora comum, é imprudente.

  Para diminuir a chance de erros e de frustrações, antes de agir devemos compreender o que devemos fazer e tomar as ações necessárias: considerar as alternativas, compreender bem as indicações de uma atividade, coletar informações, ouvir pontos de vista diferentes dos nossos e refletir sobre eles e sobre a resposta que queremos dar.

TEMA 3

TRANSFORMAÇÕES DOS MATERIAIS

Os materiais passam por transformações que podem alterar sua composição.

Os materiais podem apresentar diferentes composições, o que irá influenciar suas características e propriedades. Enquanto algumas transformações não alteram a composição de um material, outras levam à modificação de sua composição para originar novos produtos.

AS TRANSFORMAÇÕES FÍSICAS

As **transformações físicas** são aquelas que modificam um material sem alterar sua composição.

Algumas transformações físicas são reversíveis, ou seja, podem ser desfeitas. É o caso das mudanças de estado físico. Outro exemplo é a dilatação térmica, que é o aumento de volume de um material ao ser aquecido.

Há também as transformações físicas irreversíveis, isto é, que modificam definitivamente a forma dos materiais. A fragmentação é um exemplo desse tipo de transformação, na qual um material é reduzido a pedaços menores. Esse processo é utilizado, por exemplo, na etapa inicial de reciclagem dos plásticos.

Os azulejos são aplicados com espaço entre si; isso evita que, ao se dilatarem em dias quentes, sejam forçados uns contra os outros e rachem. Para preencher os espaços que ficam entre eles, aplica-se uma massa flexível chamada rejunte.

> **ENTRANDO NA REDE**
>
> No endereço **http://mod.lk/tpmte,** você poderá acompanhar o processo de produção de etanol a partir da cana-de-açúcar. Procure identificar que tipo de transformação – física ou química – caracteriza cada etapa desse processo.
>
> Acesso em: maio 2018.

AS TRANSFORMAÇÕES QUÍMICAS

As **transformações químicas** são aquelas que alteram a composição de um material, produzindo um novo material com características distintas do original.

Essas transformações podem provocar mudanças de cheiro, de sabor ou de cor, bem como a liberação de gás e/ou de calor e, ainda, a emissão de luz.

São exemplos de evidências de transformações químicas: a formação de ferrugem, o calor e a luz emitidos para o ambiente por uma vela acesa e a alteração de cor e de textura da massa do pão durante as etapas de seu preparo.

O preparo de um bolo de chocolate é um exemplo de transformação química. Depois de misturados e assados, a farinha, os ovos, o leite, as barras de chocolate, o açúcar e a margarina produzem uma massa de cor, sabor e textura diferentes dos ingredientes originais.

O bolo assado apresenta características muito diferentes das de seus ingredientes.

> **ATITUDES PARA A VIDA**
>
> - Pensar de maneira interdependente
>
>   Trabalhar de maneira interdependente requer escutar os colegas, propor e justificar ideias, discutir em grupo qual é a melhor alternativa para solucionar um problema e direcionar todos os esforços individuais em uma única direção.
>
>   Procure sempre trabalhar essa atitude durante as atividades em grupo, as quais exigem a cooperação de todos. Essa atitude será importante na atividade da página seguinte.

VAMOS FAZER

Avaliando transformações nos materiais

Material

- 4 copos de plástico transparentes
- 3 porções de palha de aço
- 1 colher pequena (de café)
- 2 colheres grandes (de sopa)
- Sal de cozinha
- Vinagre
- Hidrogenocarbonato de sódio (bicarbonato de sódio)
- Água
- 1 caneta esferográfica
- 3 pedaços de fita adesiva ou 3 etiquetas

Procedimento — Atividade prática 1

1. Reúnam-se em grupos e, em um dos copos, adicionem vinagre até a metade.
2. Com cuidado, adicionem uma colher (de sopa, não muito cheia) de hidrogenocarbonato de sódio ao vinagre.
3. Anotem suas observações.

Procedimento — Atividade prática 2

1. Identifiquem cada um dos três copos restantes utilizando a fita adesiva ou a etiqueta. Escreva a data de realização da atividade e os materiais que serão adicionados a cada um deles, conforme as indicações a seguir: água e palha de aço; água com sal de cozinha e palha de aço; água com vinagre e palha de aço.
2. Encham cada copo com água até a metade.
3. Adicionem uma colher (de café) de sal de cozinha no copo com a etiqueta "água com sal de cozinha e palha e aço" e misturem bem.
4. Adicionem uma colher (de sopa) de vinagre no copo com a etiqueta "água com vinagre e palha de aço" e misturem.
5. Coloquem uma porção aproximadamente do mesmo tamanho de palha de aço em cada um dos três copos.
6. Discutam em grupo o que vocês acham que vai acontecer com o conteúdo dos copos depois de dois dias. Quais foram os conhecimentos utilizados pelo grupo para levantar as hipóteses?
7. Por dois dias seguidos, observem o que ocorre em cada um dos copos e anotem no caderno. Vocês também podem fotografar diariamente os copos, registrando por meio de imagens se está ou não ocorrendo alguma modificação.

Registre em seu caderno

Discutam em grupo os resultados referentes às atividades práticas.

1. Na atividade prática 1, o que vocês observaram ao adicionar o hidrogenocarbonato de sódio ao vinagre? É possível afirmar que houve alguma transformação? Em caso positivo, foi uma transformação física ou química?
2. No início da atividade prática 2, por que foi necessário colocar as etiquetas informando a data e o que cada copo continha?
3. Ocorreu alguma transformação em algum dos copos? Em caso afirmativo, indique o copo, o tipo de transformação e o dia em que foi observada a alteração. Utilizem as fotografias para complementar a discussão dos resultados.
4. Compare o resultado obtido na atividade prática 2 com as hipóteses iniciais que seu grupo levantou e responda:
   - A(s) hipótese(s) do seu grupo corresponde(m) ao observado no fim do segundo dia?
   - As transformações observadas nessas condições seriam as mesmas caso fossem testados outros materiais, como um pedaço de lápis ou um prego? Discuta com os seus colegas e pensem em uma maneira de verificar a ideia do grupo.

TRANSFORMAÇÕES FÍSICAS E QUÍMICAS NO COTIDIANO

AS TRANSFORMAÇÕES NA NATUREZA

Diversas transformações físicas podem ser observadas na natureza. Entre elas, podemos citar a quebra de galhos das árvores e as mudanças de estado físico nas diferentes etapas do ciclo da água.

Na natureza também ocorrem diversas transformações químicas. Entre elas, o processo de digestão dos alimentos realizado nos animais, a alteração da cor e do sabor de muitas frutas ao amadurecer e a transformação de material orgânico pelos decompositores.

Laranja recoberta por bolor, nome dado a fungos decompositores.

A DECOMPOSIÇÃO

Você já observou uma laranja estragada? Sua consistência, seu cheiro e seu sabor são bem diferentes daqueles de uma laranja fresca. Essas mudanças são evidências de que a laranja passou por transformações químicas.

Além disso, a laranja pode ficar recoberta por uma camada branca ou esverdeada. Essa camada corresponde ao bolor, fungos que transformam os materiais que compõem a fruta em açúcares, água, sais minerais e outros componentes, resultando no seu apodrecimento.

Além dos fungos, várias bactérias também são capazes de alterar a composição dos alimentos e de outros materiais, como a madeira e o couro. Esse tipo de transformação do material orgânico recebe o nome de **decomposição**.

A decomposição de material orgânico também ocorre no solo: restos vegetais (como folhas, flores e galhos caídos), organismos mortos, fezes e urina são transformados quimicamente em componentes mais simples. Esse processo é muito importante para manter o equilíbrio do nosso planeta, pois libera materiais na natureza e estes, por sua vez, podem ser absorvidos e utilizados pelas plantas.

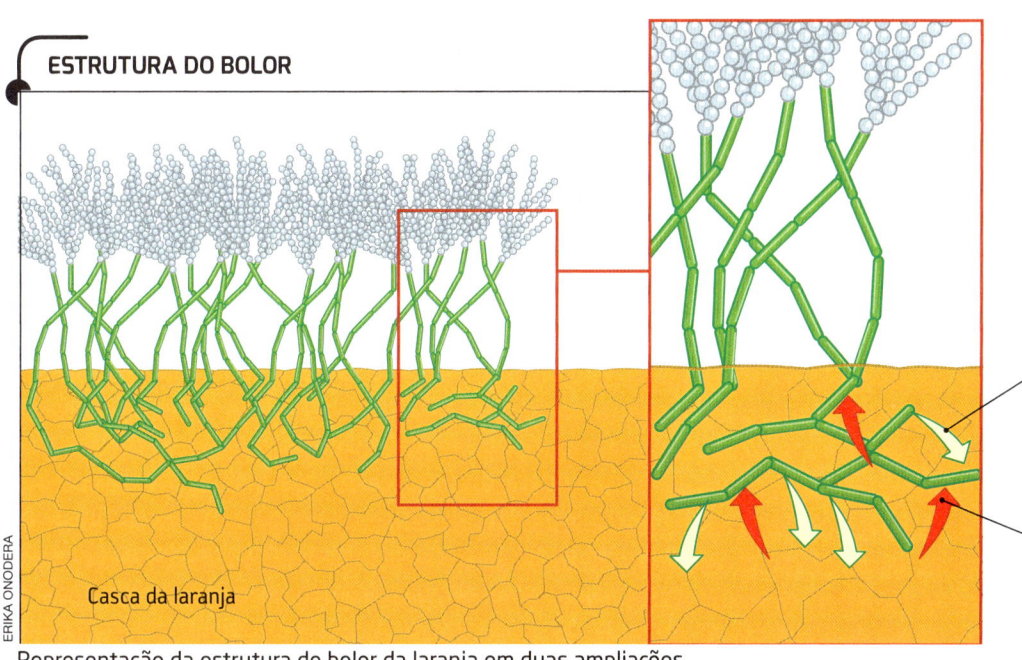

ESTRUTURA DO BOLOR

Casca da laranja

Os fungos liberam sobre a laranja alguns compostos que causam a transformação dos materiais presentes nela.

Os novos materiais formados podem ser absorvidos como alimento pelos fungos, permitindo a eles viver e se multiplicar.

Representação da estrutura do bolor da laranja em duas ampliações. (Imagem sem escala; cores-fantasia.)

AS TRANSFORMAÇÕES DO LIXO

A sociedade humana descarta diversos materiais, como restos de alimento, garrafas plásticas, papel e pilhas.

Os restos de alimento são decompostos rapidamente por certos fungos e bactérias. Nesse processo, ocorre liberação de gases de odor desagradável e formação de um líquido escuro denominado **chorume**. O chorume pode estar contaminado por materiais tóxicos, como mercúrio e chumbo provenientes, por exemplo, de lâmpadas fluorescentes, baterias, pilhas e tintas descartadas inadequadamente, misturadas ao lixo orgânico. Caso o chorume seja carregado pela água da chuva, pode vir a contaminar o solo e os corpos de água.

Materiais como papel, plástico, vidro e alumínio podem ser **reciclados**, ou seja, podem ser empregados na fabricação de novos materiais. A reciclagem contribui para a preservação do meio ambiente, pois evita o acúmulo de lixo e reduz a necessidade de extração de novos materiais da natureza.

CICLO DO VIDRO

O vidro pode ser reciclado diversas vezes, o que possibilita a fabricação de novos produtos em um ciclo contínuo.
(Imagens sem escala; cores-fantasia.)

DE OLHO NO TEMA

- Identifique qual das situações a seguir envolve transformação química. Justifique.
    I. Uma chaleira com água fria foi colocada sobre o fogo até a água ferver.
    II. Um copo com leite foi deixado fora da geladeira e, após alguns dias, o leite estragou.

O problema do lixo

Reportagem que apresenta dados, entrevistas e contextualiza a questão do lixo no Brasil.

COLETIVO CIÊNCIAS

Sabão ecológico

[...] Desde 2006, a agroquímica e professora da UFV [Universidade Federal de Viçosa] Marisa Alves Nogueira Diaz dedica uma semana por ano, na chamada Semana do Fazendeiro da UFV, a ensinar pequenos agricultores da região como fabricar sabão a partir de óleo usado, num curso chamado Sabão Rural. "Quisemos chamar a atenção das pessoas para a importância do meio ambiente e ensinar uma forma simples de reciclar", conta ela.

[...] muito observadora, ela percebeu que a comunidade local empregava várias espécies de plantas com propriedades medicinais no seu dia a dia e decidiu incorporar algumas delas às misturas que ensinava nas aulas.

A proposta deu tão certo que inspirou a equipe de Marisa a pesquisar uma planta aquática que contém uma substância capaz de combater certas bactérias. [...]

Fonte: CARVALHO, I. Sabão ecológico. *Ciência Hoje das Crianças*, 25 set. 2014. Disponível em: <http://mod.lk/fzrwm>. Acesso em: maio 2018.

TEMA 4

MATERIAIS NATURAIS E MATERIAIS SINTÉTICOS

> Os materiais sintéticos podem ser produzidos de um material de origem natural ou, então, de outros materiais sintéticos.

Diversos materiais são obtidos da natureza – são chamados **materiais naturais**. São exemplos de materiais de origem natural a areia, o petróleo e a madeira.

Os materiais naturais podem ser utilizados para produzir outros tipos de material. A areia, por exemplo, se misturada a determinados materiais e aquecida, dá origem ao vidro – um novo material com características bastante diferentes das dos materiais que o originou. O vidro é, portanto, um exemplo de **material sintético**. Os materiais considerados sintéticos podem ser produzidos de um material de origem natural ou de outros materiais que já passaram por transformações.

O artesanato é uma forma de produção que utiliza, muitas vezes, materiais de origem natural (como madeira, argila e ferro) para a confecção de diferentes peças.

A PRODUÇÃO DE NOVOS MATERIAIS

Muitos dos materiais sintéticos que conhecemos, como os medicamentos e os materiais plásticos, passaram por etapas de pesquisa e desenvolvimento antes de serem produzidos. Isso significa que foram definidas as suas características e suas propriedades e a partir de que outros materiais poderiam ser produzidos. Os novos materiais desenvolvidos passam, então, por diferentes testes antes de serem produzidos em grande quantidade e disponibilizados aos consumidores.

Acompanhe na ilustração da página seguinte as principais etapas de pesquisa, desenvolvimento e produção de um novo medicamento.

FASES DO DESENVOLVIMENTO DE UM MEDICAMENTO

1. Uma equipe de especialistas define as propriedades e as características do novo medicamento.

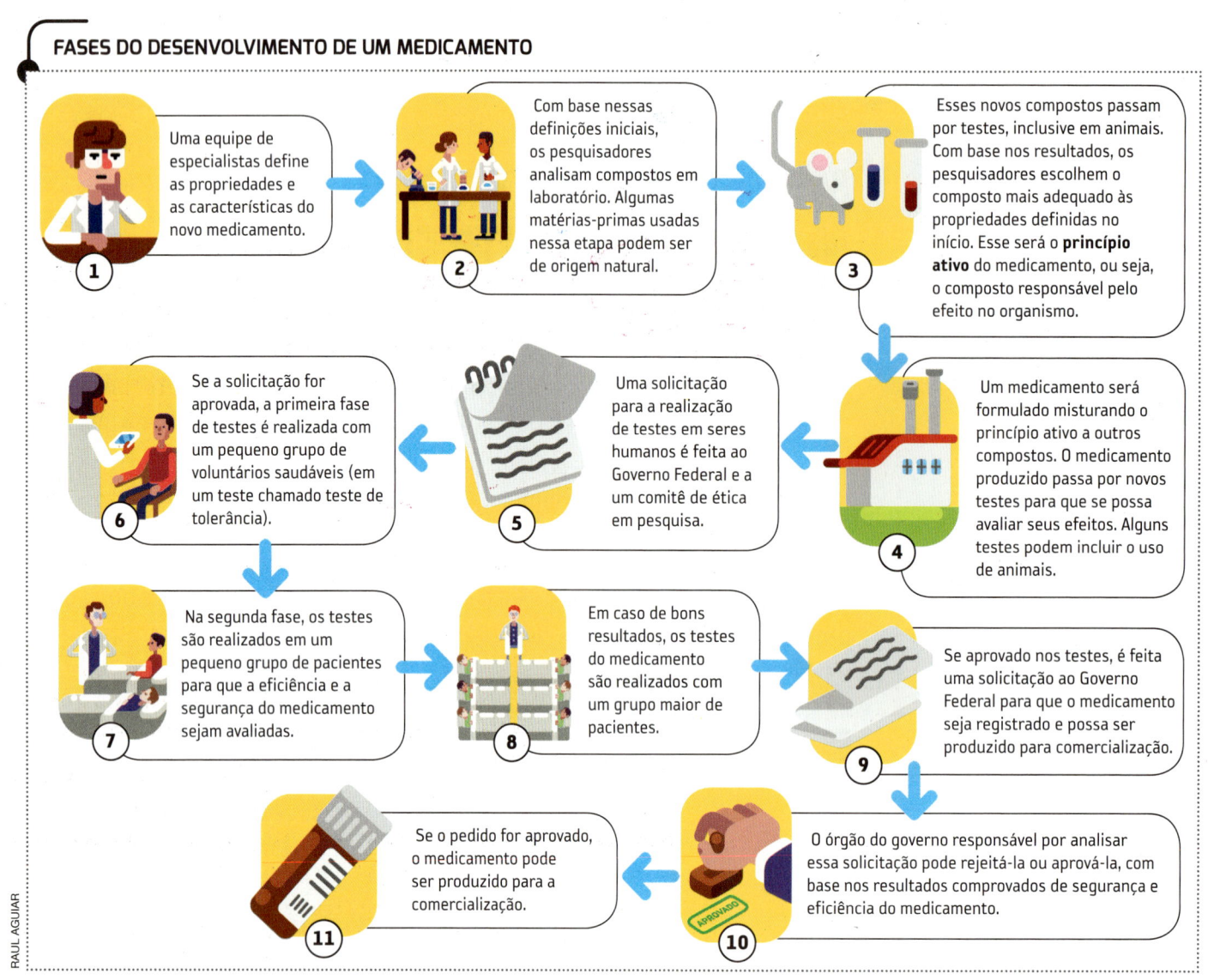

2. Com base nessas definições iniciais, os pesquisadores analisam compostos em laboratório. Algumas matérias-primas usadas nessa etapa podem ser de origem natural.

3. Esses novos compostos passam por testes, inclusive em animais. Com base nos resultados, os pesquisadores escolhem o composto mais adequado às propriedades definidas no início. Esse será o **princípio ativo** do medicamento, ou seja, o composto responsável pelo efeito no organismo.

4. Um medicamento será formulado misturando o princípio ativo a outros compostos. O medicamento produzido passa por novos testes para que se possa avaliar seus efeitos. Alguns testes podem incluir o uso de animais.

5. Uma solicitação para a realização de testes em seres humanos é feita ao Governo Federal e a um comitê de ética em pesquisa.

6. Se a solicitação for aprovada, a primeira fase de testes é realizada com um pequeno grupo de voluntários saudáveis (em um teste chamado teste de tolerância).

7. Na segunda fase, os testes são realizados em um pequeno grupo de pacientes para que a eficiência e a segurança do medicamento sejam avaliadas.

8. Em caso de bons resultados, os testes do medicamento são realizados com um grupo maior de pacientes.

9. Se aprovado nos testes, é feita uma solicitação ao Governo Federal para que o medicamento seja registrado e possa ser produzido para comercialização.

10. O órgão do governo responsável por analisar essa solicitação pode rejeitá-la ou aprová-la, com base nos resultados comprovados de segurança e eficiência do medicamento.

11. Se o pedido for aprovado, o medicamento pode ser produzido para a comercialização.

Fonte: LOMBARDINO, J. G.; LOWE, J. A., III. The Role of the Medicinal Chemist in Drug Discovery. *Nature Reviews*, v. 3, 2004.

(Imagens sem escala; cores-fantasia.)

COLETIVO CIÊNCIAS

Medicamentos indígenas

Alguns dos medicamentos mais populares do mundo devem muito ao conhecimento indígena sobre a natureza. [...]

[...]

Esther Jean Langdon, professora de antropologia da Universidade Federal de Santa Catarina e especialista em saúde indígena, diz que era assim que se aprendia. "Eles observam o que funciona. Fazem essa comparação com a natureza, mas testam para saber se dá certo", explica. [...]

Olhar para a ciência indígena pode ser o caminho mais curto para a produção de novos medicamentos. "Quando se parte de um conhecimento tradicional, usualmente, encurta-se pela metade o tempo necessário para fabricar um novo remédio", diz o médico Clayton Coelho, que atua no projeto Xingu, da Unifesp [Universidade Federal de São Paulo]. Uma pesquisa da Universidade da Paraíba analisou 23 especiarias usadas popularmente como remédios antimicrobianos. Depois de avaliar os efeitos, 40% das plantas tiveram suas propriedades comprovadas. [...]

É por isso que os cientistas não descartam medicamentos indígenas. [...]

Fonte: CASTRO, C. Remédio de índio. *Superinteressante*, 3 jun. 2013. Disponível em: <http://mod.lk/ie4zp>. Acesso em: maio 2018.

O PETRÓLEO COMO MATÉRIA-PRIMA

Existem diferentes materiais sintéticos no nosso cotidiano que são produzidos a partir de derivados do petróleo, um importante recurso natural. O petróleo é um material insolúvel em água e de origem fóssil, que leva milhões de anos para ser formado. Boa parte do petróleo existente no mundo está armazenada em rochas sedimentares, no fundo dos oceanos.

O petróleo é uma mistura de diversos componentes. A destilação fracionada, realizada em refinarias, é o processo utilizado para separar parte desses componentes, de modo que eles possam ser destinados à produção de diferentes materiais, como combustíveis (entre eles a gasolina e o óleo diesel) e materiais plásticos.

O petróleo é uma mistura bastante viscosa e de coloração escura.

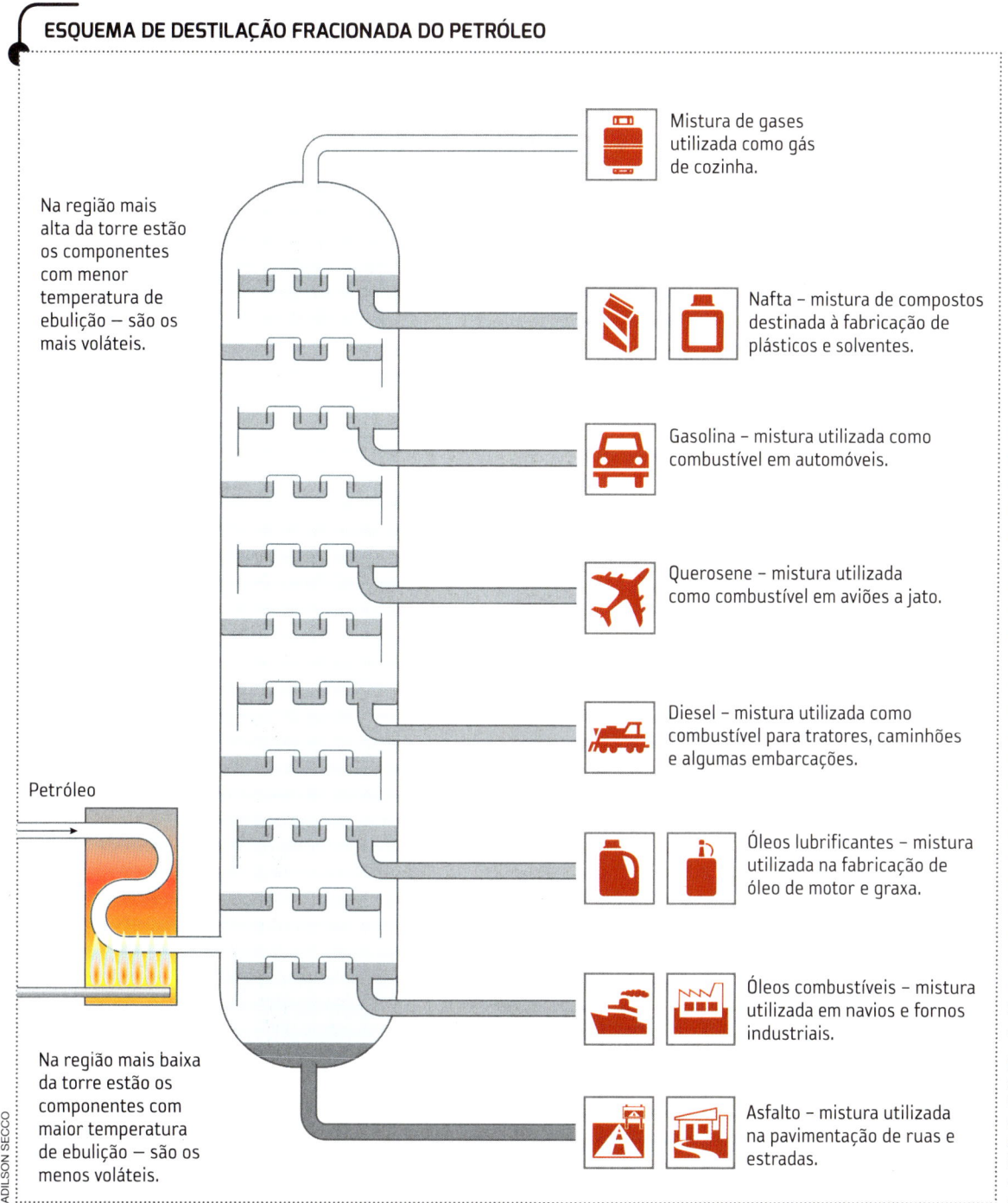

ESQUEMA DE DESTILAÇÃO FRACIONADA DO PETRÓLEO

Na região mais alta da torre estão os componentes com menor temperatura de ebulição — são os mais voláteis.

- Mistura de gases utilizada como gás de cozinha.
- Nafta – mistura de compostos destinada à fabricação de plásticos e solventes.
- Gasolina – mistura utilizada como combustível em automóveis.
- Querosene – mistura utilizada como combustível em aviões a jato.
- Diesel – mistura utilizada como combustível para tratores, caminhões e algumas embarcações.
- Óleos lubrificantes – mistura utilizada na fabricação de óleo de motor e graxa.
- Óleos combustíveis – mistura utilizada em navios e fornos industriais.
- Asfalto – mistura utilizada na pavimentação de ruas e estradas.

Petróleo

Na região mais baixa da torre estão os componentes com maior temperatura de ebulição — são os menos voláteis.

Por meio do processo de destilação fracionada, que ocorre nas chamadas torres de fracionamento, os componentes do petróleo podem ser separados em diferentes porções (frações). Cada porção obtida contém diferentes componentes, os quais apresentam temperaturas de ebulição muito próximas. Cada uma dessas porções pode ser empregada para obter diversos produtos. (Imagens sem escala; cores-fantasia.)

Fonte: MARIA, L. C. S. et al. Petróleo: um tema para o ensino de química. *Química Nova na Escola*, n. 15, maio 2002. Disponível em: <http://mod.lk/iiacl>. Acesso em: maio 2018.

OS MATERIAIS PLÁSTICOS

Na separação dos componentes do petróleo obtém-se a nafta, uma mistura de compostos que, entre outras aplicações, é destinada à produção de materiais plásticos (do grego *plastikos*, que significa "próprio para ser moldado").

Os materiais plásticos, que têm entre suas principais características a resistência, a praticidade e a durabilidade, estão cada vez mais presentes no nosso cotidiano, como nas embalagens de alimentos e de produtos de higiene.

O conhecimento científico e tecnológico sobre as características e as propriedades dos plásticos levou ao desenvolvimento de materiais de grande importância para a sociedade. Entre eles estão as próteses auditivas e materiais hospitalares descartáveis, além de peças resistentes ao impacto usadas em automóveis e eletrodomésticos.

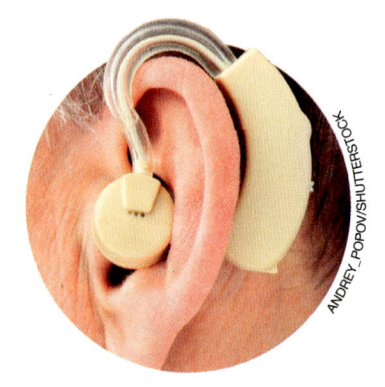

Tipo de prótese auditiva que é produzida com materiais plásticos.

OS PLÁSTICOS BIODEGRADÁVEIS

Mas se por um lado o uso de materiais plásticos trouxe benefícios para a sociedade, por outro, tem levado ao acúmulo de materiais que se degradam lentamente na natureza, permanecendo por décadas ou até mesmo séculos no ambiente. A durabilidade dos plásticos agrava o problema de descarte de lixo e causa diversos problemas ambientais.

Como alternativa aos plásticos produzidos com derivados de petróleo – que não são facilmente decompostos –, estão sendo desenvolvidos os chamados plásticos biodegradáveis, que podem ser degradados (decompostos) mais rápido por microrganismos presentes no ambiente. Entre as matérias-primas utilizadas para a pesquisa e o desenvolvimento desses novos produtos estão a cana-de-açúcar, a beterraba e a mamona.

Trilha de estudo

Vai estudar? Nosso assistente virtual no *app* pode ajudar!
<http://mod.lk/tr6u06>

O óleo obtido das sementes de mamona vem sendo utilizado em pesquisas como matéria-prima para o desenvolvimento de plásticos biodegradáveis.

DE OLHO NO TEMA

Depois de ser extraído de rochas sedimentares localizadas no fundo dos oceanos, o petróleo precisa passar por duas etapas de separação antes de seguir para o processo de destilação fracionada. Essas duas etapas são a decantação e a filtração.

- **Proponha uma explicação para a necessidade dessas duas etapas de separação anteriores à destilação fracionada.**

ATIVIDADES
TEMAS 3 E 4

ORGANIZAR O CONHECIMENTO

1. Indique se o fenômeno descrito em cada frase é uma transformação física ou química. Justifique cada resposta.
   a) Um comprimido efervescente é colocado em um copo com água.
   b) O sorvete derrete fora do congelador.
   c) Uma goiaba cai da árvore e, depois de algum tempo, apodrece.
   d) Uma folha de jornal é cortada em tiras.
   e) Um copo de vidro cai no chão e quebra.

2. Cite três exemplos de materiais naturais e três exemplos de materiais sintéticos.

ANALISAR

3. Que tipo(s) de transformação ocorre(m) quando uma vela está acesa? Quais alterações são perceptíveis e indicam essa(s) transformação(ões)?

4. Para produzir chocolate utilizamos as sementes do cacau, que são processadas e misturadas, em vários casos, a açúcar, manteiga de cacau e leite. No final do processo, é obtida uma mistura sólida homogênea. Essa mistura é o chocolate, que então pode ser derretido para ganhar novas formas, como a de um bombom.
   a) Nos processos descritos, identifique as etapas em que ocorre transformação física ou transformação química. Explique.
   b) Entre os materiais citados, qual(quais) é(são) natural(is) e qual(quais) é(são) sintético(s)?

5. Leia a tira a seguir e responda às questões propostas.

   a) A tira refere-se a um processo de transformação dos materiais. De que tipo é essa transformação?
   b) O que provavelmente causou o cheiro identificado pelos personagens?

6. Nas figuras a seguir são mostradas, em três momentos sequenciais, uma esfera e uma argola feitas do mesmo material. Em **A**, a esfera passa facilmente pela argola. Em **B**, somente a esfera é aquecida. Em **C**, a esfera aquecida não passa mais pela argola.

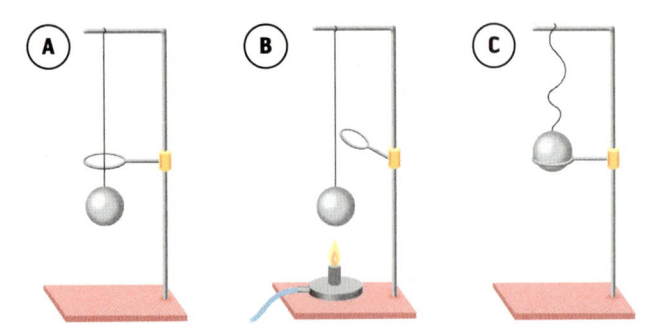

a) Por que a esfera não passa pela argola em **C**? Explique.
b) Que tipo de transformação ocorreu nesse caso? Justifique.

7. Os restos de alimentos são materiais orgânicos e podem ser utilizados como adubo para plantações de alimentos. Observe o esquema a seguir.

CICLO DA MATÉRIA ORGÂNICA

Refeições → Restos alimentares → Lixo
Pilha de compostagem em um recipiente
Adubo orgânico
Fertilização
Alimentos

(Imagens sem escala; cores-fantasia.)

- Por que podemos afirmar que as transformações químicas são essenciais para o processo indicado no esquema?

8. A seguir, são apresentados alguns dados sobre reciclagem no país:

- Os lixões, locais onde se despeja todo tipo de lixo sem nenhum cuidado, deveriam ter sido extintos do Brasil em 2014. Até 2018, ainda existiam muitos lixões ativos, responsáveis por coletar até 75% do lixo de certas regiões.
- Em 2017, 18% dos municípios do país realizavam coleta seletiva, ou seja, que separa o lixo que será reciclado de outros tipos.
- Em 2016, 3% dos resíduos coletados em Brasília foram reciclados.

Fonte: ASSOCIAÇÃO BRASILEIRA DOS FABRICANTES DE LATAS DE ALUMÍNIO (ABRALATAS). Disponível em: <http://mod.lk/ucrpq>. Acesso em: maio 2018.

O que esses dados revelam sobre a reciclagem de materiais no país? Que medidas podem ser tomadas para melhorar esses indicadores?

COMPARTILHAR

9. Antes que um medicamento seja disponibilizado para comercialização, são realizados diferentes testes para avaliar sua segurança e seus efeitos no organismo. Alguns desses testes podem envolver animais. A participação dos animais não é voluntária, como no caso dos testes em seres humanos. Essa questão vem levantando, há algum tempo, discussões sobre a ética em pesquisas que empregam animais, como coelhos e camundongos.

Organizem uma mesa-redonda na turma para discutir o tema e refletir sobre as seguintes questões:

a) Qual é o papel dos testes em animais antes dos testes em seres humanos?
b) O bem-estar dos animais é considerado durante a realização desses testes?
c) Existem medicamentos e cosméticos que não realizam testes em animais?

Em seguida, complementem a discussão e solucionem possíveis dúvidas realizando uma pesquisa sobre esse assunto em materiais científicos e de divulgação.

Escrevam um texto com as reflexões da turma sobre o tema e divulguem-no para familiares, amigos e, até mesmo, para empresas e órgãos públicos, apresentando argumentos contrários ou favoráveis à manutenção dos testes em animais e sugestões, se for o caso, de mudanças e de alternativas a eles.

PENSAR CIÊNCIA

Mais questões no livro digital

Esporte paralímpico: tecnológico e inclusivo

Tecnologias desenvolvidas para aumentar desempenho de atletas paralímpicos também promovem inclusão e melhoram acessibilidade de outras pessoas com deficiência.

[...] a equipe paralímpica brasileira tem um histórico de desempenho invejável. Isso não se deve somente ao talento e esforço de nossos paratletas, mas também aos investimentos em tecnologia, que contribuem para aumentar a *performance* dos competidores. [...]

[...] As inovações tecnológicas dos produtos especialmente desenvolvidos para os paratletas têm resultado em equipamentos como cadeiras de rodas, órteses e próteses de melhor qualidade, tanto do ponto de vista estético quanto funcional.

O desenvolvimento científico não contribui apenas para a melhoria de materiais e equipamentos, mas também influencia as mais diversas áreas que dão suporte à organização e preparação de uma equipe paralímpica: medicina, educação física, fisioterapia, psicologia, nutrição, *marketing*, engenharias. [...]

O desenvolvimento tecnológico aliado às pesquisas nas universidades brasileiras tem sido o grande responsável pela inclusão de atletas com deficiência física no mundo do esporte. [...]

[...] Os resultados alcançados no mundo das competições podem contemplar as necessidades de reabilitação física e motora de quem não é atleta de alto rendimento, permitindo que esses indivíduos usufruam em suas atividades diárias de dispositivos como uma cadeira de rodas leve e de fácil manuseio, ou próteses e órteses com alta qualidade e baixo custo.

Por promover tantos benefícios na inclusão de pessoas com deficiência, as tecnologias relacionadas ao esporte paralímpico no Brasil precisam que a interação entre universidade e empresa seja cada vez mais eficiente. Apesar dos grandes incentivos financeiros nesse sentido, ainda há muito que ser feito, principalmente para proporcionar ao usuário final, a pessoa com deficiência, o conhecimento científico e tecnológico transformado em materiais e equipamentos de alta qualidade e baixo custo.

Fonte: NOVO JR., J. M. Esporte paralímpico: tecnológico e inclusivo. *Instituto Ciência Hoje*, 9 set. 2016. Disponível em: <http://mod.lk/esmce>. Acesso em: maio 2018.

O desenvolvimento tecnológico permite a produção de próteses que beneficiam atletas paralímpicos e pessoas comuns. Na imagem, atletas competindo nos Jogos Paralímpicos de Londres, 2012.

ATIVIDADES

1. Para a sociedade, quais são os benefícios do investimento em tecnologia para a melhora do desempenho de atletas paralímpicos?

2. De acordo com o texto, de que maneira o conhecimento científico promove a inclusão de pessoas com deficiência física e melhora a sua acessibilidade?

3. Na sua opinião, apenas as pessoas com deficiência física se beneficiariam dos conhecimentos científico e tecnológico apresentados no texto?

ATITUDES PARA A VIDA

Consumo, meio ambiente e sociedade

• Lixo sem fim

O consumismo da sociedade atual tem um preço alto para a natureza: o imenso descarte de materiais, cada vez mais rápido e intenso.

Há algum tempo, tripulantes de navios perceberam, em certos lugares do oceano, "ilhas" de lixo flutuante, a maior parte formada por objetos plásticos. Um desses lixões flutuantes fica no oceano Pacífico, próximo à Califórnia e ao Havaí. A extensão desses dejetos é maior do que a área dos estados de São Paulo, Minas Gerais, Goiás e Rio de Janeiro juntos.

O lixo mata os animais, que o confundem com comida ou se enroscam nele, além de poluir as águas e intoxicar as pessoas que pescam nelas.

O artista plástico brasileiro Vik Muniz (1961-) produziu uma série de obras retratando pessoas que coletavam materiais recicláveis. Ele utilizou esse tipo de material para produzir essas obras, como a mostrada na imagem acima (*Isis - Mulher passando a ferro*, 2008).

— VAMOS TER QUE MUDAR?

— SIM. OS NOSSOS HÁBITOS!

LEI DO LIXO

TROCAR IDEAIS SOBRE O TEMA

Em grupo, discutam as seguintes questões:

1. Como o excesso de consumo prejudica o planeta?
2. A charge do artista Gilmar destaca um problema cada vez mais comum no nosso cotidiano: o grande volume de lixo produzido. O que pode ser mudado em nossos hábitos para diminuir ou reduzir esse problema?
3. Analise a obra de Vic Muniz. Qual é a importância do trabalho feito pelos coletores de lixo reciclável?
4. A maioria dos coletores de lixo reciclável trabalha em condições e ambientes precários. O que pode ser feito para que esse importante trabalho seja reconhecido e valorizado pela sociedade e pelos governos?

COMPARTILHAR

5. No dia a dia dos coletores de materiais recicláveis, não é incomum ocorrerem agressões verbais e físicas a esses profissionais, além de acidentes causados por materiais cortantes mal-acondicionados no lixo.

   Em grupo, elaborem um material para conscientizar as pessoas sobre a importância desses profissionais e de outros agentes que colaboram para a limpeza pública e a conservação do meio ambiente.

   Compartilhem o material produzido com os colegas de outras turmas e com a comunidade. Se possível, disponibilizem o material também no *blog* ou no *site* da escola.

   Para essas atividades, é importante **controlar a impulsividade**:

   Somos impulsivos quando agimos sem pensar nas consequências dos nossos atos e escolhas. Quando se trata de cuidar do ambiente, a humanidade paga muito caro pela impulsividade. Quantos bens e produtos são comprados sem necessidade e geram um grande volume de resíduos? Que diferença faria para as pessoas e para o meio ambiente se, em vez de adquirirmos bens por impulso, só adquiríssemos o que é necessário? Como podemos definir o que é necessário para uma pessoa?

87 cm

Os animais marinhos, como a tartaruga-de-pente (*Eretmochelys imbricata*), podem ingerir os materiais plásticos descartados nos oceanos ao confundi-los com alimento. A ingestão de plásticos provoca asfixia e morte desses animais.

Repensar, reutilizar e reciclar

Que vínculo existe entre a geração de resíduos e a economia do país?
Disponível em <http://mod.lk/ac6u06>

COMO EU ME SAÍ?

- Trabalhei junto aos meus colegas de modo cooperativo, compartilhando tarefas e ajudando sempre que possível?
- Procurei considerar como a impulsividade está relacionada ao consumo e ao descarte de materiais?
- Considerei meus hábitos em relação à impulsividade para fazer esta atividade?

COMPREENDER UM TEXTO
COMO FUNCIONA A TRANSFORMAÇÃO DE GARRAFAS PET EM TECIDO?

Tecido feito com garrafa PET. É possível? Sim, e a maior parte é transformada em camiseta. Dá para imaginar? Não, ela não tem cheiro nem cor de refrigerante, muito menos textura de plástico. É um pano gostoso e leve de vestir, e fácil de entender como é fabricado.

O processo de transformação de uma garrafa PET em camiseta é algo bastante curioso, engenhoso e econômico. É preciso apenas duas garrafas PET vazias, daquelas de refrigerante, misturadas com algodão e pronto! Temos uma peça ecoeficiente para vestir.

As garrafas PET são feitas de polietileno, um material termoplástico, ou seja, que pode ser reaproveitado diversas vezes pelo mesmo ou por outro processo de transformação. Isso porque, quando aquecido, esse material amolece e pode ser novamente moldado. Agora, fique ligado no passo a passo dessa transformação:

1. As garrafas PET, depois de usadas, são recolhidas pelos [coletores] de materiais recicláveis, lavadas e separadas por cores. Nesta fase, são retiradas as tampas e os rótulos das embalagens, que [também] passam por um processo de higienização e secagem. Então, o PET é moído e reduzido a pequenos pedaços.

2. Os pedaços de PET moído são derretidos em temperatura muito alta, além de filtrados para retirada de impurezas. Teremos, então, os grânulos milimétricos. Repete-se o processo, e o material derretido é passado por um equipamento que o transforma em filamentos. O resultado é uma fibra um pouco mais fina que a do algodão.

3. As fibras da garrafa PET são unidas e se transformam em malha de poliéster. Metade de poliéster reciclado e metade de algodão são misturadas. O resultado é um tecido ecológico de grande qualidade.

Além de contribuir para a conservação do nosso planeta, a fabricação de tecidos de garrafas PET gera renda para os [coletores] de materiais recicláveis. Diversas empresas brasileiras desenvolvem projetos de reciclagem tendo garrafas PET como matéria-prima. [...]

Fonte: FERNANDEZ, D. Como funciona a transformação de garrafas PET em tecido? *Ciência Hoje das Crianças*, ed. 242, jan./fev. 2013. Disponível em: <http://mod.lk/cq6ws>. Acesso em: maio 2018.

Ecoeficiente: que é produzido com a mínima utilização de recursos naturais e a redução de impactos ao meio ambiente.

O tecido dessa camiseta é feito de fibra de poliéster produzida a partir da reciclagem de garrafas PET.

TRANSFORMAÇÃO DE GARRAFAS PET EM TECIDO

Garrafa PET limpa, sem tampa nem rótulo.

A garrafa é moída, derretida e transformada em fios.

Os fios formam uma malha composta também de fios de algodão.

Camiseta pronta!

RAUL AGUIAR

ATIVIDADES

OBTER INFORMAÇÕES

1. Qual é o tema principal do texto?
2. Quantas garrafas PET são necessárias para fazer uma camiseta?

INTERPRETAR

3. Releia com atenção as etapas do processo de transformação das garrafas PET em tecido e indique em cada etapa (numeradas de 1 a 3) o tipo de transformação (química ou física) envolvida.
4. Por que o tecido feito de garrafa PET é chamado de tecido ecológico?

REFLETIR

5. Você já parou para pensar na importância que os coletores de materiais recicláveis têm em nosso dia a dia? Eles são responsáveis pela maior parte de tudo o que é reciclado no país. Graças ao trabalho deles, o Brasil, em 2015, reciclou 51% das garrafas PET utilizadas e, em 2016, 97,7% das latinhas de alumínio.

    Fontes dos dados: Associação Brasileira dos Fabricantes de Latas de Alta Reciclabilidade (Abralatas). Disponível em: <http://mod.lk/pcine>; Associação Brasileira da Indústria do PET (Abipet). Disponível em: <http://mod.lk/lrrnu>. Acessos em: maio 2018.

- Agora é a sua vez de ajudar! Converse com seus colegas e, juntos, proponham ações que poderiam ser adotadas por todos os cidadãos visando contribuir para o processo de coleta de materiais recicláveis.

UNIDADE 7

VIDA, CÉLULA E SISTEMA NERVOSO HUMANO

POR QUE ESTUDAR ESTA UNIDADE?

A espécie humana é capaz de se deslocar, enxergar, pensar, se lembrar e realizar diversas outras ações. Essas ações estão relacionadas ao funcionamento do sistema nervoso, que tem a capacidade de interpretar estímulos vindos do ambiente e elaborar respostas a eles, além de ser responsável pela consciência, pelo raciocínio e pela memória.

Nesta Unidade, vamos conhecer algumas características de organização do corpo e de que maneira o organismo percebe o ambiente a sua volta e interage com ele, por meio do funcionamento de um dos sistemas mais impressionantes do corpo humano: o sistema nervoso.

COMEÇANDO A UNIDADE

1. Existem características comuns aos seres vivos da imagem? Justifique sua resposta.

2. O sistema nervoso está relacionado com a coordenação de movimentos e as sensações. Sabendo disso, que ações das pessoas na imagem exigem a participação do sistema nervoso?

3. Escolhemos realizar diversas atividades, como andar, conversar, ler etc. Outras ações do corpo não são escolha nossa. Cite algumas delas.

ATITUDES PARA A VIDA

- Pensar com flexibilidade
- Assumir riscos com responsabilidade

TEMA 1

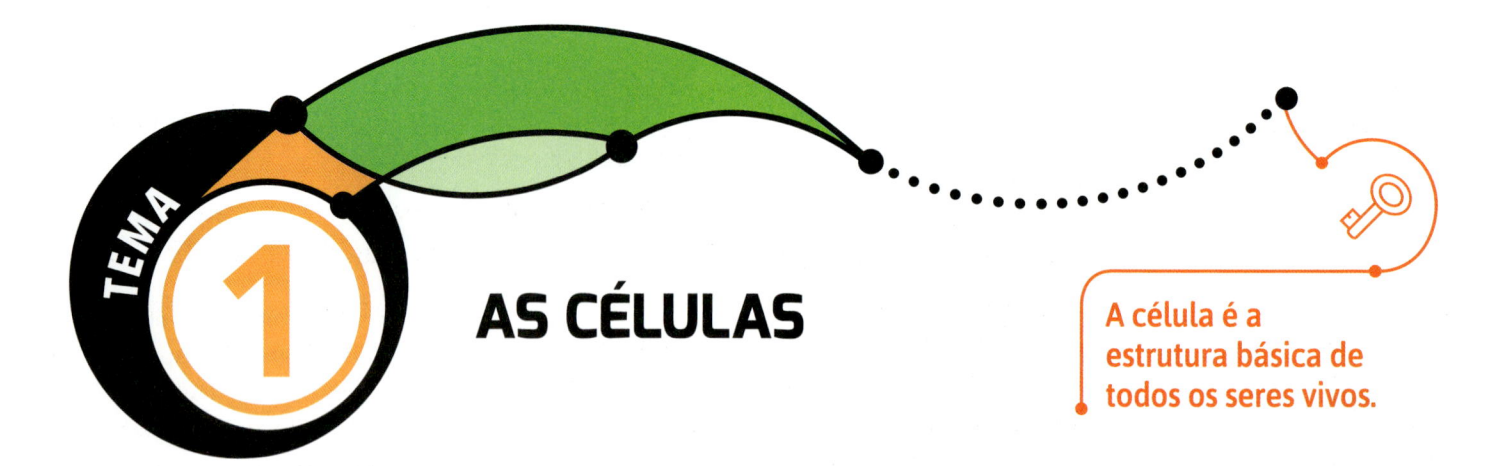

AS CÉLULAS

A célula é a estrutura básica de todos os seres vivos.

Todos os seres vivos são formados por **células**, a estrutura básica da vida. É nas células que ocorrem transformações químicas essenciais para a vida, como obtenção de energia, formação e renovação de componentes do corpo. É por meio da multiplicação das células que são formadas estruturas do corpo e que ocorrem o crescimento e a reprodução.

Os seres vivos podem ser unicelulares ou pluricelulares, dependendo da quantidade de células que os formam.

- **Seres unicelulares** são formados por uma única célula.
- **Seres multicelulares ou pluricelulares** são formados por duas ou mais células. Os seres humanos, por exemplo, têm trilhões de células.

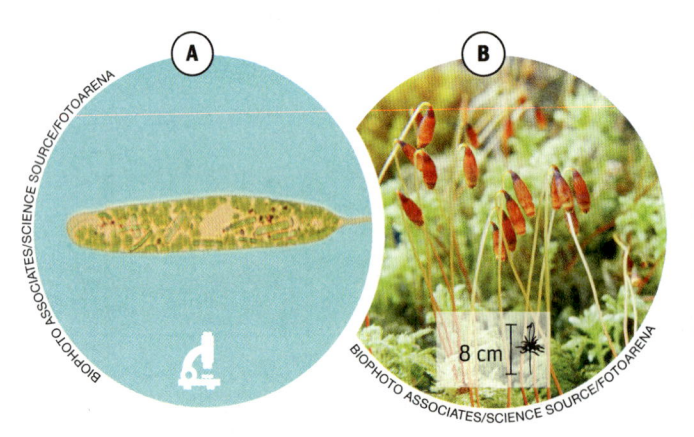

As células são muito pequenas. Organismos unicelulares geralmente só podem ser observados com o auxílio de microscópios. (**A**) Euglena, um ser vivo unicelular. (Imagem obtida com microscópio óptico, ampliada cerca de 270 vezes.) (**B**) Musgo (*Leucolepis acanthoneuron*), um ser vivo pluricelular.

A DESCOBERTA DA CÉLULA

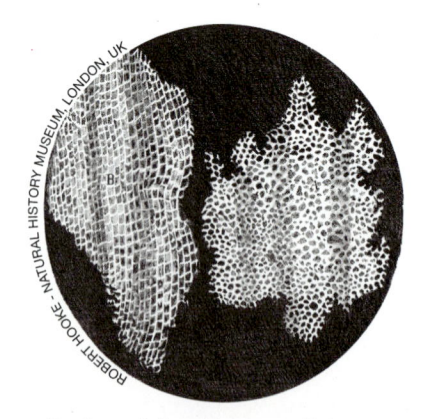

Atualmente, conhecemos células, microrganismos e diversas outras estruturas invisíveis ao olho humano. Adquirir esse conhecimento só foi possível após o desenvolvimento de aparelhos que permitissem às pessoas enxergar estruturas muito pequenas. Isso começou a ocorrer em 1663, quando o inglês Robert Hooke (1635-1703) construiu um microscópio e o utilizou para observar fatias finas de cortiça provenientes de cascas de árvores. Esse material mostrava um grande número de espaços vazios, que Hooke chamou de células.

Tanto Hooke como outros pesquisadores observaram diversos materiais e notaram estruturas semelhantes às da cortiça, mas preenchidas com material gelatinoso. Após certo tempo, o termo célula passou a designar o conteúdo desses compartimentos.

O microscópio utilizado por Robert Hooke é muito diferente dos atuais. Em seus desenhos iniciais, ele representou as cavidades observadas na cortiça, que chamou de células.

A TEORIA CELULAR

Com o desenvolvimento de microscópios cada vez mais potentes e observações feitas por diversos estudiosos, o conhecimento sobre células aumentou. Com base em alguns trabalhos, dois cientistas alemães, Matthias Schleiden (1804-1881) e Theodor Schwann (1810-1882), propuseram a **teoria celular**. Essa teoria afirma que todo ser vivo é composto de células e que atividades que caracterizam a vida, como o metabolismo, ocorrem na célula. Assim, as células são as unidades funcionais dos seres vivos.

A ESTRUTURA DA CÉLULA

Existem muitos tipos de célula. Uma célula animal, que é o tipo de célula presente nos seres humanos, apresenta algumas estruturas típicas.

Cada uma das estruturas apontadas tem uma função determinada.

- **Membrana plasmática:** envolve a célula e controla a entrada e a saída de materiais e substâncias.

- **Material hereditário:** é o material passado pelas gerações, ou seja, para os descendentes. Esse material é o DNA (ácido desoxirribonucleico), encontrado em todas as células. Ele está relacionado às características e ao funcionamento do ser vivo. Nas células dos animais ele se encontra dentro de uma estrutura celular chamada **núcleo**.

- **Citoplasma:** é um material gelatinoso, formado principalmente por água, que fica entre o núcleo e a membrana plasmática nas células animais. Contém **organelas** (também chamadas organoides), estruturas menores que realizam funções específicas na célula.

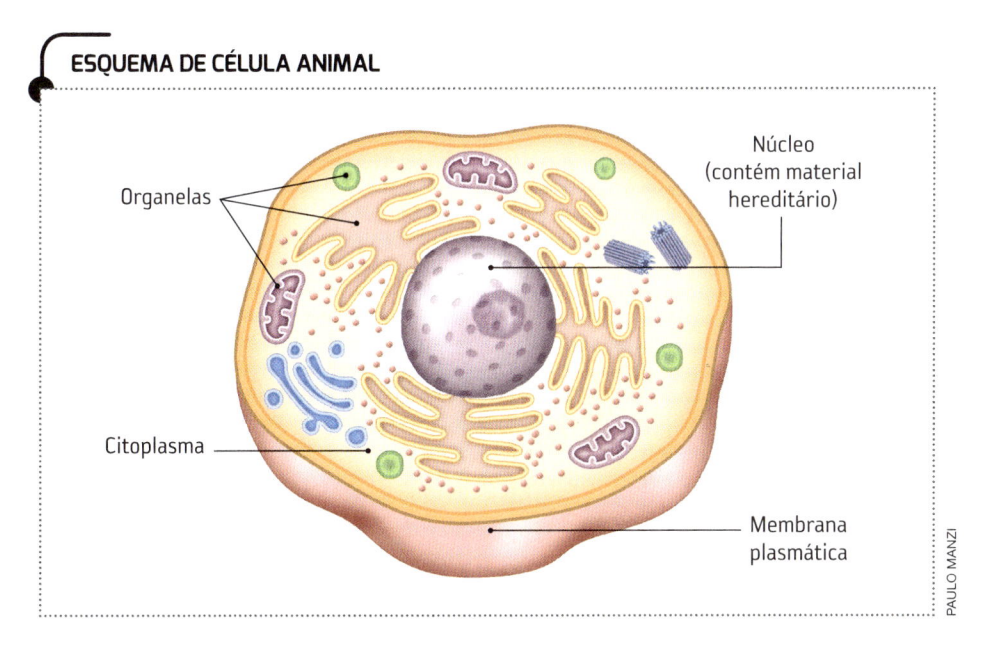

ESQUEMA DE CÉLULA ANIMAL

Esquema simplificado de uma célula animal em corte para mostrar suas partes. (Imagem sem escala; cores-fantasia.)

Fonte: Adaptado de REECE, J. B. et al. *Biologia de Campbell*. 10. ed. Porto Alegre: Artmed, 2015.

ENTRANDO NA REDE

No endereço **http://mod.lk/oqpgc**, você tem acesso a vídeos, textos e atividades sobre tamanho das células, microscopia e teoria celular.
Acesso em: maio 2018.

DE OLHO NO TEMA

- Que característica permite classificar seres humanos e bactérias como seres vivos?

TEMA 2 — NÍVEIS DE ORGANIZAÇÃO

Os seres vivos possuem diferentes graus de organização, que estão relacionados com sua complexidade.

CÉLULAS

Um ser vivo pluricelular pode ter diversos tipos de célula. Em um ser humano, por exemplo, as células do cérebro são diferentes das dos músculos e da pele, apesar de apresentarem o mesmo material hereditário. Essas diferenças estão relacionadas com a função que essas células desempenham no corpo.

SAIBA MAIS!

O tamanho das células humanas

Embora existam células de diferentes tamanhos, a maioria delas é muito pequena. Imagine a cabeça de um alfinete, que tem 1 mm de diâmetro. Se pudéssemos alinhar glóbulos vermelhos (um tipo de célula encontrado no sangue) sobre ela, seria possível colocar 125 dessas células de um lado a outro.

Uma das maiores células do corpo humano é o ovócito feminino. Na cabeça de um alfinete caberiam aproximadamente 10 deles alinhados de um lado a outro.

Tecidos animais

Cite uma diferença entre a organização das células no tecido epitelial e no tecido conjuntivo. Disponível em <http://mod.lk/ac6u07>

TECIDOS

Na maioria dos seres pluricelulares, as células que apresentam estruturas e funções semelhantes estão agrupadas formando **tecidos**. Os músculos humanos, por exemplo, são um tipo de tecido constituído de células especializadas que causam a contração e o relaxamento muscular.

(**A**) Detalhe do tecido de um músculo. Popularmente conhecidos como "carne", os músculos são formados por tecido muscular, que tem células musculares. (Imagem obtida com microscópio óptico, ampliada cerca de 250 vezes.)
(**B**) Detalhe do tecido de um osso. Tanto o formato quanto a função das células que formam o tecido ósseo são diferentes das do tecido muscular. (Imagem obtida com microscópio óptico, ampliada cerca de 70 vezes.)

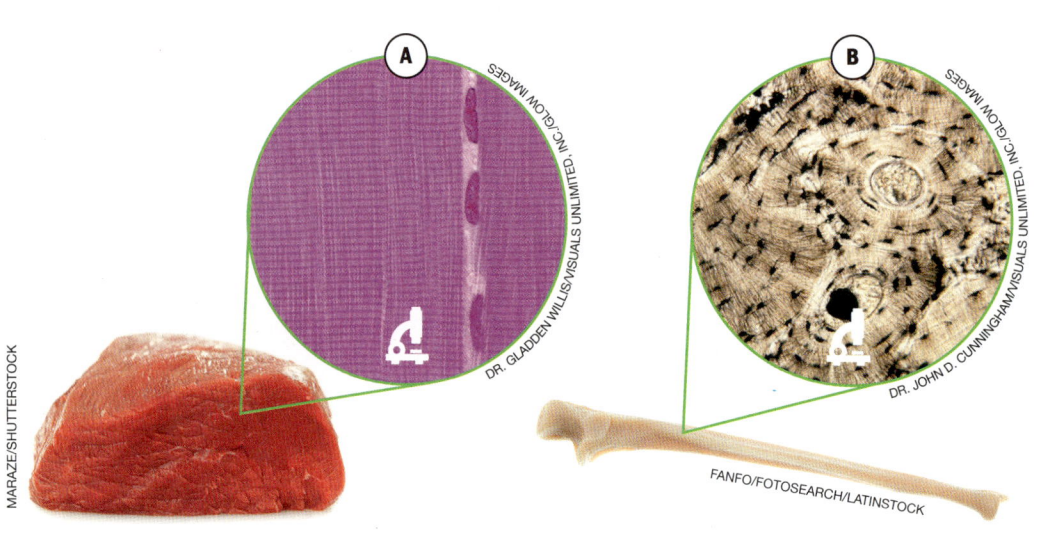

ÓRGÃOS

Diferentes tecidos formam os **órgãos**, estruturas com função específica nos seres vivos. O coração, por exemplo, é um órgão formado por diversos tecidos. Os tecidos que compõem os órgãos estão relacionados a suas funções.

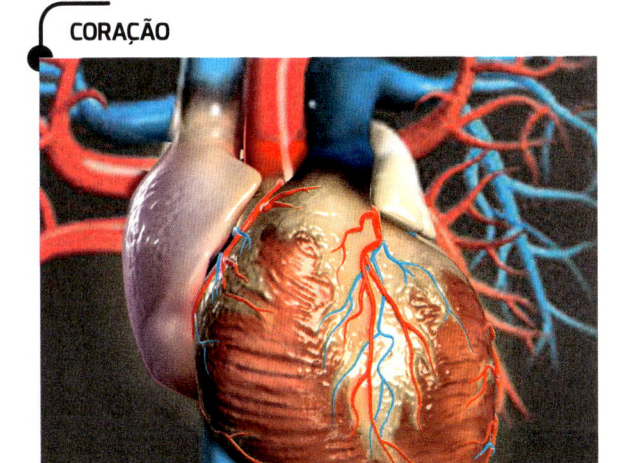

CORAÇÃO

O coração é um órgão que bombeia o sangue, fazendo com que ele se desloque pelo corpo. Essa atividade é possível em função do tecido muscular. (Cores-fantasia.)

SISTEMAS

Órgãos funcionam de forma integrada para realizar funções. O sistema cardiovascular, por exemplo, possui diversos órgãos responsáveis por fazer o sangue circular pelo corpo, como o coração.

SISTEMA CARDIOVASCULAR

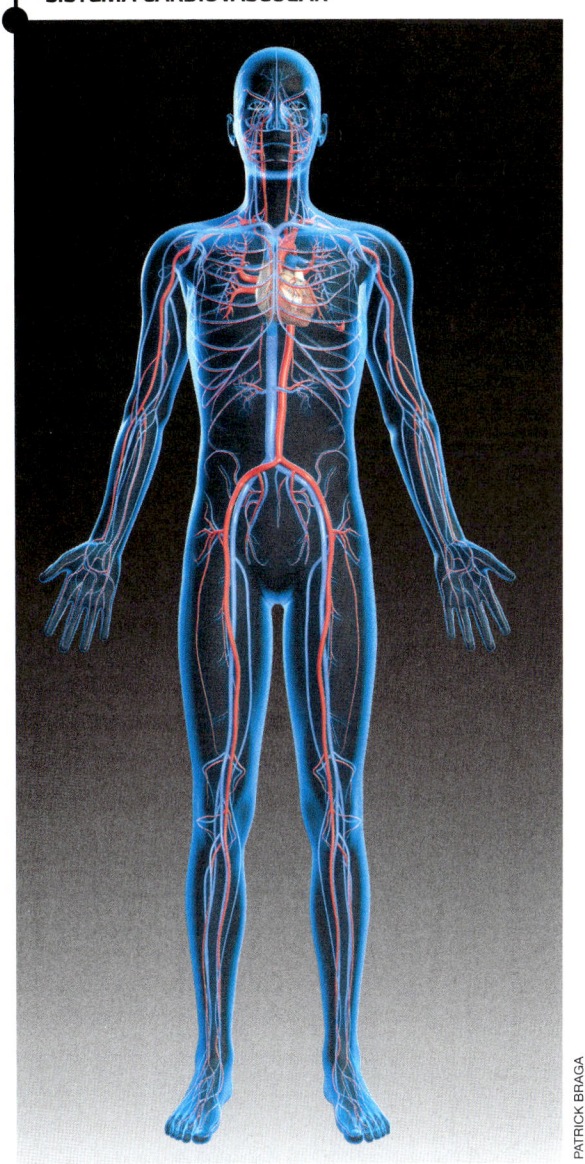

Representação esquemática do sistema cardiovascular humano. Um sistema é composto de vários órgãos e desempenha funções específicas no ser vivo. (Cores-fantasia.)

DE OLHO NO TEMA

- **A imagem ao lado representa o organismo, o nível de organização posterior ao sistema.**

  Observe o esquema e escreva uma definição para organismo.

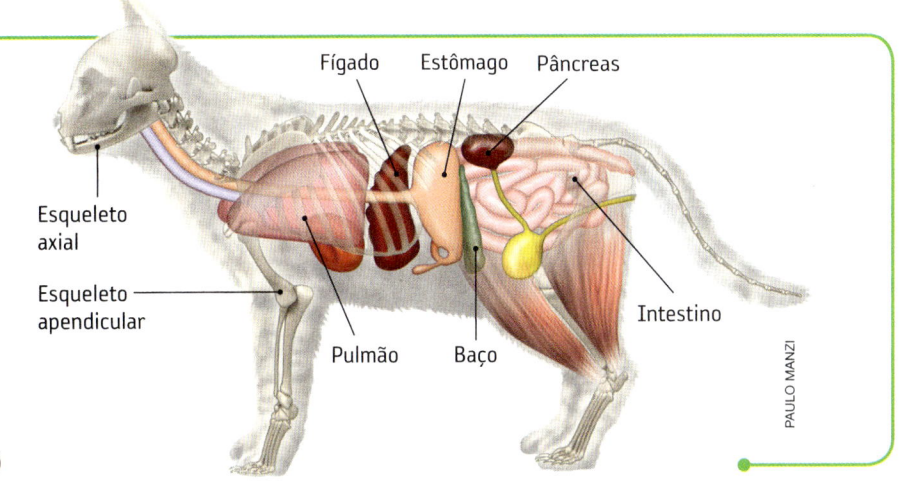

(Imagem sem escala; cores-fantasia.)

ATIVIDADES
TEMAS 1 E 2

ORGANIZAR O CONHECIMENTO

1. O que a teoria celular afirma?

2. Nomeie as estruturas indicadas na imagem.

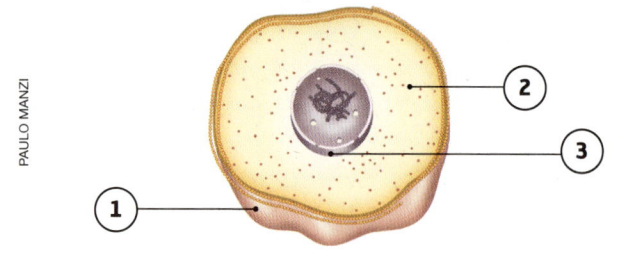

(Imagem sem escala; cores-fantasia.)

3. Cite os níveis de organização dos seres vivos, do mais simples para o mais complexo.

ANALISAR

4. Observe o esquema a seguir.

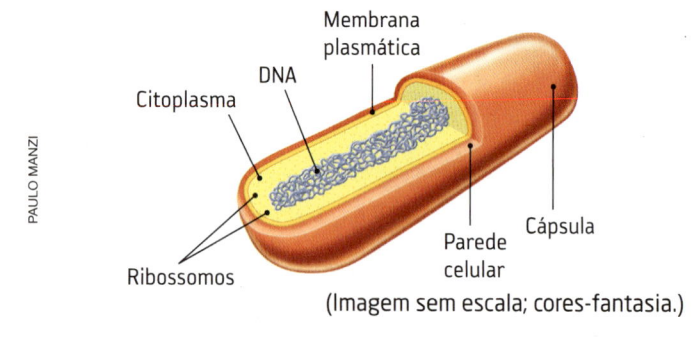

(Imagem sem escala; cores-fantasia.)

Pode-se afirmar que esse esquema representa uma célula? Explique.

5. Um ser unicelular pode apresentar tecidos ou órgãos? Justifique sua resposta.

6. A imagem abaixo mostra uma célula vista em microscópio.

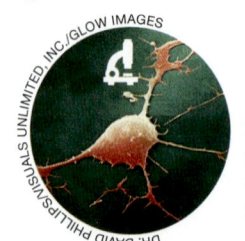

Neurônio. (Imagem obtida com microscópio eletrônico colorizada artificialmente e ampliada cerca de 3200 vezes.)

Converse com seus colegas e levantem hipóteses para explicar por que não é possível observar o núcleo da célula na imagem.

COMPARTILHAR

7. Analise a imagem e responda.

a) Como você interpreta os desenhos representados nos balões de pensamento? Descreva o que cada pesquisador está observando.

b) Crie uma ilustração (pode ser um cartum, uma tirinha ou outro tipo de desenho) que represente a importância de algum conteúdo abordado nos dois primeiros Temas da Unidade. Compartilhe essa ilustração com os colegas e verifique se eles entenderam a ideia que você representou.

ATITUDES PARA A VIDA

• **Pensar com flexibilidade**

Representações gráficas podem ser interpretadas de diferentes maneiras. Pode acontecer de um colega observar sua ilustração e ter uma ideia diferente da que você quis expressar. O importante é pensar com flexibilidade, ou seja, reconhecer outras formas de pensar e de se expressar. Debates sobre os diferentes pontos de vista podem ser muito enriquecedores e ajudar a melhorar o resultado do trabalho.

PENSAR CIÊNCIA

Microscópio, divulgação e tecnologia

A invenção do microscópio permitiu às pessoas observar um mundo novo. Foi possível estudar a estrutura de materiais, ver e desenhar microrganismos, descobrir a causa de doenças, entender o funcionamento do corpo humano, desenvolver materiais e muitas outras coisas. Mas como tudo isso foi possível a partir da observação de um pedaço de cortiça?

Um importante fator para o desenvolvimento de todo esse conhecimento foi a divulgação científica. Robert Hooke, por exemplo, lançou em 1665 o livro *Micrographia*, no qual ele mostrava resultados de seus estudos com microscópios. Na mesma época, diversas obras foram publicadas com resultados da observação microscópica de plantas. Esses e outros estudos mostraram que as células eram tão variadas que se pensava que elas não eram constituídas por uma estrutura básica. Somente em 1805 foi possível isolar as células, confirmando-se sua individualidade. Foram quase 140 anos de resultados e discussões para se chegar à conclusão de que as plantas são formadas por células. Essa conclusão só aconteceu por causa da colaboração de diversos estudiosos, que realizavam seus estudos e divulgavam seus trabalhos, contribuindo para que o conhecimento ficasse acessível a outras pessoas.

Atualmente, é possível detectar doenças fazendo análises microscópicas. Essa aplicação não foi imaginada pelos inventores dos primeiros microscópios.

O desenvolvimento do microscópio também foi importante nesse processo. Foram criados microscópios cada vez mais potentes e com mais recursos. Além disso, esses equipamentos passaram a ser produzidos em maior quantidade, o que permitiu que pessoas de diferentes lugares pudessem utilizá-los e modificá-los, contribuindo para acelerar o desenvolvimento científico.

Adquirir um microscópio e estudar microrganismos ou materiais é uma atividade fácil atualmente, mas isso só foi possível devido a quase 400 anos de pesquisas, desenvolvimento e comunicação sobre esse aparelho e suas aplicações.

ATIVIDADES

1. Como a divulgação dos resultados de pesquisas e estudos contribui para o desenvolvimento científico?
2. Por que ampliar o acesso a microscópios é importante para facilitar os estudos?
3. Você acha que os estudos feitos por Robert Hooke e diversos outros pesquisadores afetam a vida das pessoas nos dias de hoje?

TEMA 3

PERCEPÇÃO E COORDENAÇÃO NOS SERES HUMANOS

O sistema nervoso integra e coordena as funções e as ações do corpo.

A sobrevivência dos seres vivos depende, em certa medida, da sua capacidade de perceber o ambiente e produzir respostas a ele. Perceber informações do próprio corpo também é fundamental para a manutenção da vida. Um animal que vê um predador foge dele para não ser devorado. Uma pessoa que sente dor sabe que algo não vai bem no seu corpo.

Somos capazes de perceber o ambiente ou as condições do próprio corpo ao receber estímulos. Os sons, por exemplo, são estímulos capazes de provocar uma resposta, que é a sensação sonora. Quando o som cessa, o estímulo acaba e não o percebemos mais. O conjunto de estruturas do corpo humano responsáveis por perceber, interpretar os estímulos e responder a eles é o **sistema nervoso**. Além de perceber estímulos, o sistema nervoso também coordena as funções humanas mais complexas, como o pensamento, os sentimentos e a capacidade de aprendizado.

ESTRUTURA DO SISTEMA NERVOSO

O sistema nervoso é formado por **encéfalo**, **medula espinal** e **nervos**.

O encéfalo é formado pelo cérebro, cerebelo e tronco encefálico. Sua função é processar e integrar informações. A medula espinal é similar a um cordão que fica alojado dentro da coluna vertebral. Ela se liga ao encéfalo pelo tronco encefálico. Ligados à medula, há nervos dispostos em pares. No total, são 31 pares de nervos conectados a ela, que fazem a comunicação entre o sistema nervoso e os órgãos efetores.

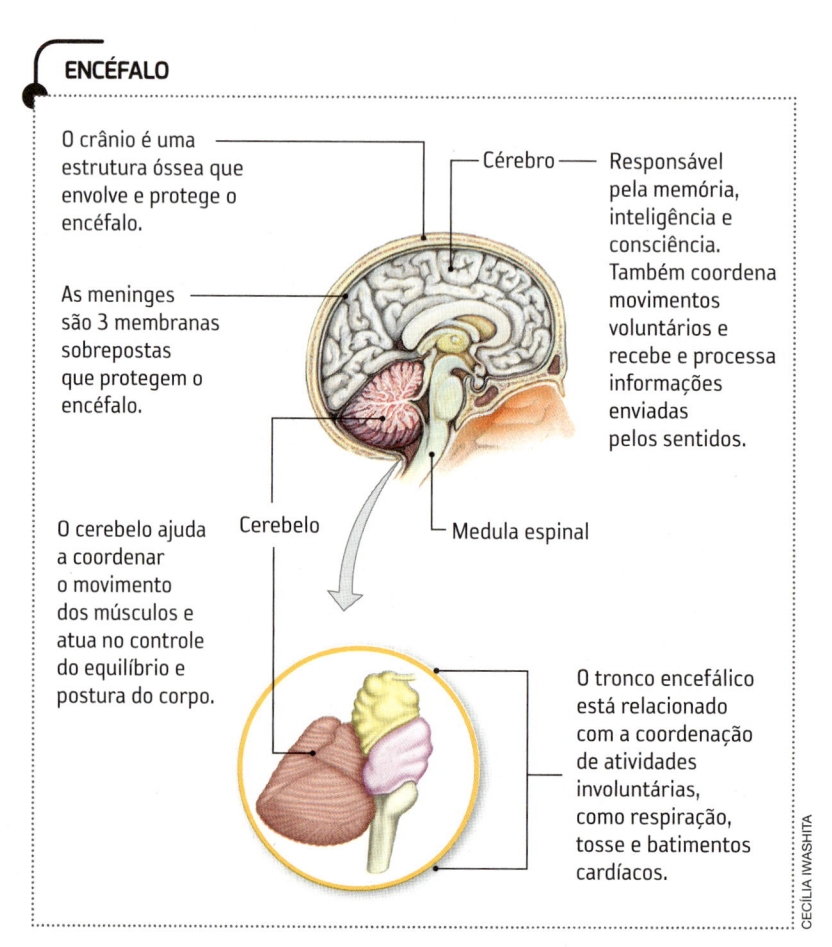

(Imagens sem escala; cores-fantasia.)

Fonte: CAMPBELL, N. A. et al. *Biology*: concepts and connections. 6. ed. São Francisco: Benjamin Cummings, 2008.

ENCÉFALO

- O crânio é uma estrutura óssea que envolve e protege o encéfalo.
- As meninges são 3 membranas sobrepostas que protegem o encéfalo.
- O cerebelo ajuda a coordenar o movimento dos músculos e atua no controle do equilíbrio e postura do corpo.
- **Cérebro** — Responsável pela memória, inteligência e consciência. Também coordena movimentos voluntários e recebe e processa informações enviadas pelos sentidos.
- Cerebelo
- Medula espinal
- O tronco encefálico está relacionado com a coordenação de atividades involuntárias, como respiração, tosse e batimentos cardíacos.

MEDULA ESPINAL

Medula espinal

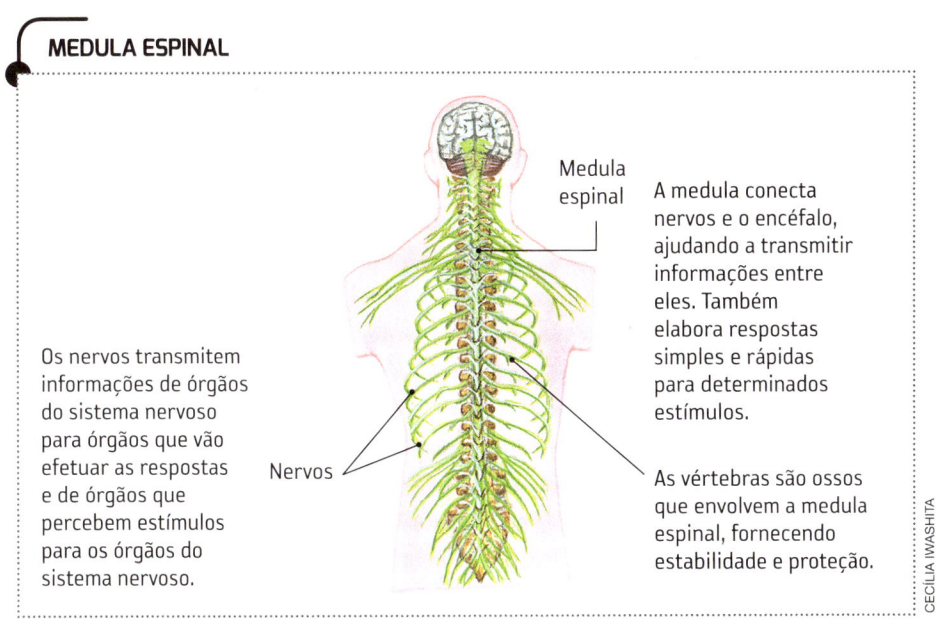

A medula conecta nervos e o encéfalo, ajudando a transmitir informações entre eles. Também elabora respostas simples e rápidas para determinados estímulos.

Os nervos transmitem informações de órgãos do sistema nervoso para órgãos que vão efetuar as respostas e de órgãos que percebem estímulos para os órgãos do sistema nervoso.

Nervos

As vértebras são ossos que envolvem a medula espinal, fornecendo estabilidade e proteção.

(Imagem sem escala; cores-fantasia.)

Fonte: TORTORA, G. J. et al. *Corpo humano*: fundamentos de Anatomia e Fisiologia. Porto Alegre: Artmed, 2000.

DE OLHO NO TEMA

1. O sistema nervoso faz a integração de todas as informações recebidas pelo organismo. Qual é o resultado desse processo?

2. Em um acidente, uma pessoa teve uma lesão na medula espinal, pouco acima da cintura. Por que essa lesão pode provocar a paralisia e a perda da sensibilidade dos membros inferiores?

O TECIDO NERVOSO

O tecido nervoso é formado por células especializadas, como os **neurônios** e os **gliócitos**.

Os gliócitos, também denominados células gliais, sustentam e nutrem os neurônios. Os neurônios são células com prolongamentos especializadas na recepção de estímulos e na condução de informação de uma célula para outra. Essa transmissão de informação é feita através do **impulso nervoso**, um sinal elétrico que é transmitido de neurônio para neurônio.

Um neurônio é formado por dendritos, corpo celular e axônio.

- O **corpo celular** contém o núcleo e a maior parte do citoplasma da célula.
- Os **dendritos** são prolongamentos do corpo celular. Eles atuam como receptores de sinais.
- O **axônio** é um prolongamento que transmite o impulso nervoso proveniente do corpo celular.

A TRANSMISSÃO DAS INFORMAÇÕES NO SISTEMA NERVOSO

Quando um neurônio recebe um estímulo, gera-se um impulso nervoso. O impulso nervoso percorre o neurônio sempre no mesmo sentido: dos dendritos para o corpo celular e deste para o axônio. O axônio de um neurônio transmite o impulso nervoso para os dendritos de outro neurônio. O impulso é transmitido até ser processado no encéfalo ou na medula espinal, que gera uma resposta.

NEURÔNIO

Corpo celular

Dendritos

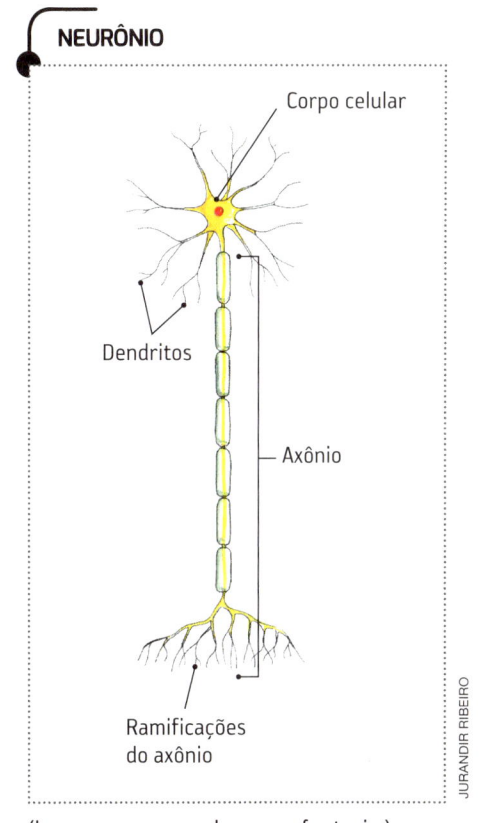

Axônio

Ramificações do axônio

(Imagens sem escala; cores-fantasia.)

Fonte: CAMPBELL, N. A. et al. *Biology*: concepts and connections. 6. ed. São Francisco: Benjamin Cummings, 2008.

TEMA 4

COORDENAÇÃO NERVOSA

O sistema nervoso coordena as reações aos estímulos, internos e externos, gerando diferentes tipos de resposta.

AS SINAPSES

Na transmissão do impulso nervoso, os neurônios se comunicam. Entre o axônio de um neurônio e uma célula vizinha existe um espaço microscópico chamado **sinapse**. É por ele que se dá a transmissão do impulso nervoso.

Quando o impulso nervoso chega à extremidade do axônio, provoca a liberação de substâncias químicas nas sinapses. Essas substâncias são chamadas **neurotransmissores**. Eles têm a capacidade de agir sobre os dendritos do neurônio seguinte e desencadear um novo impulso nervoso. Também existem sinapses entre neurônios e células de músculos e glândulas.

Cada neurônio do cérebro humano está ligado por sinapses, em média, a cerca de outros 10 mil neurônios, ou seja, cada neurônio é capaz de receber cerca de 10 mil mensagens ao mesmo tempo.

TRANSMISSÃO DO IMPULSO NERVOSO

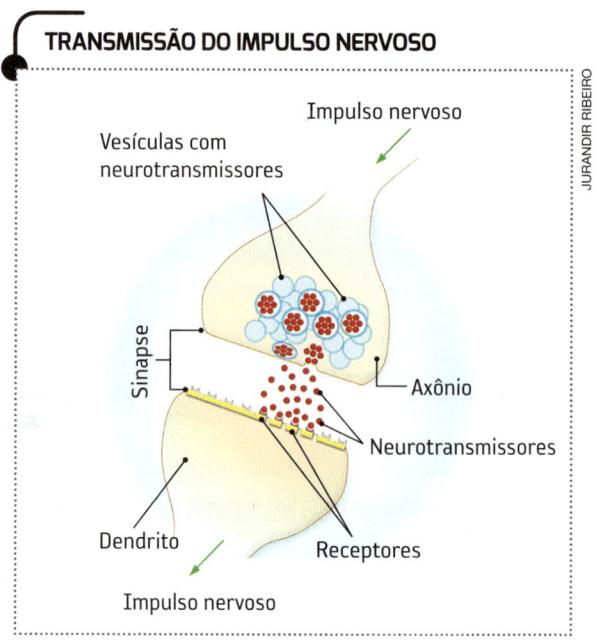

(Imagem sem escala; cores-fantasia.)

Fonte: CAMPERGUE, M. et al. *Sciences de la vie et de la terre*. 3. ed. Paris: Nathan, 1999.

AÇÕES VOLUNTÁRIAS E INVOLUNTÁRIAS

Todas as atividades do nosso organismo são comandadas pelo sistema nervoso, porém algumas obedecem à nossa vontade, ao passo que outras não podem ser controladas.

Uma ação involuntária é aquela que não controlamos. Algumas atividades involuntárias, como o controle dos batimentos cardíacos, a respiração, a deglutição e o espirro, são coordenadas pelo tronco encefálico.

Uma ação voluntária é aquela que temos a capacidade de controlar. Muitos de nossos atos diários, como tomar um copo de água ou ligar o computador, são voluntários. Tomamos a decisão de realizar essas ações e podemos interrompê-las se desejarmos.

Em uma ação voluntária, a informação sensorial é transmitida ao cérebro, que a analisa e elabora a resposta mais adequada ao estímulo recebido.

O bocejo e o espirro são ações involuntárias do nosso corpo.

AÇÃO VOLUNTÁRIA

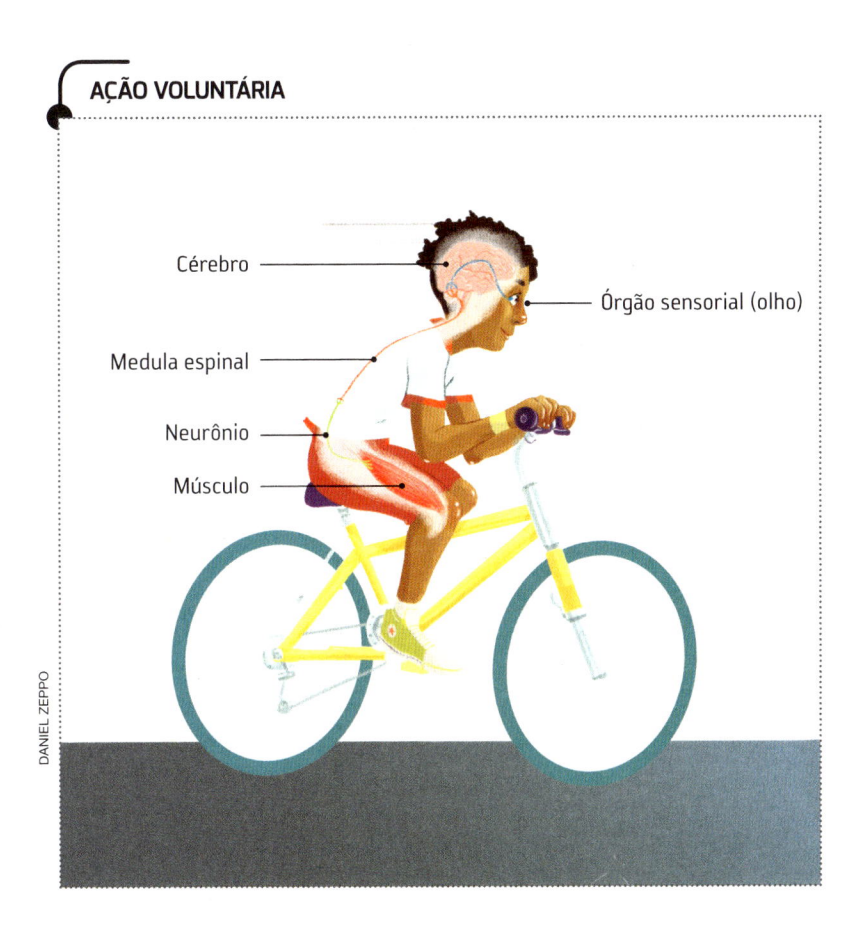

- Cérebro
- Órgão sensorial (olho)
- Medula espinal
- Neurônio
- Músculo

Representação esquemática das estruturas envolvidas em uma ação voluntária. Ao andar de bicicleta, o sistema nervoso elabora inúmeras ações que dependem da vontade do ciclista, como desviar de um obstáculo. (Imagem sem escala; cores-fantasia.)

DE OLHO NO TEMA

- O cérebro costuma ser definido como o órgão que elabora todas as respostas no corpo humano. Você concorda com essa definição?

REFLEXOS CONDICIONADOS

Você já deve ter vivido situações em que, com treino, uma ação voluntária foi se tornando automática. Isso acontece quando se aprende a caminhar, a andar de bicicleta, a ler ou a tocar um instrumento. Aos poucos, essas ações passam a ser executadas sem pensar. Elas se transformam em **reflexos condicionados**.

O treino torna algumas dessas ações mais rápidas. É assim, por exemplo, com um goleiro de futebol. O tempo de reação à chegada da bola diminui com o treino.

ATOS REFLEXOS INVOLUNTÁRIOS

Um ato reflexo involuntário é uma resposta rápida a um estímulo. Quando tocamos um objeto quente, por exemplo, retiramos rapidamente a mão dele. Quando colocamos um pedaço de alimento na boca, imediatamente começamos a produzir saliva. Não controlamos essas ações, ou seja, elas são involuntárias.

Nesses casos, o caminho percorrido pelos impulsos é chamado **arco reflexo**. Nele, a resposta é gerada pela medula, sem nenhum papel desempenhado pelo cérebro. Assim, o organismo reage rapidamente em situações de emergência, antes de tomarmos consciência do que está ocorrendo.

ATO REFLEXO

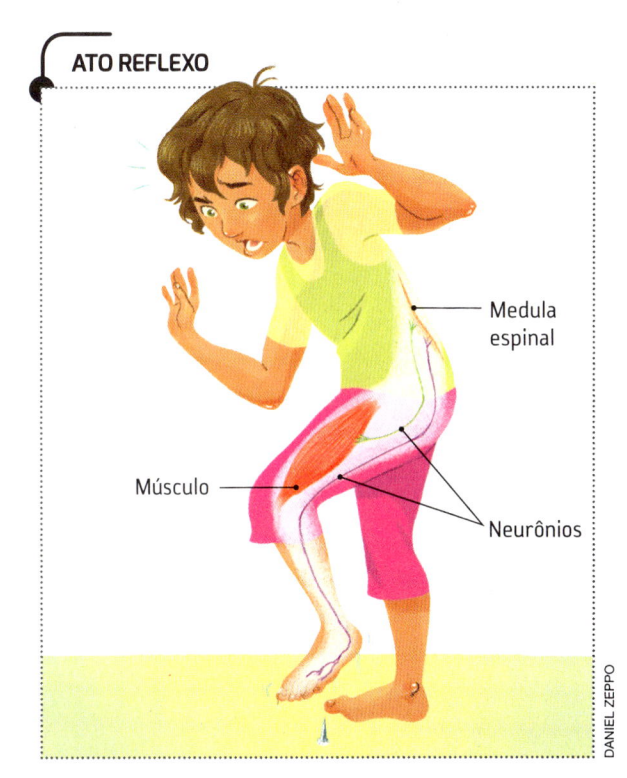

- Medula espinal
- Músculo
- Neurônios

Representação esquemática das estruturas envolvidas em um ato reflexo. Quando pisamos em um prego, o estímulo recebido pela pele é transmitido por neurônios à medula. Ela gera uma resposta rápida, transmitida por neurônios aos músculos, que levantam o pé imediatamente. (Imagem sem escala; cores-fantasia.)

TEMA 5

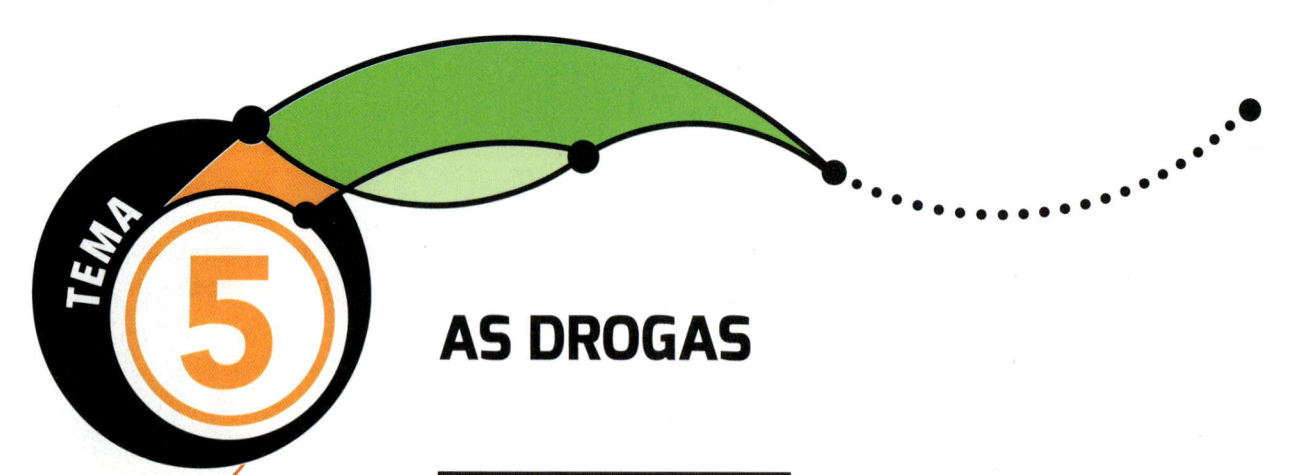

AS DROGAS

O QUE SÃO DROGAS

De acordo com a Organização Mundial de Saúde (OMS), **droga** é toda substância que não é produzida pelo organismo, mas é capaz de provocar alterações em seu funcionamento.

O termo "droga" pode designar tanto os medicamentos prescritos por profissionais da saúde para tratar doenças quanto certas substâncias consumidas por iniciativa dos próprios usuários.

Algumas drogas são ilícitas, ou seja, ilegais. Elas podem provocar vários efeitos, como euforia, excitação, sonolência, alucinações ou até a morte. A maioria das drogas ilícitas pode danificar irreversivelmente o sistema nervoso. Elas afetam sobretudo o cérebro, mas outros órgãos também podem ser prejudicados, como o coração, os rins, os pulmões, entre outros.

As drogas receitadas por profissionais de saúde também podem causar diversos danos ao corpo se usadas de maneira incorreta. Para evitar problemas, é importante só consumir essas substâncias quando receitadas por médicos e utilizá-las da maneira indicada.

DEPENDÊNCIA QUÍMICA

As drogas, sejam elas lícitas ou ilícitas, podem levar à dependência química, que faz com que o usuário sinta necessidade de usá-las com mais frequência e em quantidades cada vez maiores. O dependente químico não consegue ficar sem a droga. Se o uso for contínuo, a pessoa pode desenvolver uma compulsão. Nesses casos, o funcionamento do cérebro fica alterado, e o usuário passa a sentir uma necessidade involuntária e incontrolável de consumir a substância. Com isso, pode perder o controle sobre seus próprios atos.

A dependência química é uma doença, e o respeito ao paciente é crucial para que sua recuperação seja possível. O apoio de amigos e familiares, bem como o acompanhamento psicológico, fazem parte do tratamento de reabilitação, ajudando a pessoa a reaprender a encontrar prazer em atividades que não envolvam o consumo de drogas.

> As drogas provocam mudanças de comportamento e de funcionamento do organismo.

GILSON TEIXEIRA /D.A PRESS

Grupos de apoio a dependentes químicos, como os Alcoólicos Anônimos, auxiliam pessoas dispostas a combater o vício (São Luís, MA, 2013).

Trilha de estudo
Vai estudar? Nosso assistente virtual no *app* pode ajudar!
<http://mod.lk/tr6u07>

CLASSIFICAÇÃO DAS DROGAS

Entre as várias classificações existentes, as drogas podem ser classificadas de acordo com as alterações que elas provocam no sistema nervoso. Com base nesse critério, as drogas podem ser:

- **depressoras**: são substâncias que diminuem a atividade do cérebro, levando a pessoa a ficar "desligada", "devagar", sem interesse pelas coisas. São exemplos o álcool, os ansiolíticos (têm efeito calmante), os barbitúricos (efeito sonífero) e os opiáceos (efeito analgésico).

- **estimulantes**: são substâncias que aumentam a atividade cerebral. Elas estimulam o funcionamento do cérebro, fazendo com que a pessoa fique mais "ligada", "elétrica" e sem sono. São exemplos a cafeína, a nicotina, as anfetaminas e a cocaína.

- **perturbadoras**: são substâncias que modificam qualitativamente a atividade cerebral. Essas drogas alteram o funcionamento do cérebro e levam a pessoa a ter uma percepção distorcida da realidade, podendo até vivenciar alucinações visuais e auditivas. São exemplos o LSD, a maconha e alguns cactos e fungos (conhecidos como cogumelos alucinógenos, por sua capacidade de produzir alucinações).

POSSÍVEIS CONSEQUÊNCIAS DO CONSUMO DE DROGAS

Entre as possíveis consequências do consumo de drogas para o organismo destacam-se:

- Possibilidade de causar dependência física e psicológica. O dependente químico é dominado por um impulso quase incontrolável de utilizar novamente a droga em que se viciou, sentindo um intenso mal-estar quando não tem acesso a ela.

- Alterações físicas, como taquicardia, aumento da pressão arterial, emagrecimento e palidez. Algumas dessas alterações podem levar à morte.

- Danos psicológicos, que se manifestam por comportamentos agressivos, perda de autoconfiança, isolamento e dificuldade para enfrentar problemas cotidianos.

- Perturbações e alucinações. Nesse estágio, a pessoa costuma perder a referência de tempo e de lugar.

DE OLHO NO TEMA

- Por que o remédio para dor de cabeça, o cigarro e a maconha são considerados drogas?

Há mais de 5 mil anos, os sumérios empregavam a papoula para combater a insônia. Essa planta é matéria-prima para a produção de vários opiáceos, entre eles a morfina. Na foto, papoula da espécie *Papaver somniferum*.

Tabaco é o nome popular da planta *Nicotiana tabacum*. As folhas dessa planta contêm grande quantidade de nicotina, uma das substâncias presentes no cigarro e que causa dependência.

Espigas de centeio (*Secale cereale*) contaminadas pelo esporão-do-centeio (*Claviceps purpurea*), um fungo do qual é extraída a base do LSD. A ingestão de produtos contaminados por esse fungo pode levar à morte.

ATIVIDADES
TEMAS 3 A 5

ORGANIZAR O CONHECIMENTO

1. Observe o esquema e responda às questões.

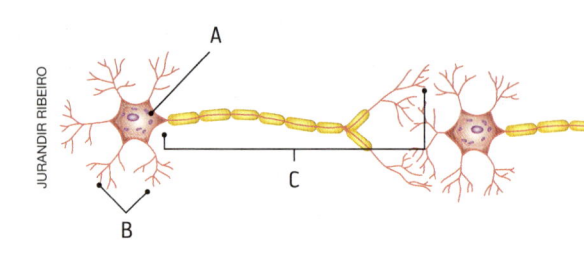

(Imagem sem escala; cores-fantasia.)

   a) Como os neurônios se comunicam entre si e com os órgãos?
   b) Nomeie as estruturas indicadas pelas letras.
   c) Em qual das estruturas do neurônio se localizam a maior parte do citoplasma e o núcleo?
   d) Qual é o caminho de um impulso nervoso em um neurônio?

2. Defina o que são atos voluntários e atos involuntários.

3. Explique o que são drogas depressoras, estimulantes e perturbadoras do sistema nervoso.

ANALISAR

4. Um corredor escuta o sinal de largada de uma prova e começa a correr.

   a) Como a informação chega ao cérebro desse corredor?
   b) Como o cérebro envia o comando para o corredor começar a correr?

5. O esquema é um exemplo de coordenação nervosa.

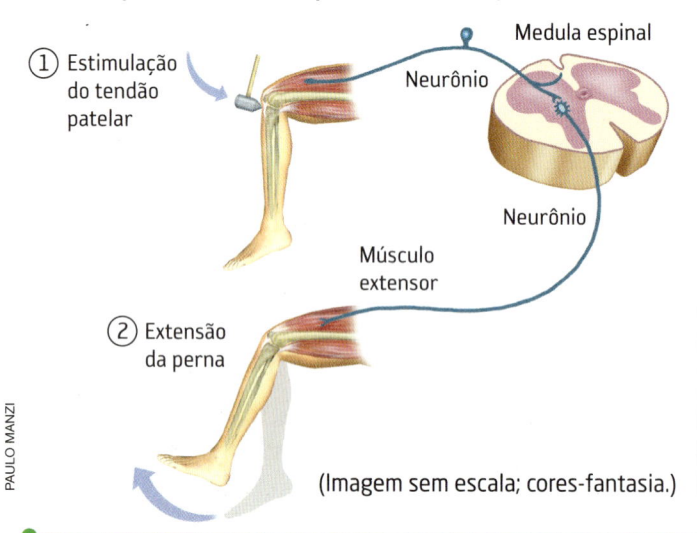

(Imagem sem escala; cores-fantasia.)

   a) Qual é o tipo de coordenação nervosa mostrado no diagrama? Justifique.
   b) Dê outro exemplo desse tipo de coordenação nervosa, identificando o estímulo e a reação.

COMPARTILHAR

6. Leia o texto e faça o que se pede.

   Nos primeiros anos do século XX, o fisiologista russo Ivan Pavlov (1849-1936) verificou que cães produziam saliva e suco gástrico assim que recebiam alimento.

   Em um experimento, Pavlov passou a tocar uma campainha antes de servir a comida. Em seguida, constatou que os cães começavam a salivar ao ouvir a campainha, sem nem mesmo ter visto o alimento.

   Nesse experimento, Pavlov preocupou-se em isolar os cães do ambiente externo, controlando todos os estímulos que eles recebiam (sons, imagens), pois até o barulho do tratador, ao se aproximar, poderia indicar a chegada de comida.

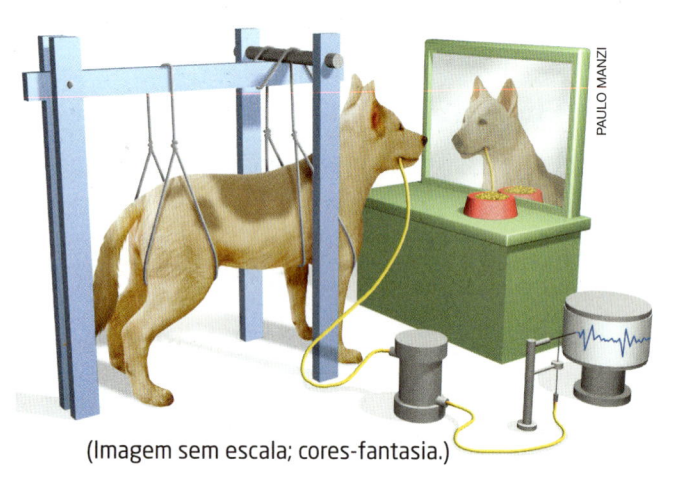

(Imagem sem escala; cores-fantasia.)

   a) Explique a importância, no experimento, do isolamento dos cães em relação ao meio externo.
   b) Os cães de Pavlov ficaram com os reflexos condicionados: eles aprenderam a associar a campainha com a comida e, por essa razão, produziam saliva e suco gástrico quando a ouviam. Cite um condicionamento que você já tenha adquirido por processo semelhante.
   c) Vários experimentos utilizaram, e ainda utilizam, animais para verificar hipóteses. Reúna-se com 3 colegas e debatam: que cuidados devem ser tomados nessas situações? Então, compartilhem sua opinião com a classe, justificando-a.

EXPLORE
O TEMPO DE REAÇÃO

Esta experiência deve ser feita em duplas. O objetivo é testar o tempo de reação a estímulos visuais, táteis e auditivos. Você acha que a reação a algum desses estímulos é mais rápida?

Material
- Régua de 30 centímetros
- Venda para olhos

Procedimento

Peça a seu colega que se sente e apoie o braço na mesa, deixando a mão para fora. Fique próximo a ele e segure a régua na vertical, cerca de 30 centímetros acima da mão dele, com a marcação do zero para baixo.

Situação 1 – Teste de estímulo visual

Quando ambos estiverem preparados, você deverá soltar a régua de repente, sem avisar seu colega. Ele deve tentar pegá-la apenas fechando a mão. Repita o procedimento duas vezes. Registre todos os resultados, marcando o ponto em que o colega segurou a régua.

Situação 2 – Teste de estímulo tátil

Cubra os olhos do colega com a venda e repita o teste anterior. Desta vez, você deve tocar o braço do colega no mesmo instante em que soltar a régua. Realize esse procedimento duas vezes e registre os resultados.

Situação 3 – Teste de estímulo auditivo

Com o colega ainda vendado, informe-o de que você dirá "já" assim que soltar a régua. Repita o procedimento duas vezes. Registre os resultados.

Repitam todos os procedimentos invertendo os papéis. Quem soltou a régua passa a tentar segurá-la.

É importante soltar a régua da mesma altura todas as vezes.

Organize os dados obtidos no experimento em duas tabelas: uma para os seus resultados e outra para os resultados do colega. Elas servirão para registrar o ponto da gradação em que cada um de vocês segurou a régua nas diferentes situações. Nos casos em que a régua caiu no chão, marque +30 cm.

ATIVIDADES

1. Os resultados sustentam suas hipóteses iniciais? Justifique.

2. Faça uma comparação entre seus tempos de reação e os de seu colega. A reação mais lenta de ambos ocorreu na mesma situação? E a mais rápida?

3. Com base no que você aprendeu sobre o sistema nervoso, explique o que aconteceu desde o momento da recepção do estímulo até a reação motora.

ATITUDES PARA A VIDA

Cuidando do sono

O sono tem um papel fundamental na saúde e no bem-estar das pessoas. O número de horas dormidas e a qualidade do sono têm influência sobre a saúde mental, a saúde física e a qualidade de vida dos indivíduos.

Diversos processos corpóreos ocorrem durante o sono. Alguns deles estão relacionados ao bom funcionamento da memória, já que coisas que foram aprendidas ao longo do dia são processadas e armazenadas durante o sono.

A produção de hormônios, substâncias que estimulam ou inibem processos corpóreos, também pode ocorrer durante o sono. Um desses processos é o crescimento, relacionado ao hormônio do crescimento (representado por **GH**, do inglês *Growth Hormone*).

O número ideal de horas dormidas por dia muda de acordo com cada pessoa, mas, em geral, varia de 7 a 8 horas para adultos e 9 a 11 para crianças. Não dormir o número suficiente de horas pode causar diversos problemas, como cansaço e sonolência durante o dia, irritabilidade, alterações repentinas de humor, dificuldade para memorizar fatos recentes, comprometimento da criatividade, envelhecimento precoce, tendência a desenvolver obesidade, diabetes, doenças cardiovasculares e gastrointestinais, perda crônica da memória, entre outros.

Algumas recomendações ajudam a manter uma boa qualidade do sono, entre elas:

- parar de usar aparelhos eletrônicos pelo menos 30 minutos antes de ir dormir;
- evitar dormir com TV ou outros aparelhos ligados;
- apagar todas as luzes antes de dormir;
- caso a expectativa de receber mensagens seja alta, deixar o telefone fora do ambiente onde se dorme.

OS RISCOS PARA CRIANÇAS DO USO DO CELULAR ANTES DE DORMIR

ESTUDO DO KING'S COLLEGE CONCLUIU QUE ESSAS CRIANÇAS E ADOLESCENTES TÊM MAIOR RISCO DE OBESIDADE, BAIXO SISTEMA IMUNOLÓGICO, CRESCIMENTO ATROFIADO E DEPRESSÃO.

FALTA DE SONO NO LONGO PRAZO REDUZ HORMÔNIOS

- MELATONINA, QUE PREPARA O CORPO PARA O SONO
- LEPTINA, DA SACIEDADE
- GH, DO CRESCIMENTO
- CORTISOL, DA ESTABILIDADE EMOCIONAL E DO CONTROLE DE INFLAMAÇÕES.

A FORTE LUZ PENETRA NO OLHO E CONFUNDE O RELÓGIO BIOLÓGICO

NÃO SÓ A LUZ, MAS ESTÍMULOS DEIXAM O CÉREBRO EM ALERTA

A CRIANÇA DEMORA A DORMIR, ACORDA MAIS VEZES E DESCANSA MENOS

ISSO PODE LEVAR A PROBLEMAS DE COMPORTAMENTO E DE ATENÇÃO ÀS AULAS

PREJUDICA TAMBÉM O PROCESSAMENTO DA MEMÓRIA

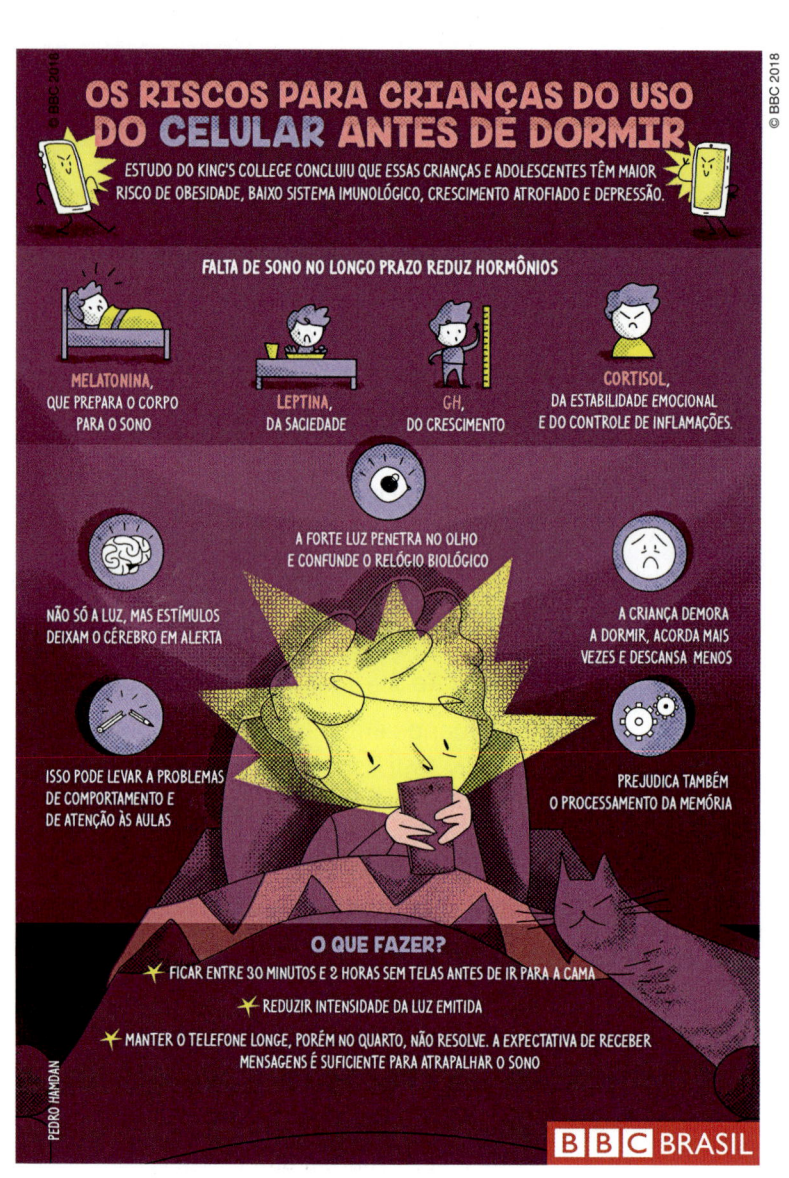

O QUE FAZER?
- FICAR ENTRE 30 MINUTOS E 2 HORAS SEM TELAS ANTES DE IR PARA A CAMA
- REDUZIR INTENSIDADE DA LUZ EMITIDA
- MANTER O TELEFONE LONGE, PORÉM NO QUARTO, NÃO RESOLVE. A EXPECTATIVA DE RECEBER MENSAGENS É SUFICIENTE PARA ATRAPALHAR O SONO

BBC BRASIL

(Imagem sem escala; cores-fantasia.)

TROCAR IDEIAS SOBRE O TEMA

1. Qual é a importância de ter sono de boa qualidade?
2. Como o uso de aparelhos eletrônicos pode afetar o sono?
3. Você acha que seu desempenho na escola ou em outras atividades que você pratica é afetado pelo sono?
4. Na embalagem de alguns produtos é comum encontrar alertas sobre os riscos de seu uso, como "fumar é prejudicial à saúde" ou "o consumo pode causar dependência". Você acha que esse tipo de aviso deveria estar presente nas embalagens de telefones celulares?
5. Após ler esse texto, você acha que precisa modificar algum dos seus hábitos na hora de ir dormir?

COMPARTILHAR

6. As informações desta seção alertam sobre os efeitos do uso de aparelhos eletrônicos na qualidade do sono. Muitas vezes, mesmo sabendo que determinada atitude prejudica a saúde, algumas pessoas ainda assim a praticam. Cite alguns exemplos de atitudes desse tipo.

7. Reúna-se com mais 3 colegas e criem um infográfico como o apresentado na página anterior, mostrando hábitos que favorecem o bom sono. Ao elaborar o material, pensem sobre riscos que as pessoas assumem em suas escolhas, considerando as pessoas que precisam ou decidem adotar atitudes não recomendadas na hora de dormir. De que maneira o material produzido pelo grupo poderia apresentar esses riscos e suas consequências? Como uma pessoa pode melhorar a qualidade do seu sono, mesmo que ainda adote alguma atitude inadequada? Apresentem o resultado para a turma e, se possível, compartilhem-no nas redes sociais da escola.

Estar bem informado nos ajuda a **assumir riscos com responsabilidade**. Atualmente, há muita informação sobre como certos hábitos influenciam a saúde, seja de maneira positiva, seja negativa. Utilizando-as, você pode escolher manter, modificar ou eliminar algum hábito de maneira mais responsável.

ENTRANDO NA REDE

Nos endereços **http://mod.lk/enfxn** e **http://mod.lk/mroxh**, é possível encontrar mais informações sobre o uso de aparelhos eletrônicos e seus efeitos sobre o sono.

Acessos em: abr. 2018.

COMO EU ME SAÍ?

- Consegui relacionar informações sobre hábitos e qualidade do sono?
- Mostrei consequências dos hábitos relacionados ao sono?
- Indiquei alternativas para minimizar os problemas relacionados ao sono?

COMPREENDER UM TEXTO

Texto 1

Piscar descansa o cérebro

Há quem ache um desperdício passar um terço da vida dormindo. Esses talvez achem um desperdício ainda maior descobrir que quase 10% do que se passa enquanto estamos acordados efetivamente some para o cérebro – simplesmente porque você... piscou.

É isso aí. Piscar tem potencialmente um custo cognitivo: uma fatia de pelo menos uns 200 milissegundos de informação é obliterada enquanto os olhos giram dentro das órbitas (pois é, eles giram quando você pisca e você nem nota). Piscamos naturalmente cerca de 15 a 20 vezes por minuto, ou seja, a cada 3 ou 4 segundos, em média.

Fazendo as contas, lá se vão ao menos 4 segundos de informação visual a cada minuto.

Para que piscar tanto? A suspeita inicial recaía sobre a lubrificação natural da córnea, mas isso requer bem poucas passagens das pálpebras sobre os olhos por minuto.

Uma equipe japonesa, após notar que tendemos a piscar naturalmente em momentos que permitem interrupções na atenção – como o fim de uma frase no jornal, a pausa de um palestrante e cortes de edição em vídeos –, suspeitou que piscar fosse uma maneira de "relaxar" o cérebro da demanda de atenção de se manter engajado em uma determinada tarefa.

Para testar essa possibilidade, a equipe convidou voluntários a assistir a clipes do seriado *Mr. Bean* de dentro de um aparelho de ressonância magnética funcional, prestando atenção aos clipes para responder a perguntas depois.

Enquanto isso, os pesquisadores mediam a ativação e desativação de dois conjuntos de regiões no córtex cerebral: umas relacionadas à atenção, e outras, ao contrário, cuja atividade é maior justamente quando não estamos engajados em tarefas que envolvem o mundo externo, permitem a introspecção. Essa última região é chamada de "rede padrão" do cérebro, por consistir na atividade de quando não interagimos com o mundo de fora.

Como esperado, voluntários diferentes tendiam a piscar nos mesmos momentos dos clipes: cortes naturais na história, quando o custo cognitivo de bloquear informação visual é menor. E, de fato, nos segundos após piscar, a ativação da rede atencional diminuía, enquanto a ativação da rede padrão aumentava – e depois voltava ao normal.

Piscar, portanto, abre uma janela de descanso da demanda atencional, uma interrupção que também facilita a mudança de foco de atenção. Faz sentido: você já notou que quase não pisca quando está muito concentrado?

Fonte: HERCULANO-HOUZEL, S. Piscar descansa o cérebro. *Folha de S.Paulo*, 4 fev. 2014. Disponível em: <http://mod.lk/stpoe>. Acesso em: fev. 2018.

Texto 2

> CALVIN?
> CALVIN!
> CALVIN!
> AAUGH!!
> DESCULPE. MEUS OLHOS ESTAVAM EM MODO DE PROTEÇÃO DE TELA.

ATIVIDADES

OBTER INFORMAÇÕES

1. Segundo o texto 1, quantas vezes piscamos por minuto?
2. Qual era a suspeita inicial sobre a função de piscar? Por que ela foi descartada?
3. Qual é a hipótese dos pesquisadores japoneses sobre a função de piscar?

INTERPRETAR

4. Em sua opinião, qual é a relação entre os dois textos?
5. O que significa dizer "piscar tem potencialmente um custo cognitivo"?
6. O que são a "rede padrão" e a "rede atencional" do cérebro?
7. Na tirinha, o que o personagem quis dizer com "meus olhos estavam em modo de proteção de tela"?

REFLETIR

8. Além de piscar, existem diversas outras ações involuntárias que realizamos, como o controle dos batimentos cardíacos e da digestão. Como seria nosso comportamento se todas as ações que fazemos fossem voluntárias?

Piscamos naturalmente em momentos que permitem interrupções na atenção, como no fim de uma frase de um livro.

UNIDADE 8
OS SENTIDOS E OS MOVIMENTOS

POR QUE ESTUDAR ESTA UNIDADE?

Os seres humanos interagem entre si e com o ambiente recebendo diferentes estímulos, que são captados pelos órgãos dos sentidos. A percepção dos estímulos e a interpretação das informações pelo cérebro nos permitem realizar movimentos. Para isso, usamos nossos ossos e músculos de maneira integrada.

Nesta Unidade, vamos estudar os órgãos dos sentidos e os sistemas esquelético e muscular para compreender algumas maneiras como nosso corpo percebe o ambiente e interage com ele.

ATITUDES PARA A VIDA
- Questionar e levantar problemas

COMEÇANDO A UNIDADE

1. De que modo os visitantes da exposição se tornam conscientes da obra diante da qual se encontram?

2. O visitante de uma exposição se desloca entre as obras de arte. Explique que partes do corpo estão envolvidas nesses movimentos.

Visitantes observam trabalho de Maurits Cornelis Escher (1898-1972) no Museu de Arte Moderna de Moscou (Rússia, 2013).

TEMA 1

TATO, GUSTAÇÃO E OLFATO

> Os sentidos nos permitem perceber o ambiente em que vivemos.

OS SENTIDOS

O ser humano pode possuir cinco sentidos: **tato**, **gustação**, **olfato**, **visão** e **audição**. Cada um deles está relacionado a um dos órgãos dos sentidos.

Os órgãos dos sentidos contêm receptores, que são células especializadas em captar informações do ambiente, como calor, luz e sons, e transformá-las em impulsos nervosos. Esses impulsos nervosos são conduzidos pelo sistema nervoso, onde são interpretados como sensações: quente ou frio, claro ou escuro, salgado ou doce, entre outras.

Neste Tema vamos estudar o tato, a gustação e o olfato.

TATO

A pele reveste a superfície do corpo e é o principal órgão do tato. Nela, existem células especializadas que funcionam como receptores de estímulos táteis.

As informações enviadas pelos receptores da pele ao cérebro geram sensações relacionadas ao formato, à consistência, à textura e à temperatura dos materiais, entre outras informações.

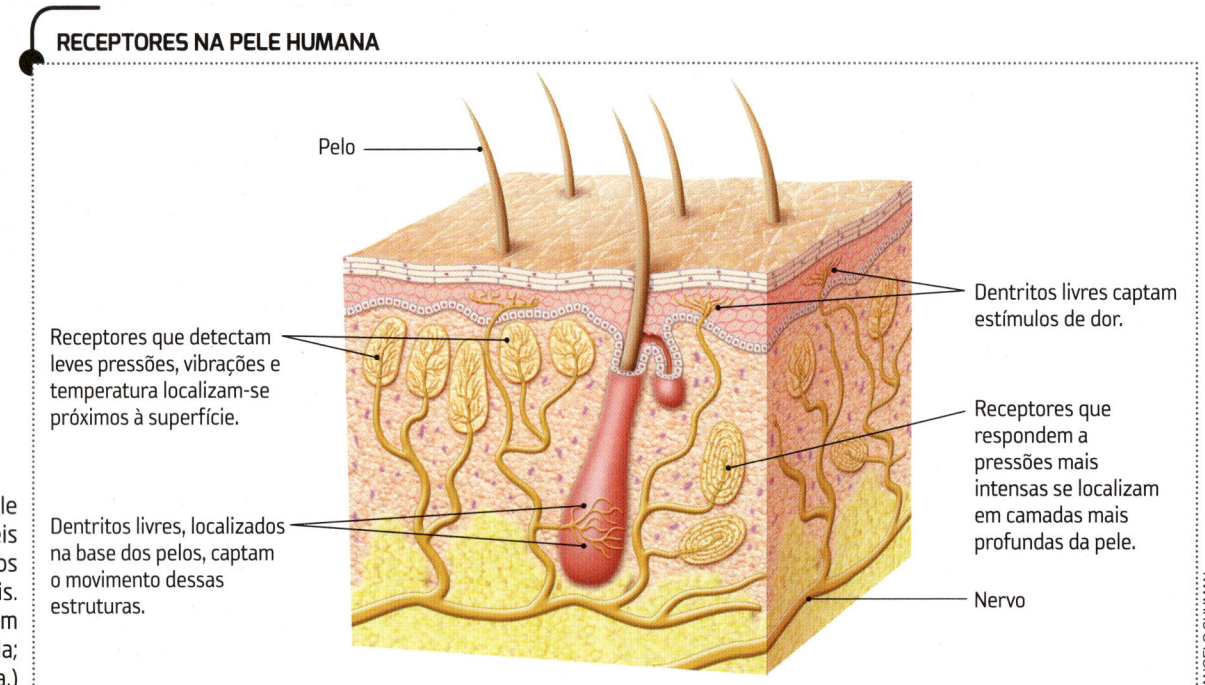

RECEPTORES NA PELE HUMANA

Receptores na pele são responsáveis pela captação dos estímulos táteis. (Imagem sem escala; cores-fantasia.)

- Pelo
- Receptores que detectam leves pressões, vibrações e temperatura localizam-se próximos à superfície.
- Dentritos livres, localizados na base dos pelos, captam o movimento dessas estruturas.
- Dentritos livres captam estímulos de dor.
- Receptores que respondem a pressões mais intensas se localizam em camadas mais profundas da pele.
- Nervo

Fonte: REECE, J. B. et al. *Campbell Biology*. 10. ed. Glenview: Pearson Education Cummings, 2014.

GUSTAÇÃO

A língua é o principal órgão do sentido da gustação. Nela, existem estruturas microscópicas chamadas papilas gustatórias, que também existem nas bochechas e no céu da boca. Nas papilas há receptores capazes de captar estímulos. Eles são transformados em impulsos nervosos e transmitidos ao cérebro, onde são interpretados como gostos: o doce, o salgado, o azedo, o amargo e o *umami*.

O **sabor** dos alimentos resulta da combinação desses cinco gostos principais com as informações olfativas e as sensações táteis na língua.

SAIBA MAIS!

UMAMI: O QUINTO GOSTO

O doce, o salgado, o azedo e o amargo são gostos que todos costumam conhecer. No entanto, o *umami* é menos conhecido. Esse quinto gosto foi descoberto pelo químico japonês Kikunae Ikeda (1864-1936) em 1908. Ele é gerado por uma substância chamada glutamato, que está presente em alimentos e temperos como o queijo parmesão, os cogumelos, o molho *shoyu*, os peixes e outras carnes.

ESTRUTURA DAS PAPILAS GUSTATÓRIAS

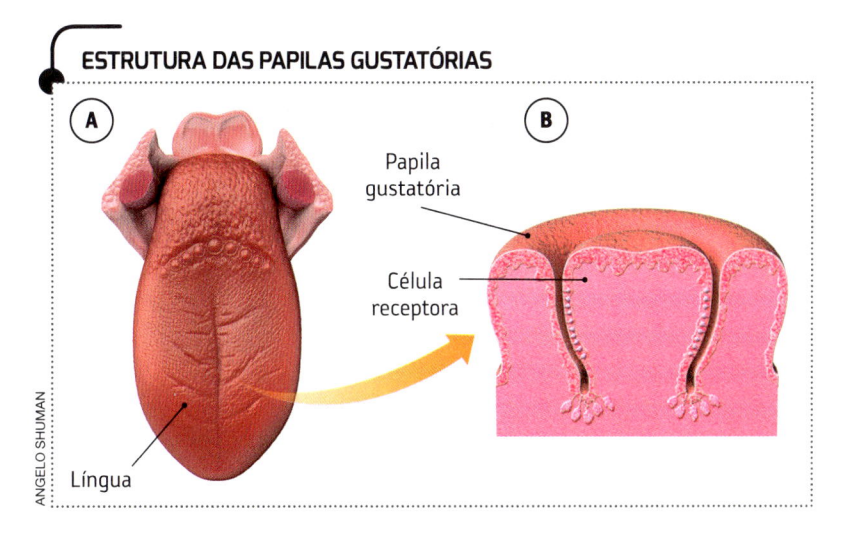

(**A**) Esquema da língua humana. (**B**) Esquema de uma papila gustatória em corte.
(Imagens sem escala; cores-fantasia.)

Fontes: PARKER, S. *The human body book*: an illustrated guide to its structure, function and disorders. Londres: Dorling Kindersley, 2007; CARLSON, N. R. *Foundations of physiological physiology*. Boston: Pearson, 2005.

ENTRANDO NA REDE

No endereço **http://mod.lk/yxyu8**, você encontra um texto sobre a importância da integração dos sentidos na alimentação.
Acesso em: jan. 2018.

OLFATO

O nariz é o principal órgão relacionado ao olfato. Os receptores de substâncias aromáticas estão localizados na parte superior da cavidade nasal. Eles geram impulsos nervosos que são conduzidos até o cérebro, produzindo as sensações de odor.

Além de contribuir com a percepção dos sabores, o olfato serve de alerta para situações de perigo. Por meio dele podemos perceber, por exemplo, a presença de fumaça ou gases tóxicos.

À medida que envelhecemos, o olfato tende a se deteriorar. Por esse motivo, crianças e jovens sentem maior variedade de odores e com mais intensidade que pessoas idosas.

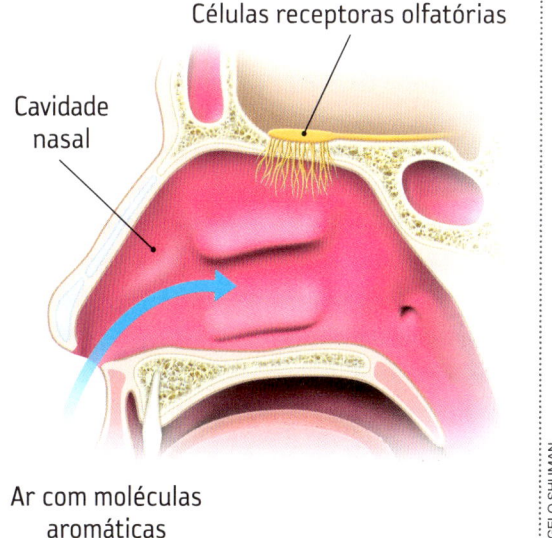

Esquema da cavidade nasal em corte mostrando a localização das células receptoras do olfato. (Imagem sem escala; cores-fantasia.)

Fonte: TORTORA, G. J.; DERRICKSON, B. *Corpo humano*: fundamentos da anatomia e fisiologia. 10. ed. Porto Alegre: Artmed, 2016.

LOCALIZAÇÃO DAS CÉLULAS OLFATÓRIAS

VAMOS FAZER

A relação entre o olfato e a gustação

Material

- Conta-gotas
- Essências culinárias de sabores diferentes (ex.: baunilha e menta)
- Copos pequenos com água mineral ou filtrada (um copo para cada essência)

Procedimento

1. Dilua cerca de 3 gotas de essência em um copo com água.
2. Um dos colegas da dupla será o provador. Ele deverá fechar os olhos, tampar o nariz e colocar a língua para fora, para que o outro pingue em sua língua gotas do líquido de um dos copos.
3. O provador deverá tentar identificar o sabor.
4. Repitam o teste com todas as essências, sempre intercadalas por um gole de água.
5. Repitam os passos anteriores, mas agora com o nariz do provador destampado.
6. Troquem de função e reiniciem o procedimento para que os dois colegas da dupla possam ocupar o papel de provador.
7. Com base nos resultados da atividade, construa uma explicação sobre a importância da integração dos sentidos para a identificação dos alimentos.

❶ Tato
❷ Gustação
❸ Olfato
❹ Audição
❺ Visão

O HOMÚNCULO SENSORIAL

Em 1937, o médico neurologista Wilder Penfield (1891-1976) e seus colaboradores publicaram um artigo com os resultados de uma pesquisa que haviam feito com 163 pacientes portadores de epilepsia, doença neurológica caracterizada por convulsões e perda de consciência. No artigo, se destacava a ilustração de um homem com corpo desproporcional, que recebeu o nome homúnculo sensorial. Veja, ao lado, uma reinterpretação do desenho original. Você consegue imaginar o que essa estranha figura humana representa?

A pesquisa consistiu em estimular com descargas elétricas uma determinada faixa do cérebro responsável pelo tato, com os pacientes vivos e conscientes. O paciente então relatava o que sentia e em que parte do corpo. Esses resultados revelaram que, para cada parte do corpo, existe uma porção específica do cérebro relacionada ao tato (ver ilustração abaixo). Além disso, o tamanho dessas áreas do cérebro está relacionado com a sensibilidade tátil.

Os centros nervosos dos sentidos

As informações captadas pelos órgãos dos sentidos são enviadas para regiões específicas do cérebro. (Imagem sem escala; cores-fantasia.)

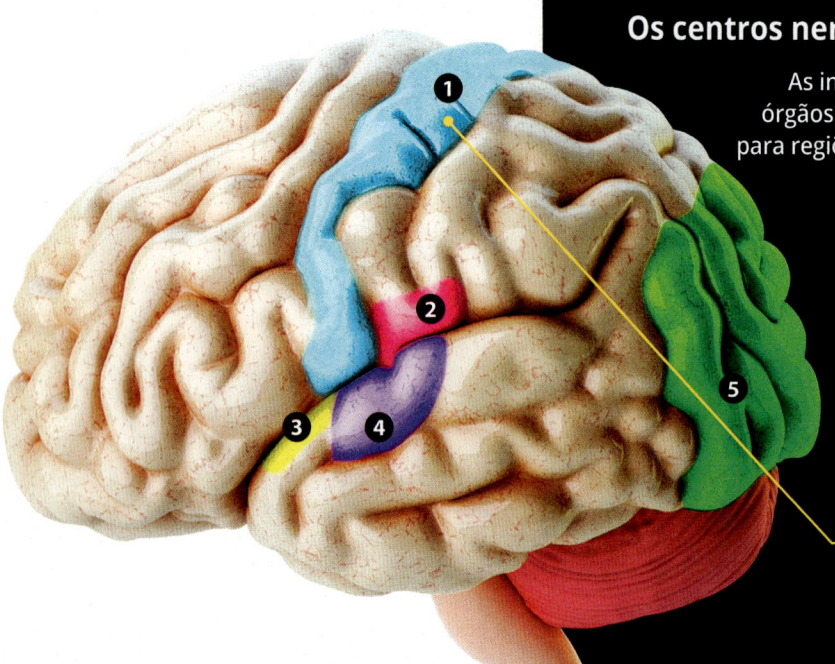

Córtex sensorial
A faixa destacada em azul é responsável pelo processamento das informações táteis, ou seja, dos estímulos táteis recebidos do ambiente.

QUANTO MAIOR, MAIS SENSÍVEL
O tamanho de cada parte do corpo é proporcional à sensibilidade do tato nela. Quanto maior, mais sensível!

Face muito sensível
A língua, os lábios e a pele de toda a face são proporcionalmente maiores no homúnculo. Essas regiões do corpo possuem uma grande quantidade de terminações nervosas e, por isso, são muito sensíveis.

Membros menos sensíveis
Veja como as pernas e os braços são pequenos quando comparados às mãos. Com as mãos, manipulamos os objetos e obtemos informações sobre calor, frio, texturas, vibrações e outras. Por isso, é muito vantajoso que a sensibilidade das mãos seja grande.

Hipersensibilidade das mãos
Nossas mãos são extremamente sensíveis ao toque. Isso se deve, principalmente, à grande quantidade de terminações nervosas nessa parte do corpo. As pontas dos dedos são ainda mais sensíveis e podem detectar em uma superfície variações dez mil vezes menores que a espessura de um fio de cabelo!

Terminações nervosas por centímetro quadrado
300 Ponta dos dedos
120 Base dos dedos
50 Palma da mão

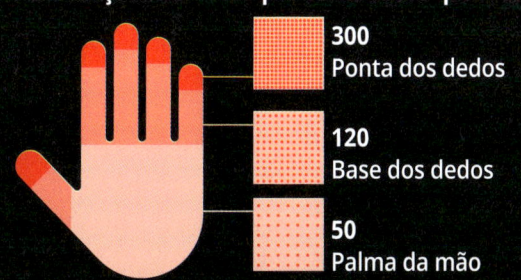

Teste você mesmo!
Uma forma simples de medir a sensibilidade ao toque é encostando dois palitos de dente na pele ao mesmo tempo. Se a distância entre as pontas dos palitos for pequena o suficiente, você sentirá apenas um toque. Mas essa distância varia conforme a parte do corpo. Faça o teste e compare a sensibilidade ao tato na mão e no ombro, por exemplo.

INFOGRAFIA: MARIO KANNO E DAVID GARROUX

Fontes: DORLING KINDERSLEY. *How the body works*: the facts simply explained. Nova Iorque: Penguin Random House, 2016; MAZZOLA, L. et al. Stimulation of the human cortex and the experience of pain: Wilder Penfield's observations revisited. *Brain, a journal of neurology*, 2012, n. 135, p. 631-640; MANCINI, F. et al. Whole-body mapping of spatial acuity for pain and touch. *Ann Neurol.*, 2014, n. 75, p. 917–924.

TEMA 2

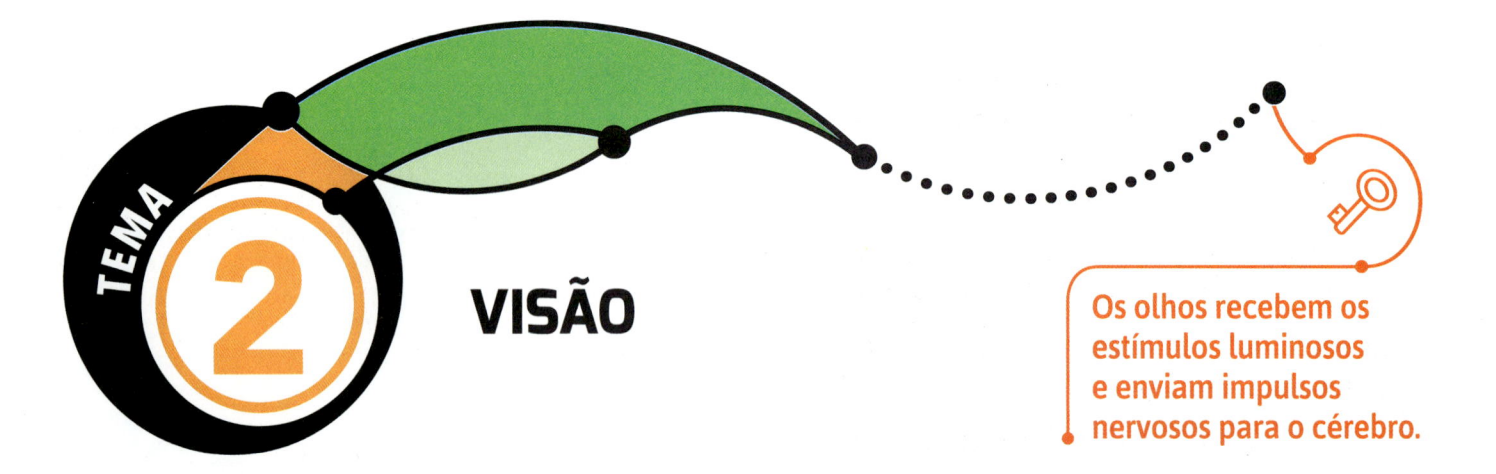

VISÃO

Os olhos recebem os estímulos luminosos e enviam impulsos nervosos para o cérebro.

ESTRUTURA DO OLHO

A visão é o sentido relacionado à captação da luz e à interpretação de imagens. Ela tem um papel central na interação de praticamente todos os animais com o ambiente. O olho é o principal órgão relacionado a esse sentido.

O olho humano tem forma esférica e, em sua parte externa, é envolvido por diferentes membranas: a esclera, a corioide e a retina.

A **esclera** é a camada mais externa e resistente do olho. Ela contém os músculos que fazem o olho se mover. A esclera é opaca (isto é, não permite a passagem de luz) e branca, sendo popularmente conhecida como "branco dos olhos". Na parte frontal e central do olho, a esclera possui uma porção transparente, a **córnea**.

A **corioide** é a membrana intermediária. Em sua parte frontal, a corioide forma a íris, que é a parte colorida do olho. A coloração do olho deve-se à presença de pigmentos que, dependendo da quantidade, resultam em diferentes cores. No centro da íris há uma abertura chamada **pupila**. A íris aumenta e diminui o tamanho da pupila regulando a quantidade de luz que entra no olho.

A **retina** é a camada mais interna do olho. Nela, localizam-se as células receptoras de luz que geram impulsos nervosos. A retina se comunica com o **nervo óptico**, que transmite os impulsos nervosos ao cérebro.

No interior do olho há três elementos transparentes: a lente, o humor aquoso e o humor vítreo.

A **lente** está localizada atrás da íris e dá foco à imagem. O **humor aquoso** é o líquido que preenche o espaço entre a córnea e a lente. E o **humor vítreo** é o líquido viscoso que preenche o espaço atrás da lente.

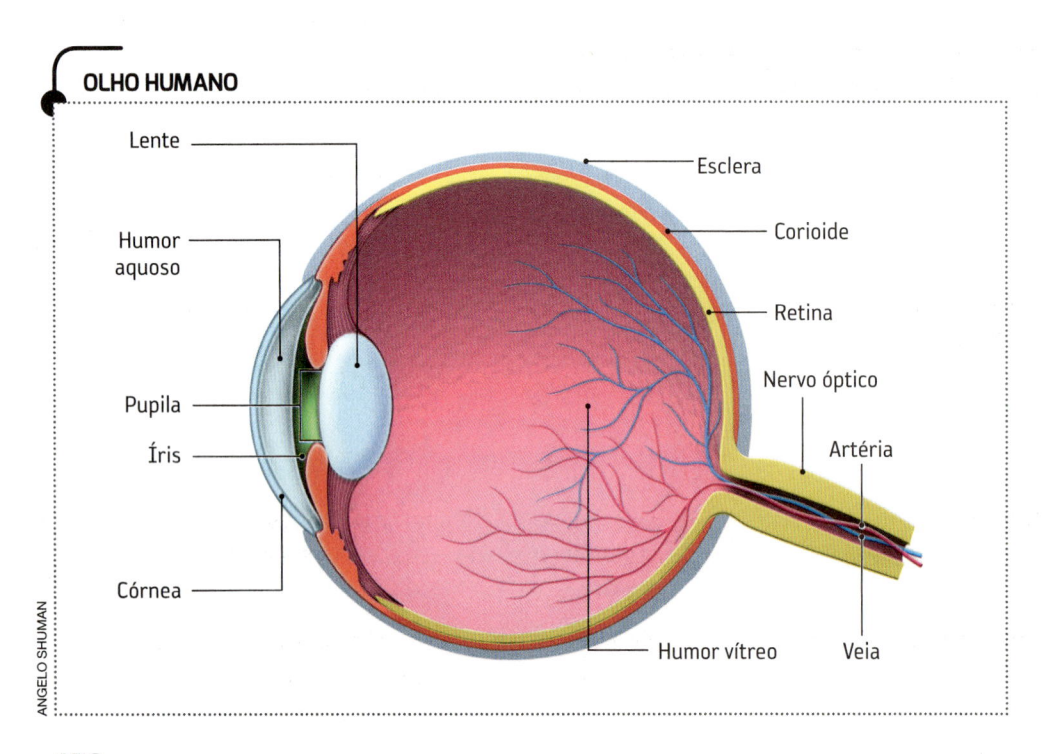

OLHO HUMANO

Esquema do olho humano em corte, mostrando seus principais componentes.
(Imagem sem escala; cores-fantasia.)

Fonte: REECE, J. B. et al. *Campbell Biology*. 10. ed. Glenview: Pearson Education Cummings, 2014.

FUNCIONAMENTO DO OLHO

O funcionamento da visão humana é um processo complexo. De maneira simplificada, percebemos as imagens porque os raios luminosos atingem a retina e estimulam os receptores presentes nela. As informações captadas pelos receptores são levadas ao cérebro e interpretadas por eles como imagens.

Só é possível enxergar em ambientes com alguma iluminação, pois é a luz que estimula os receptores da retina.

Na retina existem dois tipos de células receptoras de estímulos luminosos: os cones e os bastonetes.

Os **cones** são responsáveis pela percepção das cores primárias (vermelho, amarelo e azul). Ao se combinarem, elas resultam na infinidade de cores que podemos distinguir. Os cones são estimulados apenas sob luz intensa.

Os **bastonetes** são estimulados mesmo sob luz fraca. No entanto, são incapazes de distinguir cores.

Imagem em movimento

Como funciona o efeito da ilusão de movimento, presente em filmes e em imagens animadas? Disponível em <http://mod.lk/ac6u08>

DE OLHO NO TEMA

- Por que você acha que os oftalmologistas (oculistas) utilizam colírios para dilatar a pupila quando querem examinar o fundo do olho? Explique.

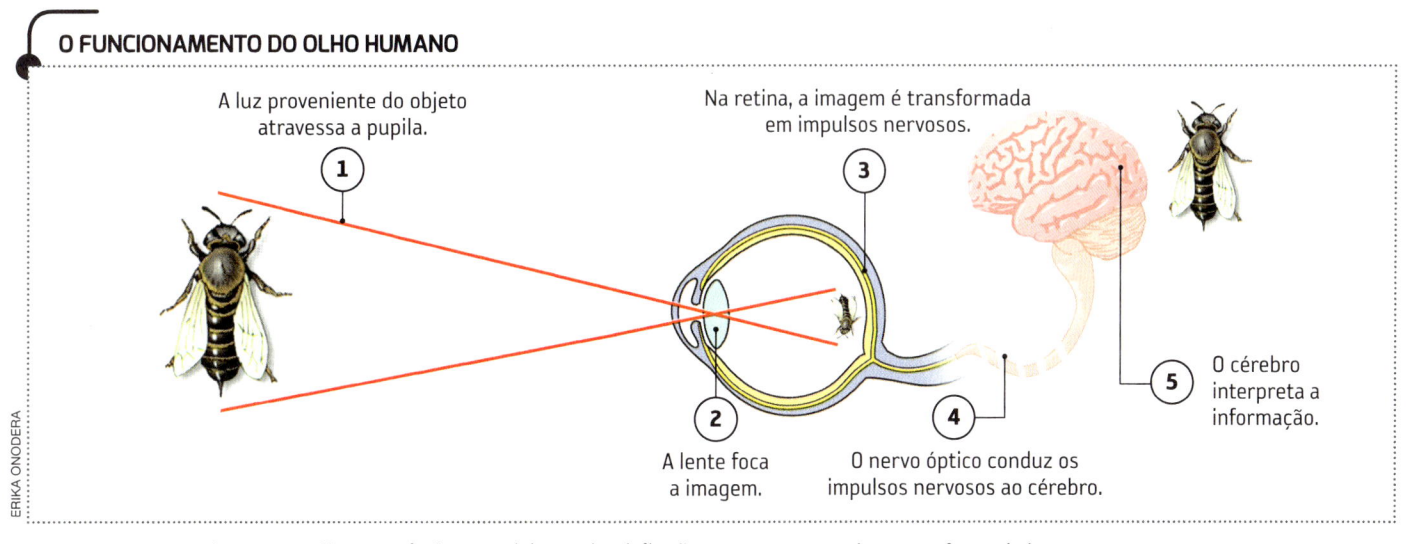

O FUNCIONAMENTO DO OLHO HUMANO

1. A luz proveniente do objeto atravessa a pupila.
2. A lente foca a imagem.
3. Na retina, a imagem é transformada em impulsos nervosos.
4. O nervo óptico conduz os impulsos nervosos ao cérebro.
5. O cérebro interpreta a informação.

Esquema mostrando como o olho e o cérebro participam da visão. (Imagem sem escala; cores-fantasia.)
Fonte: TORTORA, G. J.; DERRICKSON, B. *Corpo humano*: fundamentos da anatomia e fisiologia. 10. ed. Porto Alegre: Artmed, 2016.

VAMOS FAZER

A entrada de luz no olho

Nesta atividade estudaremos o mecanismo pelo qual a íris controla a abertura da pupila. Para realizá-la, forme dupla com um(a) colega. Ambos devem realizar o procedimento.

Material

- Fonte luminosa, como uma lanterna

Procedimento

1. Após um tempo em um ambiente pouco iluminado, observe o olho do(a) colega.

2. Vá aproximando, lentamente, a fonte luminosa do olho do(a) colega. Observe o que acontece com a pupila. Em seguida, afaste a fonte luminosa e repita a observação.

Registre em seu caderno

1. Faça esquemas demonstrando o que você observou nas diferentes situações, representando a íris e a pupila do colega.

2. Discuta com o colega e construa uma explicação para o que vocês observaram.

TEMA 3 — AUDIÇÃO

As orelhas captam as vibrações sonoras e enviam impulsos nervosos ao cérebro.

ESTRUTURA E FUNCIONAMENTO DA ORELHA

A orelha é um órgão relacionado à audição e ao equilíbrio do corpo. Ela é composta de três partes: orelha externa, orelha média e orelha interna.

A **orelha externa** é formada pelo pavilhão auricular e pelo meato acústico externo.

A **orelha média** é composta da membrana timpânica, de um conjunto de três ossículos (ossos pequenos) e da tuba auditiva.

A **orelha interna** é formada pelos canais semicirculares (três tubos perpendiculares entre si e cheios de líquido) e pela cóclea.

O esquema a seguir apresenta o percurso das vibrações sonoras do ambiente externo até a orelha interna.

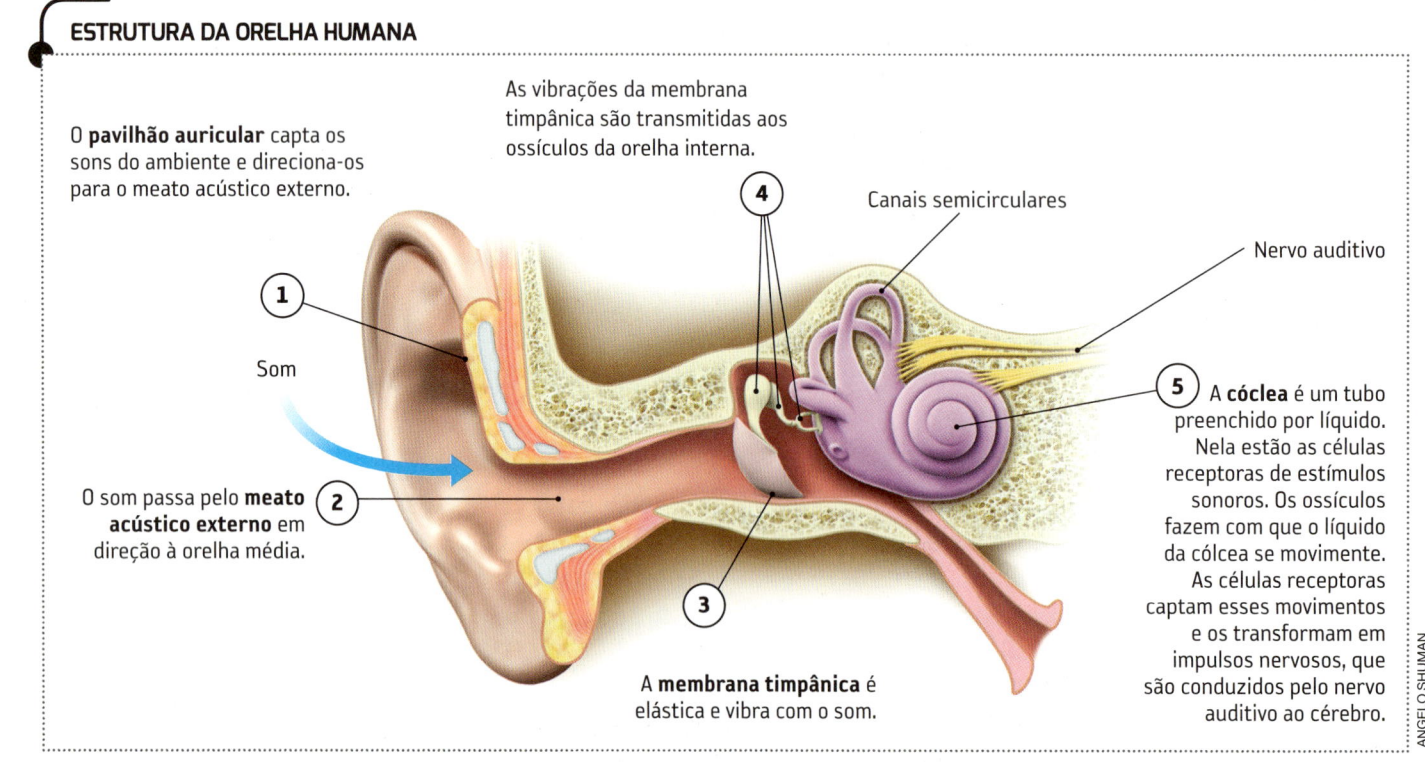

ESTRUTURA DA ORELHA HUMANA

1. O **pavilhão auricular** capta os sons do ambiente e direciona-os para o meato acústico externo.
2. O som passa pelo **meato acústico externo** em direção à orelha média.
3. A **membrana timpânica** é elástica e vibra com o som.
4. As vibrações da membrana timpânica são transmitidas aos ossículos da orelha interna.
5. A **cóclea** é um tubo preenchido por líquido. Nela estão as células receptoras de estímulos sonoros. Os ossículos fazem com que o líquido da cóclea se movimente. As células receptoras captam esses movimentos e os transformam em impulsos nervosos, que são conduzidos pelo nervo auditivo ao cérebro.

Esquema da orelha humana, em corte, mostrando os principais componentes envolvidos na transmissão das vibrações sonoras. A sequência numérica indica os eventos que ocorrem na orelha. (Imagem sem escala; cores-fantasia.)

Fonte: PARKER, S. *The human body book*: an illustrated guide to its structure, function and disorder. Londres: Dorling Kindersley, 2007.

> **SAIBA MAIS!**
>
> ### O equilíbrio do corpo
>
> Ninguém precisa estar de olho aberto para saber qual é a posição de seu próprio corpo. A percepção que temos de nossa postura e do equilíbrio se deve a estruturas da orelha interna. Nos canais semicirculares e sobre a cóclea existem células sensoriais. Quando movimentamos a cabeça, essas células enviam estímulos para o encéfalo, onde são produzidas sensações de posição e deslocamento do corpo.

A orelha interna está envolvida na manutenção do equilíbrio do corpo, exigido em situações cotidianas e atividades recreativas.

INTENSIDADE DOS SONS

Diariamente, estamos expostos a vários tipos de som. Quando os ruídos são de grande intensidade e podem gerar problemas são chamados de poluição sonora.

A intensidade dos sons é medida em decibel (dB). Pessoas sem problemas de audição ouvem sons a partir de 10 dB ou 15 dB. Sons de até 85 dB são considerados inofensivos à audição. Longas exposições a sons de maior intensidade podem provocar dores de cabeça, insônia, falta de atenção, irritabilidade e até diminuição da capacidade auditiva. Ruídos acima de 120 dB podem causar dor. Observe a tabela abaixo.

O uso contínuo de fones de ouvido, principalmente com volume alto, pode causar danos à audição.

TABELA DE INTENSIDADE DOS RUÍDOS	
Som	Nível sonoro (dB)
Sussurro	20
Conversa entre duas pessoas	60
Tráfego urbano	85
Show de rock	115
Turbina de avião	140

Fonte: NISHIDA et al. *Como ouvimos o mundo?* Saúde da audição. Disponível em: <http://mod.lk/fb5pj>. Acesso em: abr. 2018.

> **DE OLHO NO TEMA**
>
> - Limpar a parte interna das orelhas com objetos pontiagudos é muito perigoso. Isso pode provocar acidentes, como a perfuração da membrana timpânica. Explique por que, nesse caso, a audição pode ser prejudicada.

ATIVIDADES — TEMAS 1 A 3

ORGANIZAR O CONHECIMENTO

1. Explique por que a sensação do sabor depende de diversos sentidos.

2. Escolha um animal e descreva uma situação da rotina dele em que a visão é essencial.

3. Relacione o número de cada estrutura do olho humano com a letra que indica sua função.

(1) Pupila   (A) Focaliza a imagem.

(2) Retina   (B) Contrai e dilata conforme a quantidade de luz.

(3) Lente   (C) Regula a quantidade de luz que penetra pela abertura do olho.

(4) Íris   (D) Possui células receptoras do estímulo visual.

(5) Nervo óptico   (E) Contém os músculos que fazem o olho se mover.

(6) Esclera   (F) Transmite impulsos nervosos ao encéfalo.

ANALISAR

4. Leia a seguinte definição e a tirinha.

Daltonismo: distúrbio genético da visão que prejudica a percepção das cores. A dificuldade mais comum é para distinguir o vermelho e o verde e, algumas vezes, o azul e o amarelo.

"...NA NATUREZA MUITOS ANIMAIS DE CORES VIVAS SÃO EVITADOS PELOS PREDADORES..."

NÃO... DE NOVO NÃO...

FICA LONGE DE MIM, SEU PREDADOR DALTÔNICO!

ALEXANDRE BECK

a) Por que Armandinho, o menino da tirinha, chamou o personagem adulto de predador daltônico?

b) Que tipo de célula da retina deve ser afetado pelo daltonismo? Justifique.

5. Em um experimento, duas pessoas (Ana e Lucas) foram convidadas a identificar, de olhos vendados, o sabor de 10 tipos de sucos já conhecidos por eles. Os resultados do experimento foram organizados em uma tabela.

Pessoa	Sabores identificados corretamente	Sabores não identificados ou identificados de modo incorreto
Ana	8	2
Lucas	4	6

a) Qual pessoa demonstrou, nesse experimento, ser mais sensível ao sabor? Justifique.

b) Nesse experimento, qual terá sido a importância de vendar os olhos dos sujeitos testados?

c) Após o experimento, Lucas declarou estar resfriado. Como isso pode ter prejudicado seu teste?

d) Nesse experimento, qual foi o motivo para oferecer sucos de sabores bem conhecidos às pessoas? Se isso não fosse feito, por que o experimento poderia ter sido prejudicado?

COMPARTILHAR

6. Leia o texto e faça o que se pede.

Se você costuma ligar o [seu tocador de áudio digital] no último volume e sair por aí, prepare os ouvidos. Uma pesquisa recente do Centro de Controle e Prevenção de Doenças dos Estados Unidos mostra que a perda da audição em adolescentes cresceu 31% nos últimos 15 anos. Hoje, um em cada cinco [norte-]americanos entre 12 e 19 anos tem problemas auditivos. Não há dados oficiais no Brasil, mas nada indica que aqui seja diferente por conta do uso dos tocadores de MP3. "A degeneração natural de nosso ouvido está acontecendo antes do tempo, com o estilo de vida e a exposição maior ao barulho", diz Silvio Caldas, presidente da Sociedade Brasileira de Otologia (SBO).

[...]

Fonte: COLLETTA, D. D. Fone de ouvido pode prejudicar a audição? *Galileu*. Disponível em: <http://mod.lk/s86ix>. Acesso em: abr. 2018.

- Em grupo, produzam um *vlog*. O vídeo deverá apresentar uma notícia sobre danos que podem ser causados pelo uso inadequado de fones de ouvido e medidas preventivas. Apresentem o *vlog* a alunos de outras turmas.

EXPLORE

POR QUE ALGUMAS PESSOAS PRECISAM DE ÓCULOS?

Diversas pessoas, das mais variadas idades, usam óculos ou lente de contato. Isso pode acontecer por diferentes razões.

O esquema a seguir apresenta a formação da imagem sobre a retina, no olho de uma pessoa que não precisa usar óculos ou lente para corrigir a visão.

Quando o olho de uma pessoa não consegue focalizar a imagem sobre a retina, dizemos que ela sofre de ametropia ou erro de refração. As ametropias podem ser de quatro tipos: miopia, hipermetropia, astigmatismo ou presbiopia.

Muitas pessoas precisam utilizar óculos para corrigir a visão.

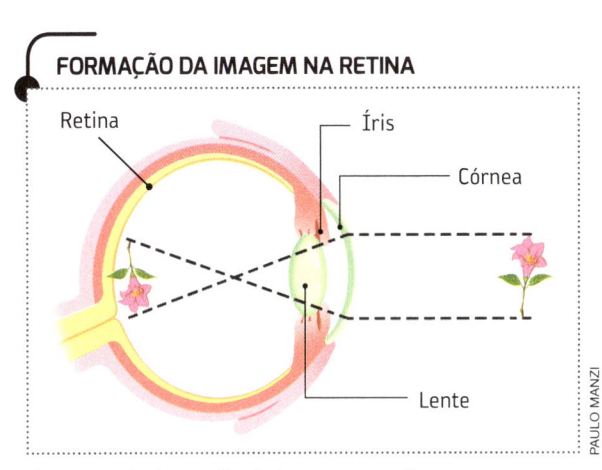

FORMAÇÃO DA IMAGEM NA RETINA

Esquema da formação de imagem no olho, em corte, de uma pessoa sem ametropia. (Imagem sem escala; cores-fantasia.)

Fonte: TORTORA, G. J.; DERRICKSON, B. *Corpo humano*: fundamentos da anatomia e fisiologia. 10. ed. Porto Alegre: Artmed, 2016.

ATIVIDADE

PESQUISAR

1. Faça uma pesquisa sobre as quatro ametropias, identificando:

   a) As causas. Qual é a característica do olho relacionada à ametropia? Onde se forma a imagem?

   b) Os sintomas. A pessoa tem dificuldade de enxergar em quais condições?

   Os resultados da pesquisa devem ser apresentados por meio de um texto composto com base nos itens acima.

   No caso da miopia e da hipermetropia, os textos devem ser acompanhados de um esquema, de sua autoria, ilustrando a formação da imagem em cada caso.

ANALISAR

2. Existem lentes corretoras de ametropias. Conheça algumas delas:

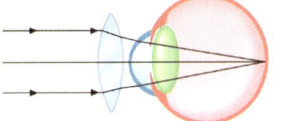

   Lente convergente: desloca a imagem para a frente.

   Lente divergente: desloca a imagem para trás.

   (Imagens sem escala; cores-fantasia.)

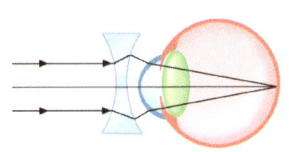

   - Qual desses tipos de lente você recomendaria para uma pessoa míope? E para uma pessoa hipermetrope? Justifique suas escolhas.

TEMA 4

O SISTEMA ESQUELÉTICO

O esqueleto é o conjunto de ossos do corpo.

O ESQUELETO HUMANO

O conjunto de ossos do corpo humano forma o **esqueleto**.

O corpo de um adulto tem um total de 206 ossos, cujas funções principais são: sustentação, proteção dos órgãos internos, movimento, produção de células do sangue e armazenamento de substâncias, como o cálcio e o fósforo.

Os ossos podem ser chatos, como os do crânio; curtos, como as vértebras; ou longos, como o fêmur.

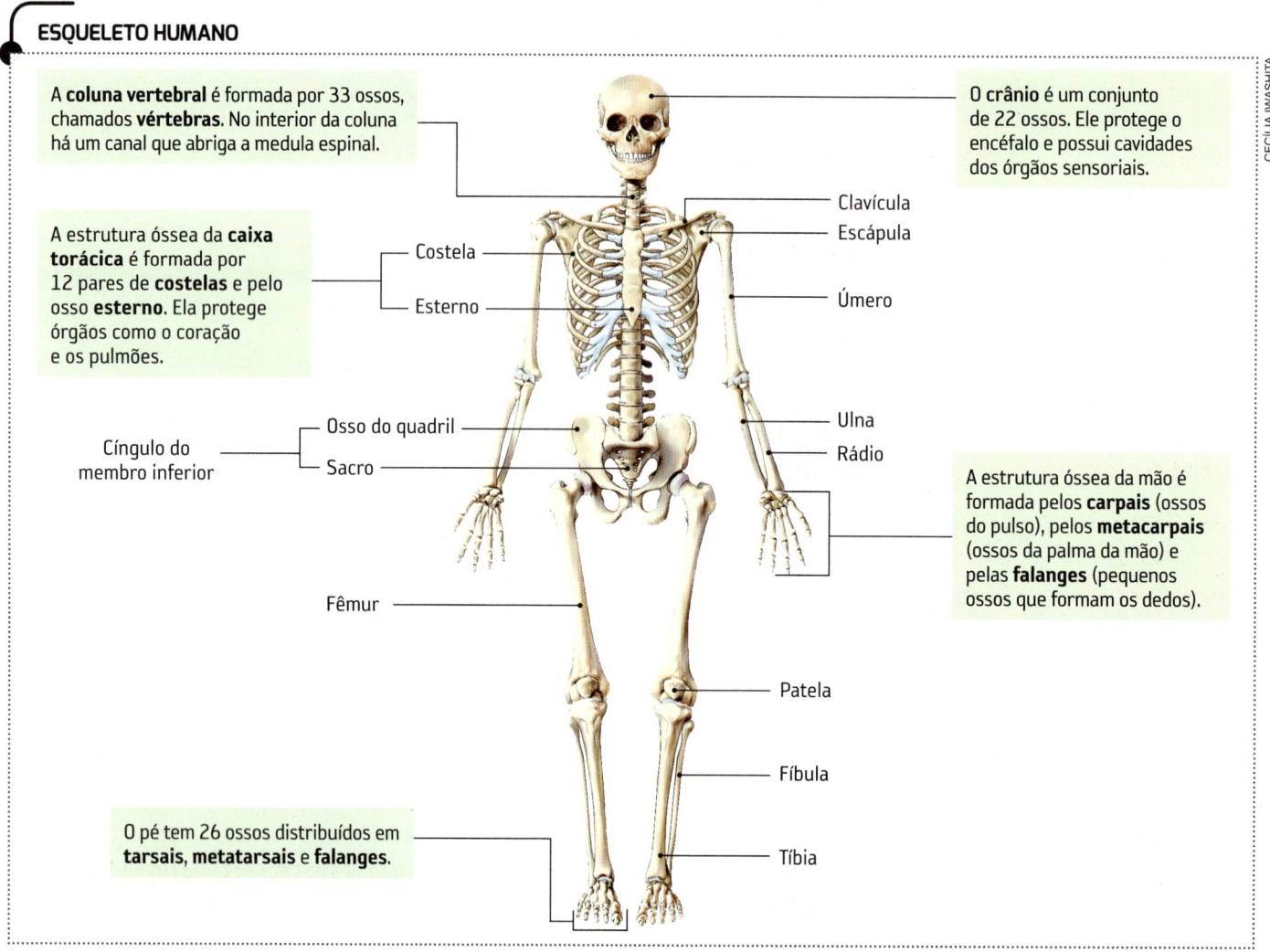

ESQUELETO HUMANO

A **coluna vertebral** é formada por 33 ossos, chamados **vértebras**. No interior da coluna há um canal que abriga a medula espinal.

A estrutura óssea da **caixa torácica** é formada por 12 pares de **costelas** e pelo osso **esterno**. Ela protege órgãos como o coração e os pulmões.

O **crânio** é um conjunto de 22 ossos. Ele protege o encéfalo e possui cavidades dos órgãos sensoriais.

- Costela
- Esterno
- Clavícula
- Escápula
- Úmero
- Osso do quadril
- Cíngulo do membro inferior
- Sacro
- Ulna
- Rádio
- Fêmur
- Patela
- Fíbula
- Tíbia

A estrutura óssea da mão é formada pelos **carpais** (ossos do pulso), pelos **metacarpais** (ossos da palma da mão) e pelas **falanges** (pequenos ossos que formam os dedos).

O pé tem 26 ossos distribuídos em **tarsais**, **metatarsais** e **falanges**.

Esquema mostrando alguns ossos que compõem o esqueleto humano. (Imagem sem escala; cores-fantasia.)

Fonte: TORTORA, G. J.; DERRICKSON, B. *Corpo humano*: fundamentos da anatomia e fisiologia. 10. ed. Porto Alegre: Artmed, 2016.

AS ARTICULAÇÕES

Articulações são regiões de junção entre dois ou mais ossos. Elas são compostas de cartilagens e ligamentos.

As articulações são classificadas conforme a estrutura e o grau de mobilidade, podendo ser móveis, semimóveis e imóveis.

TIPOS DE ARTICULAÇÃO

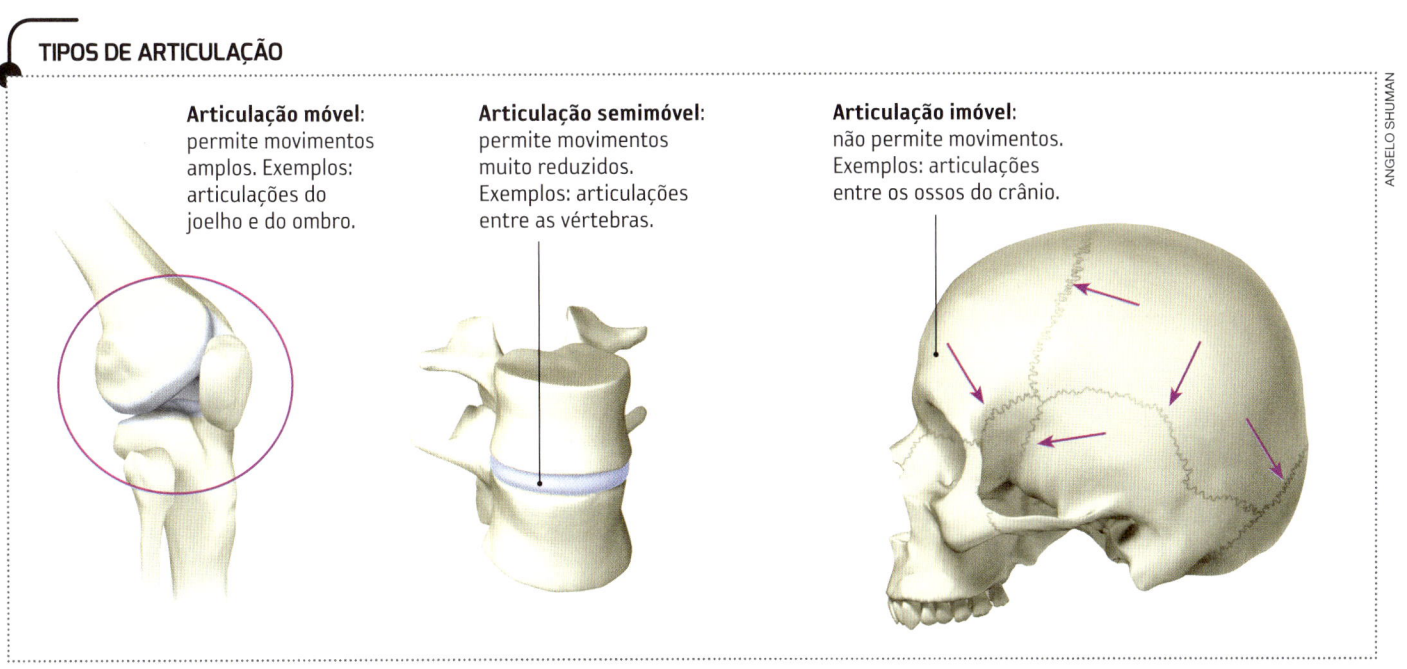

Articulação móvel: permite movimentos amplos. Exemplos: articulações do joelho e do ombro.

Articulação semimóvel: permite movimentos muito reduzidos. Exemplos: articulações entre as vértebras.

Articulação imóvel: não permite movimentos. Exemplos: articulações entre os ossos do crânio.

Esquema de algumas articulações do corpo humano. (Imagens sem escala; cores-fantasia.)

Fonte: TORTORA, G. J.; DERRICKSON, B. *Corpo humano*: fundamentos da anatomia e fisiologia. 10. ed. Porto Alegre: Artmed, 2016.

ELEMENTOS DE UMA ARTICULAÇÃO MÓVEL

Em uma articulação móvel ocorre um livre deslizamento entre as superfícies de dois ossos. Entre elas, existe o **líquido sinovial**, que funciona como um lubrificante.

As superfícies da articulação são recobertas por **cartilagens**, que diminuem o atrito e o desgaste dos ossos.

As articulações permitem que os ossos se movam apenas em determinadas direções. Isso acontece devido à presença dos **ligamentos**, que impedem que os ossos saiam do lugar e mantêm as articulações na posição correta.

ARTICULAÇÃO MÓVEL

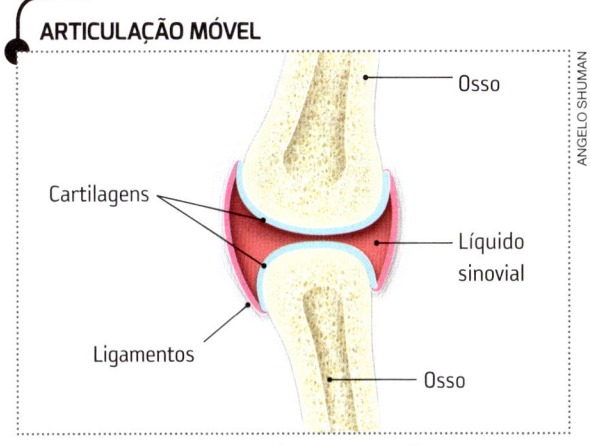

Esquema em corte mostrando a estrutura de uma articulação móvel. (Imagem sem escala; cores-fantasia.)

Fonte: TORTORA, G. J.; DERRICKSON, B. *Corpo humano*: fundamentos da anatomia e fisiologia. 10. ed. Porto Alegre: Artmed, 2016.

DE OLHO NO TEMA

1. Entre as várias funções de nossos ossos, estão a sustentação e a proteção. Dê dois exemplos de ossos que apresentam função de proteção (informe quais órgãos eles protegem) e dois exemplos de ossos com função de sustentação.

2. Algumas vezes ouvimos notícias sobre atletas que sofrem de desgaste na cartilagem do joelho. Explique a importância da cartilagem para uma articulação móvel e as possíveis consequências desse desgaste.

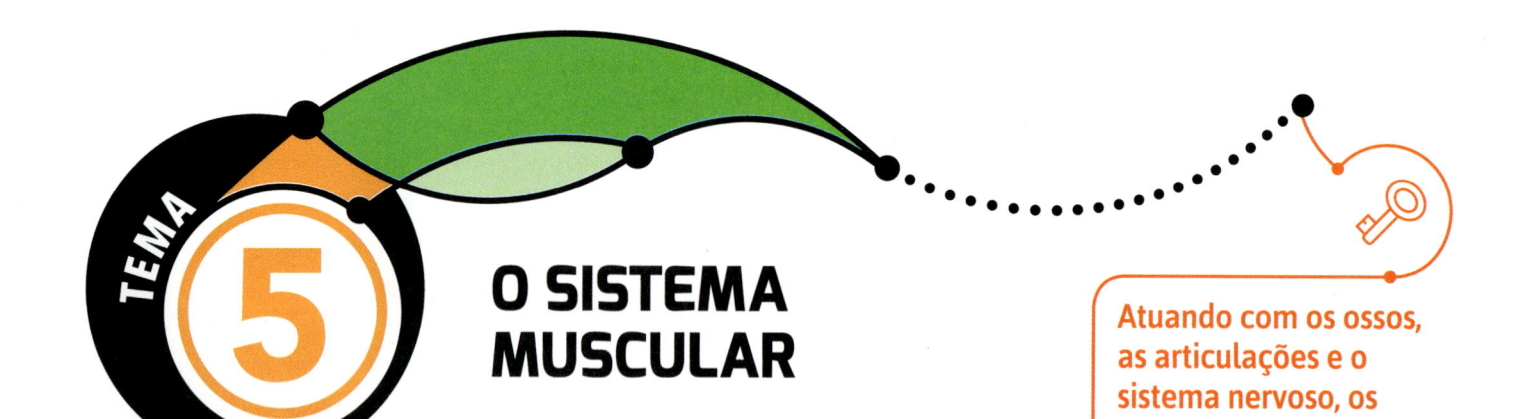

TEMA 5
O SISTEMA MUSCULAR

Atuando com os ossos, as articulações e o sistema nervoso, os músculos permitem o movimento e a sustentação do corpo.

OS MÚSCULOS

O sistema muscular é formado pelos músculos, que participam da movimentação do corpo. Alguns movimentos do corpo podem ser observados externamente e permitem, por exemplo, a locomoção. Outros movimentos acontecem em nossos órgãos internos.

A movimentação acontece porque o tecido muscular possui células chamadas **miócitos** (ou fibras musculares) capazes de contraí-lo (encurtá-lo) e distendê-lo (alongá-lo).

TIPOS DE MÚSCULO

Há três tipos de músculo no corpo humano: o estriado esquelético, o estriado cardíaco e o não estriado.

Os **músculos estriados esqueléticos** são responsáveis pela movimentação do corpo. Eles são músculos de contração rápida e voluntária. Podem estar ligados aos ossos diretamente ou pelos **tendões**.

O **músculo estriado cardíaco** é responsável pelos batimentos do coração. Tem contração rápida e involuntária.

Os **músculos não estriados**, também chamados de músculos lisos, têm contração lenta e involuntária. São responsáveis pelos movimentos de órgãos internos, como aqueles que fazem parte do sistema digestório.

MOVIMENTO

Os movimentos dependem da interação entre o esqueleto, os músculos estriados esqueléticos, as articulações e o sistema nervoso.

Ao receber o comando do sistema nervoso, os músculos estriados esqueléticos se contraem ou relaxam, movendo os ossos aos quais estão ligados. Muitos músculos esqueléticos trabalham aos pares: enquanto um se contrai, o outro relaxa. Alguns movimentos dos ossos, como os que permitem dobrar o punho, são possíveis devido às articulações.

Além de possibilitar movimentos, os sistemas esquelético, muscular e nervoso também mantêm a postura ereta do corpo humano.

MOVIMENTO DO ANTEBRAÇO

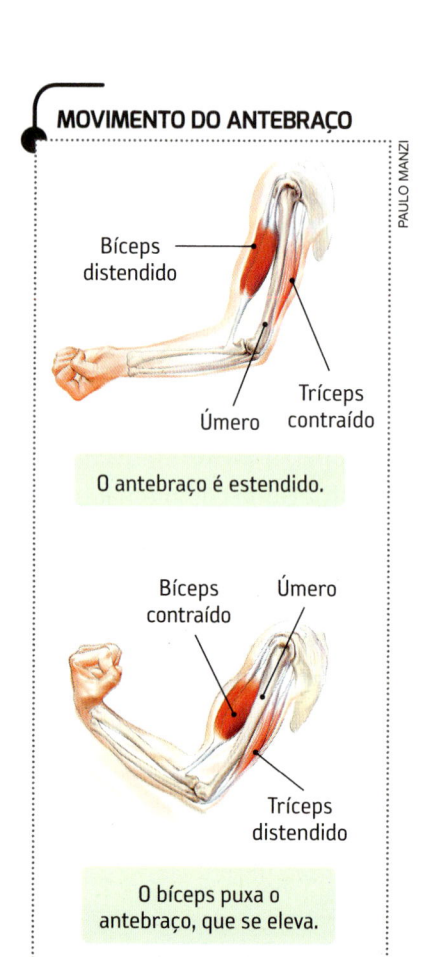

Bíceps distendido
Úmero
Tríceps contraído

O antebraço é estendido.

Bíceps contraído
Úmero
Tríceps distendido

O bíceps puxa o antebraço, que se eleva.

Esquema mostrando como bíceps e tríceps trabalham juntos na movimentação do antebraço. (Imagem sem escala; cores-fantasia.)

Fonte: REECE, J. B. et al. *Campbell Biology*. 10. ed. Glenview: Pearson Education Cummings, 2014.

MÚSCULOS ESTRIADOS ESQUELÉTICOS HUMANOS

- **Deltoide:** levanta o braço lateralmente.
- **Bíceps** e **tríceps:** flexionam e estendem o antebraço.
- **Flexores** e **extensores das mãos:** permitem abrir e fechar as mãos.

Deltoide
Tríceps
Bíceps
Flexores e extensores das mãos
Sartório
Gastrocnêmio

Trapézio
Peitoral maior
Reto abdominal

Os **músculos faciais** são responsáveis pelas expressões faciais e pela mastigação.

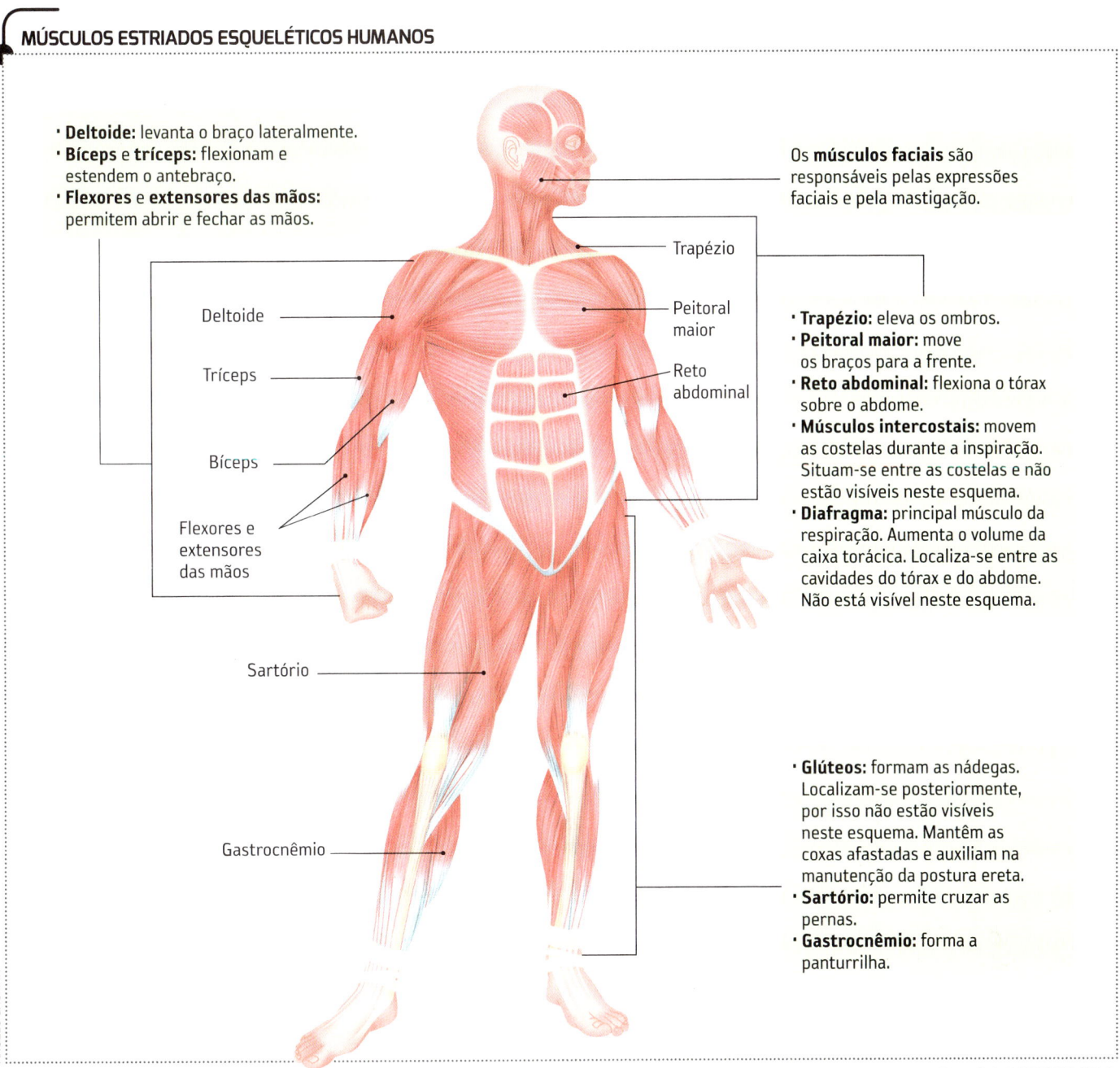

- **Trapézio:** eleva os ombros.
- **Peitoral maior:** move os braços para a frente.
- **Reto abdominal:** flexiona o tórax sobre o abdome.
- **Músculos intercostais:** movem as costelas durante a inspiração. Situam-se entre as costelas e não estão visíveis neste esquema.
- **Diafragma:** principal músculo da respiração. Aumenta o volume da caixa torácica. Localiza-se entre as cavidades do tórax e do abdome. Não está visível neste esquema.

- **Glúteos:** formam as nádegas. Localizam-se posteriormente, por isso não estão visíveis neste esquema. Mantêm as coxas afastadas e auxiliam na manutenção da postura ereta.
- **Sartório:** permite cruzar as pernas.
- **Gastrocnêmio:** forma a panturrilha.

Esquema mostrando alguns músculos estriados esqueléticos humanos. Uma pessoa tem mais de quinhentos músculos desse tipo. (Imagem sem escala; cores-fantasia.)

Fonte: TORTORA, G. J.; DERRICKSON, B. *Corpo humano:* fundamentos da anatomia e fisiologia. Porto Alegre: Artmed, 2016.

DE OLHO NO TEMA

1. Numa partida de futebol, que tipo de músculo é responsável pela movimentação da perna do jogador? Cite outros movimentos musculares que acontecem no organismo do atleta durante o jogo.

2. Quando uma pessoa está parada em pé, ela não realiza movimentos. Isso significa que ela não está utilizando os músculos?

ENTRANDO NA REDE

No endereço **http://mod.lk/5bgx2** você encontra um texto sobre os músculos e os ossos do corpo humano.
Acesso em: abr. 2018.

Trilha de estudo

Vai estudar? Nosso assistente virtual no *app* pode ajudar!
<http://mod.lk/tr6u08>

ATIVIDADES
TEMAS 4 E 5

ORGANIZAR O CONHECIMENTO

1. Quais são as principais funções do esqueleto no corpo humano?

2. Quais os tipos de articulações que existem no corpo humano? Dê exemplos de onde elas estão presentes.

3. Relacione as colunas, caracterizando os tipos de músculo.
   - I. Músculo estriado esquelético
   - II. Músculo estriado cardíaco
   - III. Músculo não estriado

   a) Responsável pelos movimentos dos órgãos internos.
   b) Responsável, com os ossos e as articulações, pela locomoção do corpo.
   c) Responsável pelos batimentos do coração.

ANALISAR

4. Por que não é possível girar o braço para trás, na altura do cotovelo?

5. A osteoporose é uma condição em que ocorre perda de sais minerais, principalmente cálcio, de alguns ossos do corpo. Essa condição, que atinge principalmente as mulheres e está associada ao envelhecimento, pode acarretar fraturas. Pesquise sobre a importância dos sais minerais para os ossos e explique por que isso acontece.

6. A figura a seguir apresenta os movimentos de flexão (**A**) e extensão (**B**) da perna.

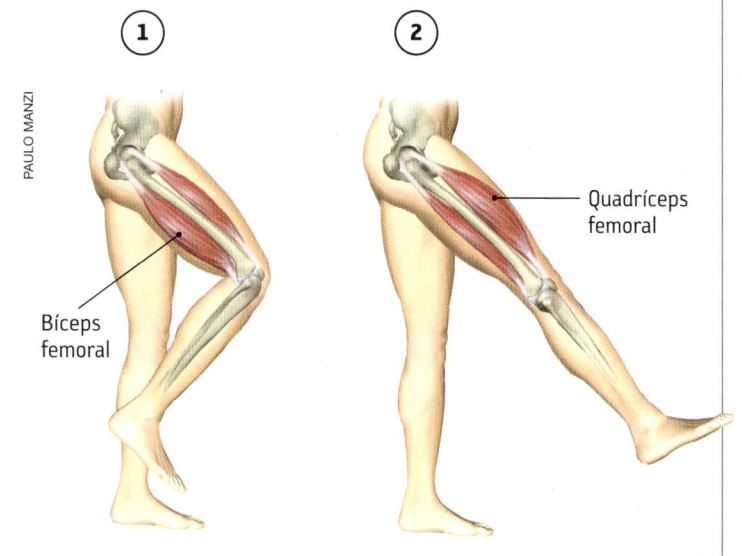

(Imagens sem escala; cores-fantasia.)

a) Qual articulação é posta em movimento nessa situação?
b) Explique o que acontece com o bíceps femoral e com o quadríceps femoral quando o joelho se dobra e a perna é flexionada.
c) Explique o que acontece com o bíceps femoral e com o quadríceps femoral quando a perna se estende.

7. Observe a figura e explique como os sistemas esquelético, muscular e nervoso e as articulações atuam em conjunto possibilitando a realização desta atividade.

COMPARTILHAR

8. Os ossos, as articulações e os músculos podem sofrer diversos tipos de lesão. Os ossos podem sofrer **fraturas**. As articulações podem sofrer **entorses** e **luxações**. Já os músculos podem sofrer **estiramentos** e **distensões**. Reúnam-se em grupos. Cada um terá a tarefa de pesquisar um tipo de lesão que os ossos, as articulações ou os músculos podem sofrer. Busque informações sobre o que a lesão provoca, seus sintomas e alguns dos tratamentos possíveis. Ao final, cada componente do grupo terá a tarefa de expor oralmente aos colegas o resultado de sua pesquisa.

PENSAR CIÊNCIA

Leonardo da Vinci – entre a Arte e a Ciência

Leonardo da Vinci (1452-1519) é bem conhecido como pintor renascentista, autor de obras-primas como *Mona Lisa*. O artista, que também era escultor, se destacou ainda como arquiteto, inventor, engenheiro e cientista, sem nunca ter recebido nenhum tipo de educação escolar.

À primeira vista, chama nossa atenção o fato de uma única pessoa ter conseguido se dedicar a tantas áreas do conhecimento. Mas Leonardo da Vinci e outros de seus contemporâneos viveram no Renascimento, um período da história da Europa, que ocorreu entre os séculos XIV e XVII, e que foi marcado por transformações culturais e grande produção de conhecimento em diversas áreas, como a Ciência e a Medicina. Nesse período, era comum que um intelectual se dedicasse a diversas disciplinas.

A atividade científica de Da Vinci foi pouco divulgada até 1960, quando a descoberta de alguns de seus trabalhos, como o projeto de uma máquina parecida com um helicóptero, revelou seus estudos como cientista. Da Vinci estudou plantas e os movimentos de animais, como o voo das aves.

Por cerca de 15 anos, Da Vinci dissecou animais e seres humanos. Nesses estudos anatômicos, observou, por exemplo, músculos, ossos e articulações, o que lhe permitiu explicar os movimentos do corpo humano. Ele produziu mais de 1.200 ilustrações de anatomia humana, que causaram impacto tanto na Arte como na Ciência. Elas são, ainda hoje, consideradas algumas das melhores representações do corpo humano.

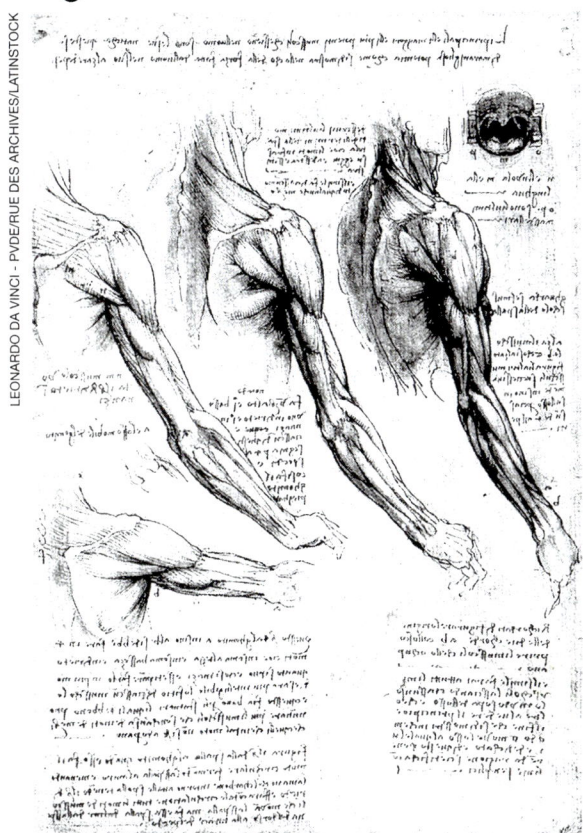

Estudo anatômico da musculatura dos ombros e braços humanos ilustrado por Leonardo da Vinci aproximadamente em 1510.

ATIVIDADES

1. De que maneira o período do Renascimento influenciou o trabalho de Leonardo da Vinci? Se possível, converse com o professor de História para elaborar sua resposta.

2. Na época de Da Vinci, a dissecação de cadáveres humanos, até então proibida, tornou-se frequente. Qual característica do Renascimento pode ter contribuído para que essa prática se tornasse habitual?

3. Em sua opinião, a maioria dos cientistas da atualidade trabalha em diversas áreas do conhecimento, como Leonardo da Vinci, ou é especialista? Justifique sua resposta.

Mais questões no livro digital

ENTRANDO NA REDE

No endereço **http://mod.lk/palwr** você encontra um texto sobre os estudos de anatomia de Leonardo da Vinci.
Acesso em: abr. 2018.

ATITUDES PARA A VIDA

Acesso para todos!

[...] Consideram-se pessoas com deficiência aquelas que têm impedimentos de longo prazo de natureza física, mental, intelectual ou sensorial, os quais, em interação com diversas barreiras, podem obstruir sua participação plena e efetiva na sociedade em igualdade de condições com as demais pessoas.

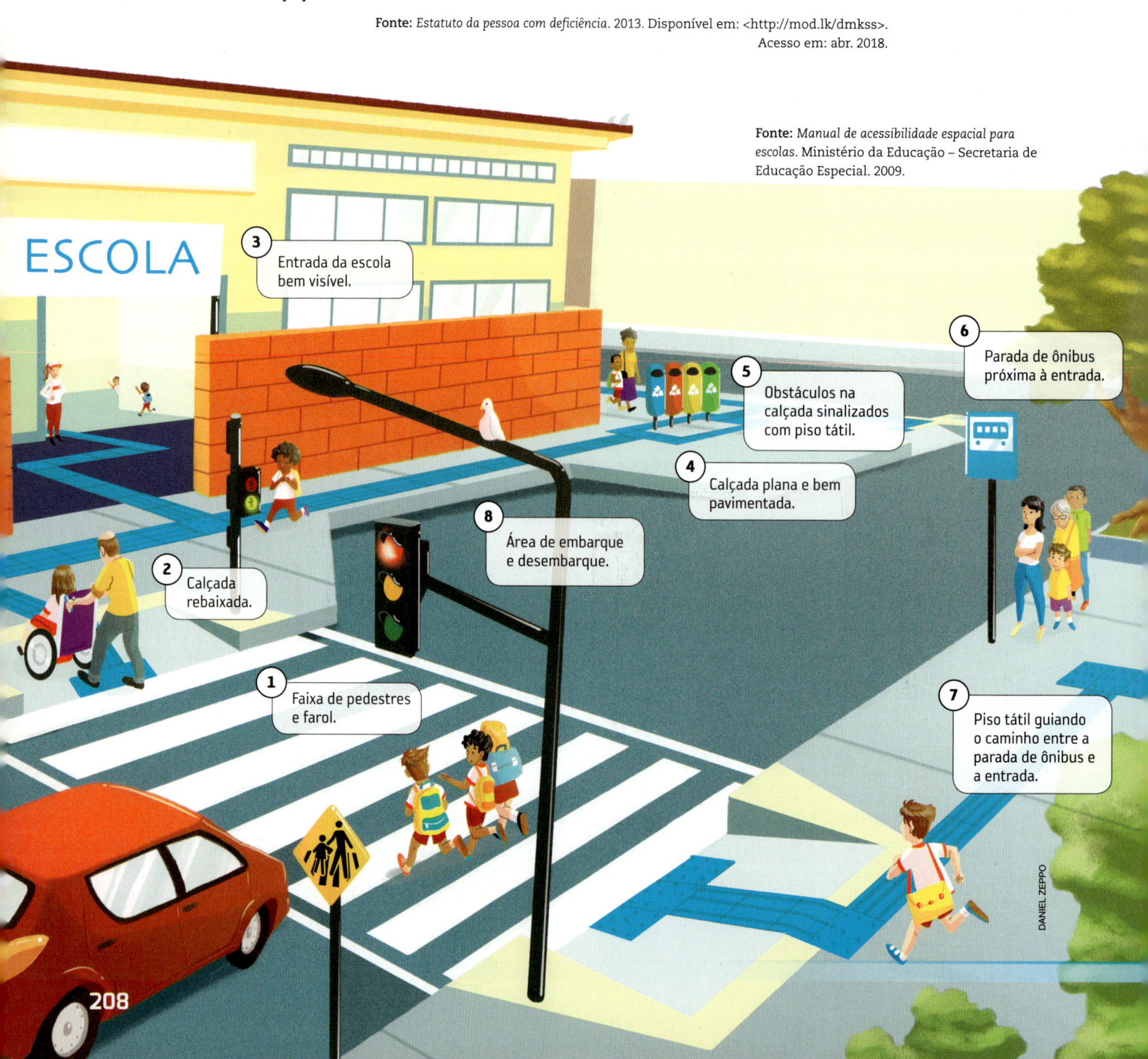

[...]

Fonte: *Estatuto da pessoa com deficiência.* 2013. Disponível em: <http://mod.lk/dmkss>. Acesso em: abr. 2018.

Fonte: *Manual de acessibilidade espacial para escolas.* Ministério da Educação – Secretaria de Educação Especial. 2009.

1. Faixa de pedestres e farol.
2. Calçada rebaixada.
3. Entrada da escola bem visível.
4. Calçada plana e bem pavimentada.
5. Obstáculos na calçada sinalizados com piso tátil.
6. Parada de ônibus próxima à entrada.
7. Piso tátil guiando o caminho entre a parada de ônibus e a entrada.
8. Área de embarque e desembarque.

SUPER NORMAIS - O poder da diferença

UMA LINHA TÊNUE SEPARA DOIS MUNDOS.

UMA HISTÓRIA DE AMOR INACESSÍVEL...

20 CENTÍMETROS EVITAM O BEIJO NO MEIO-FIO.

SUPER NORMAIS

Um olhar para a inclusão
Material que fornece informações sobre recursos destinados às pessoas com deficiência visual.

ENTRANDO NA REDE

No endereço **http://mod.lk/gwqli** você encontra um texto sobre os termos utilizados para nomear as pessoas com deficiência do início do século XX aos dias de hoje e sua relação com a conquista de direitos.

Acesso em: abr. 2018.

TROCAR IDEAIS SOBRE O TEMA

Em grupo, discutam as seguintes questões.

1. Qual é a relação entre a imagem e a tirinha desta seção?
2. Que dificuldades de deslocamento uma pessoa com deficiência poderia enfrentar?
3. Por que as dificuldades de acesso podem impedir que uma pessoa com deficiência participe da vida em sociedade?

COMPARTILHAR

Em grupo, façam um estudo sobre as condições de acessibilidade na escola e em torno dela. Esse estudo pode incluir observações, registros fotográficos e entrevistas com pessoas com deficiência. Com base no levantamento feito pelo grupo, proponham ações que poderiam ser realizadas para favorecer a acessibilidade dessas pessoas no local pesquisado.

Organizem as conclusões desse estudo em um texto com imagens e compartilhem-no com os colegas e pessoas responsáveis pelos locais estudados.

Para este trabalho, foquem em **questionar e levantar problemas**.

- Façam observações do espaço considerando a condição de diferentes pessoas com deficiência e, com esse olhar, levantem questões sobre uma realidade vivida pelo outro.
- Identifiquem problemas e os apresentem por meio de dados, imagens e depoimentos.
- Proponham intervenções que possam vir a melhorar a acessibilidade de pessoas com deficiência nos locais estudados.

COMO EU ME SAÍ?

- Consegui observar os locais estudados imaginando a situação de pessoas com diferentes deficiências?
- Elaborei perguntas a partir da condição de alguém diferente de mim?
- Apresentei os problemas identificados por meu grupo utilizando materiais produzidos durante as observações?
- Propus intervenções considerando o modo como elas podem contribuir para a acessibilidade de pessoas com determinadas deficiências?

COMPREENDER UM TEXTO
MUSCULAÇÃO NA ADOLESCÊNCIA

Texto 1

O interesse dos adolescentes pela musculação tem se manifestado cada vez mais cedo. Não é mais novidade o filho de 12 anos chegar em casa pedindo aos pais para entrar na academia. A malhação tornou-se uma atividade física popular, que alimenta os sonhos de tornar corpos esguios em corpos sarados. O pedido, porém, faz muitos pais tremerem diante de um turbilhão de dúvidas. Afinal, a musculação pode ser feita na adolescência? [...]

Até pouco tempo atrás, os especialistas seriam unânimes em proibir a musculação durante a puberdade. Os hebiatras – médicos especializados em adolescentes –, todavia, têm substituído a proibição por uma recomendação: a de ter cuidado com a quantidade de peso usada nos exercícios e acompanhar o que o filho faz na academia. "A musculação pode sim ser feita na adolescência, desde que bem supervisionada e sem a intenção de ganhar musculatura", afirma Ricardo Barros, coordenador do grupo de medicina esportiva da Sociedade Brasileira de Pediatria.

Mas, se não é para ganhar músculos, para que serve a musculação nessa fase? Assim como outras atividades, ela evita o sedentarismo, melhora o condicionamento cardiovascular, a flexibilidade e as habilidades motoras. Aumentar a massa muscular, no entanto, só pode se tornar objetivo após o pico do estirão do crescimento, quando o corpo deixa para trás as feições infantis e ganha as características adultas. Nas meninas, ele costuma ocorrer entre 12 e 14 anos. Nos meninos, entre 14 e 16 anos. [...]

O risco de começar a fazer musculação antes do auge do estirão, com o objetivo de ganho de músculos – o que implica uso de cargas pesadas –, é de um sério prejuízo ao crescimento e de ocorrer danos à coluna. [...]

Fonte: COSTA, R. Os riscos da musculação na adolescência. *Istoé*, 25 jun. 2010. Disponível em: <http://mod.lk/ccgas>. Acesso em: abr. 2018.

A musculação para adolescentes deve ser feita com um limite de carga definido por um profissional que supervisione as atividades.

Texto 2

Os cuidados com o corpo estão deixando de ser apenas uma questão de vaidade para se tornar um ingrediente importante na receita de uma vida saudável. O conceito de beleza que tinha o halterofilista como padrão foi substituído pelo de equilíbrio e harmonia de proporções entre as várias partes do corpo. [...] Músculos firmes e bem torneados já são motivo de admiração.

Não é preciso muito sacrifício para obter um corpo em boa forma. Pesquisas recentes mostram que meia hora diária de exercícios é mais eficiente do que pesadas sessões de musculação. [...]

Caminhar, andar de bicicleta ou nadar são exercícios indolores e eficientes. Chamados de aeróbicos – pois requerem grande quantidade de ar –, eles forçam a musculatura a consumir mais oxigênio [...], você inspira mais [...] e força seu coração a bater mais forte. Ao final do exercício, as fibras musculares que não estavam acostumadas àquele esforço sofrem pequenas lesões. Um ou dois dias depois, o organismo já consertou tudo, só que com mais proteínas que antes. Resultado: esses músculos ficam mais fortes.

Fonte: BARTABURO, X. A construção do corpo. *Superinteressante*, 31 out. 2016. Disponível em: <http://mod.lk/drga6>. Acesso em: abr. 2018.

Existem diversos tipos de exercícios que podem ser praticados para ajudar a ter uma vida saudável, como andar de bicicleta.

ATIVIDADES

OBTER INFORMAÇÕES

1. Nos últimos anos, a medicina modificou seu ponto de vista sobre a musculação na adolescência. Qual foi essa mudança?

2. Dependendo do modo como é realizada, a musculação pode trazer riscos ou benefícios ao adolescente. Quais são eles e em que condições podem ocorrer?

3. A musculação é a única atividade capaz de promover o fortalecimento muscular? Justifique.

INTERPRETAR

4. Como você interpreta a fala do autor do Texto 2 ao afirmar que a musculação costuma estar relacionada a um certo conceito de beleza?

COMPARTILHAR

5. Reúnam-se em grupo. A partir das informações dos textos, montem um panfleto com orientações e cuidados a serem tomados pelos adolescentes com a musculação. Os panfletos podem ser distribuídos aos colegas ou publicados em um *blog* ou rede social.

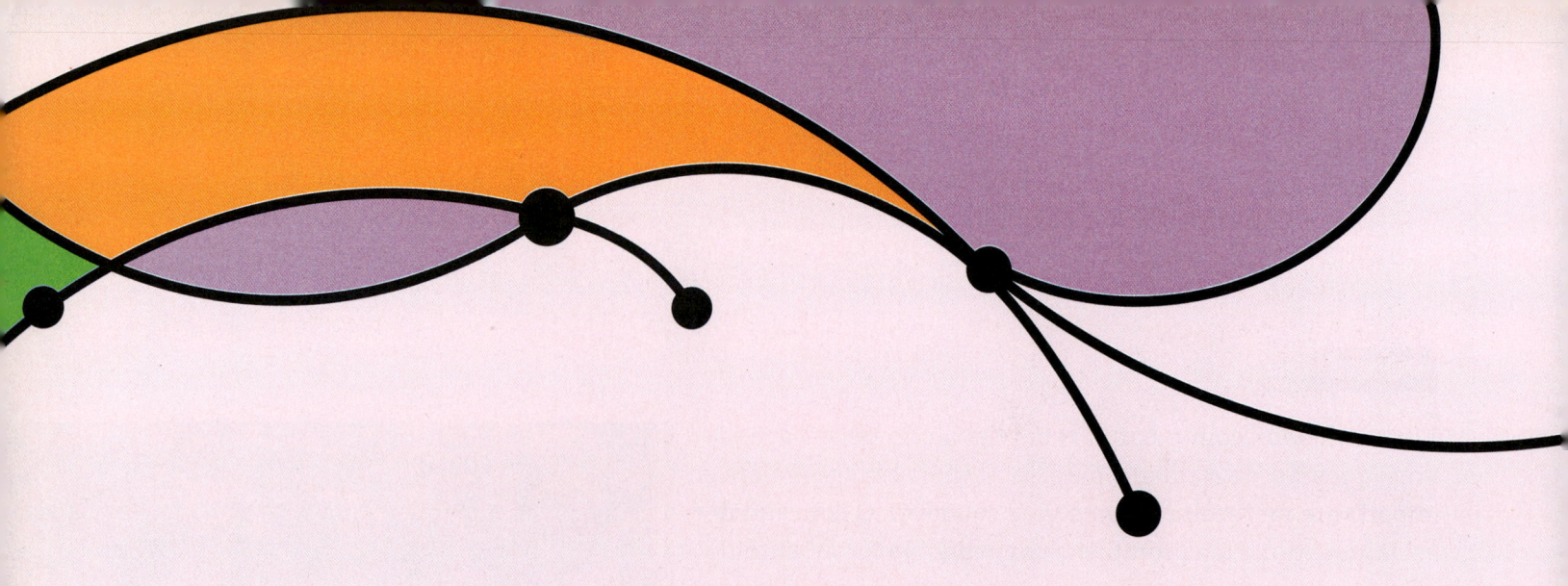

OFICINAS DE CIÊNCIAS

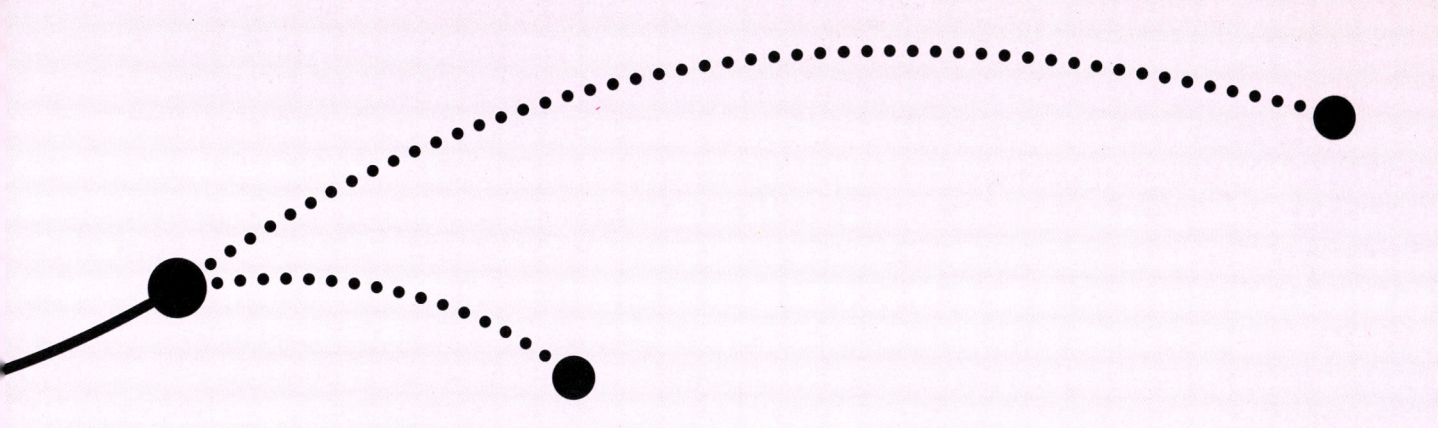

SUMÁRIO

Oficina 1. Investigação de um ecossistema 214
Oficina 2. Construção de modelos das camadas da Terra 215
Oficina 3. Simulando o tratamento de água 216
Oficina 4. A compactação do solo 217
Oficina 5. Reciclagem de papel 218
Oficina 6. Observando células 219
Oficina 7. Experimentando os sentidos 220

OFICINA 1 — INVESTIGAÇÃO DE UM ECOSSISTEMA

O estudo de um ecossistema é bastante complexo e, em geral, envolve o trabalho de cientistas de diferentes áreas.

Pode-se estudar, por exemplo, as relações alimentares entre os seres vivos do ecossistema. Essas relações podem ser observadas diretamente, ou inferidas por estudos indiretos, como a análise das fezes ou do estômago de um animal morto.

Também é comum estudar os fatores físico-químicos do ecossistema, como o solo, a água, a luminosidade e a temperatura. Eles influenciam os seres vivos que ali habitam.

A observação é uma importante etapa da investigação.

Nesta atividade, você e seus colegas farão o estudo de um ecossistema, que será escolhido pelo grupo. Pode ser, por exemplo, uma área de uma praça, parque, quintal ou jardim próximos à escola.

Objetivo

- Conhecer as características de um ecossistema próximo.

Material

- Caderno.
- Caneta ou lápis.
- Máquina fotográfica.

Procedimento

1. Observe o ambiente e anote todos os nomes dos seres vivos observados. Verifique se é possível estabelecer algumas relações alimentares.

2. Avalie quais são os principais fatores físico-químicos desse ecossistema. Anote suas principais características.

3. Faça desenhos do que você observou e tire fotos.

> **ATENÇÃO**
>
> Seja bastante cuidadoso e não toque nos seres vivos. Eles podem apresentar mecanismos de defesa como estruturas pontiagudas e substâncias tóxicas.

ATIVIDADES

1. Pesquisem o nome dos seres que vocês observaram. Para isso, utilizem as anotações e as imagens.

2. Elaborem perguntas que vocês gostariam de responder a respeito do ecossistema observado.

   a) Construam hipóteses para responder a essas questões.

   b) Façam um levantamento de diferentes fontes de informação capazes de ajudá-los a responder a cada pergunta.

   c) Registrem as informações por escrito e formulem respostas às questões propostas.

3. Produzam um relatório que resuma os resultados dessa atividade. Inclua nele a identificação do local e a data das observações; a listagem dos seres vivos observados e de suas características, incluindo as relações alimentares observadas ou inferidas; os fatores físico-químicos do ambiente e suas características; e as respostas aos questionamentos da atividade anterior. Não se esqueçam de citar as fontes pesquisadas.

4. Escolham um recurso multimídia para compartilhar os resultados dessa investigação com seus colegas.

OFICINA 2 — CONSTRUÇÃO DE MODELOS DAS CAMADAS DA TERRA

O uso de modelos é muito comum na construção do conhecimento científico. Os modelos são representações simplificadas que facilitam a visualização de processos, eventos ou até mesmo ideias, favorecendo a elaboração de novos conceitos e explicações sobre o que está sendo estudado.

Objetivos

- Compreender a importância dos modelos para a Ciência.
- Construir um modelo para representar a disposição das camadas que formam o planeta Terra.

Procedimento

1. Em grupo, discutam inicialmente quais conhecimentos vocês já possuem a respeito da estrutura da Terra.

2. Com base no que vocês já sabem, procurem apresentar ideias para a construção de um modelo que represente as camadas da Terra. De que maneira elas podem ser representadas? Quais materiais poderiam ser utilizados na criação desse modelo? (Verifiquem se é possível trabalhar com materiais recicláveis). De que maneira esse modelo pode ser percebido pelas pessoas? Ele é fácil de ser compreendido?

3. Decidam se o modelo será construído com base em uma escala, usada para representar a espessura das camadas da Terra. Se necessário, solicite auxílio ao professor de Matemática para realizar as conversões de unidades.

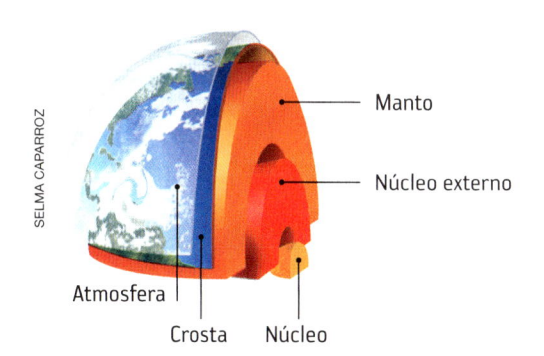

Representação esquemática das camadas terrestres. Na ilustração, é possível perceber que as estruturas internas da Terra são mais espessas do que a atmosfera. (Cores-fantasia.)

4. Após a construção dos modelos, comparem cada um deles e discutam quais semelhanças e diferenças puderam ser observadas. Algum modelo procurou ressaltar as características das diferentes camadas? Algum modelo foi construído com base em uma escala? Essas representações favoreceram a visualização e a compreensão do sistema como um todo?

5. Finalizem a atividade organizando uma exposição no ambiente escolar para apresentar os modelos construídos às pessoas da comunidade escolar.

ATIVIDADES

1. Registrem no caderno todas as etapas de planejamento da atividade, incluindo os conhecimentos prévios utilizados para a proposta do modelo e quais materiais foram empregados na atividade.

2. Houve alguma dificuldade enfrentada pelo grupo para realizar essa atividade? Em que etapa e de que maneira o problema foi solucionado?

3. Discuta com os demais colegas quais são os aspectos positivos e os negativos desse tipo de representação.

OFICINA 3 — SIMULANDO O TRATAMENTO DE ÁGUA

Em uma estação de tratamento de água existem diversas etapas para transformar a água imprópria para o consumo em água potável. Esse processo evita que entremos em contato com muitos microrganismos e materiais causadores de doenças.

Objetivo

- Simular o tratamento de água, relacionando os procedimentos propostos na atividade às etapas realizadas em uma estação de tratamento de água.

Material

- Terra de jardim misturada com folhas e pequenos galhos.
- Peneira.
- 3 copos de plástico.
- Água.
- 2 colheres de plástico.
- Solução de hidróxido de cálcio (comercializado em farmácias).
- Solução de sulfato de alumínio (comercializado em hipermercados e lojas para artigos de piscina).
- Conta-gotas.
- Tesoura.
- 1 garrafa de plástico de 500 mL.
- Algodão.
- Cascalho.
- Areia.
- Carvão ativado.
- Luvas descartáveis.

visuais como transparência, cor e presença de diferentes materiais na água.

- cascalho
- areia
- carvão ativado
- algodão

Procedimento

Montagem de um sistema de filtração

1. Peça ao professor, ou a um adulto responsável, que corte a garrafa de plástico conforme indicado na ilustração.

2. Monte um filtro colocando cada um dos materiais indicados no esquema, nesta ordem: algodão, carvão ativado, areia, cascalho. Manipule esses materiais usando as luvas descartáveis. Cada camada deve ter cerca de 2 cm de espessura.

Simulação do tratamento da água

A partir da próxima etapa, analise a mistura obtida após cada procedimento, registrando as características

3. Coloque uma colher cheia de terra em um copo com água e agite a mistura.

4. Peneire a mistura recolhendo-a em outro copo.

5. Com auxílio do conta-gotas, adicione 10 gotas de sulfato de alumínio, e, em seguida, 15 gotas de hidróxido de cálcio à mistura peneirada.

6. Agite a mistura com uma colher limpa. Deixe a mistura em repouso por 5 minutos.

7. Transfira com cuidado somente a parte superior da mistura para o filtro construído anteriormente e recolha a água filtrada em um copo limpo.

ATIVIDADES

1. Quais etapas de uma estação de tratamento de água foram simuladas na atividade prática?

2. Descreva o aspecto da água em cada etapa do procedimento.

3. O filtro de papel utilizado no preparo de café poderia ser usado no lugar da peneira? A substituição traria o mesmo resultado?

4. Após a simulação de tratamento proposta na atividade, podemos considerar que a água tornou-se potável?

OFICINA 4: A COMPACTAÇÃO DO SOLO

Uma das causas da degradação do solo é sua compactação. Nesse processo, ações praticadas pelos seres humanos, como o tráfego de veículos, a criação de animais que pisoteiam o solo e a circulação de pessoas, fazem com que os grãos do solo sejam comprimidos uns contra os outros. Assim, a compactação diminui os espaços entre os grãos do solo.

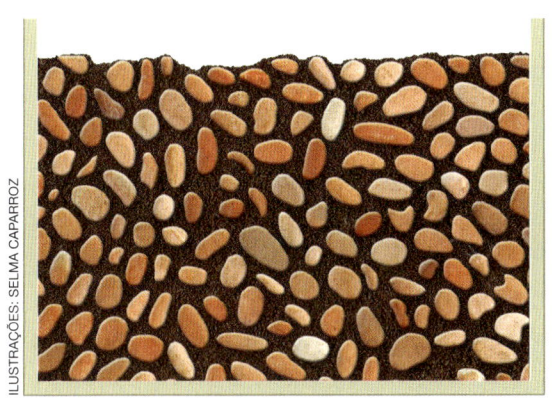

Solo não compactado. (Imagem sem escala; cores-fantasia.)

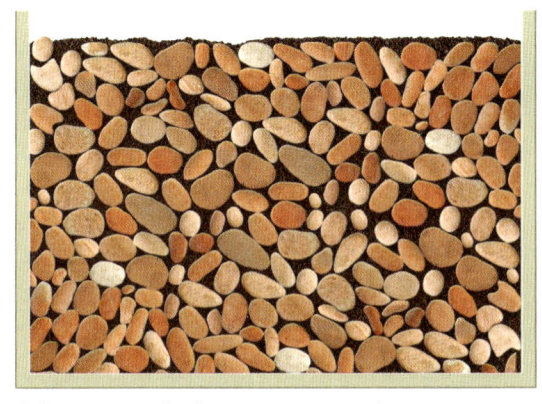

Solo compactado. (Imagem sem escala; cores-fantasia.)

Objetivo

- Investigar as relações entre a compactação do solo e o crescimento das plantas.

Material

- 2 vasos de tamanho médio.
- Sementes de feijão ou girassol.
- Solo com boa porosidade (em quantidade suficiente para preencher os dois vasos), pode ser adquirido em lojas de jardinagem.
- Etiquetas e pincel atômico.
- Regador e água.

Procedimento

1. Reúna-se com alguns colegas. Seu grupo deverá planejar, com a ajuda do(a) professor(a) e utilizando os materiais citados, um experimento com o objetivo de verificar se a compactação do solo provoca algum efeito sobre o crescimento das plantas.

   Discutam as etapas do experimento. Em seguida, registrem a sequência de procedimentos por escrito. Lembrem-se de considerar:

   a) a montagem;

   b) o local da montagem e o tempo durante o qual ela será mantida (se for o caso, o experimento pode estender-se por semanas);

   c) a forma de registro das observações;

   d) o meio de apresentação dos resultados.

2. Apresentem o planejamento do experimento aos colegas e escutem as ideias dos outros grupos.

   Se for preciso, façam os últimos ajustes no roteiro de trabalho.

3. Façam a montagem, as observações e os registros de acordo com o roteiro de seu grupo.

4. Apresentem o resultado do experimento aos colegas, comparando com o que foi obtido por eles.

ATIVIDADES

1. O experimento permitiu verificar o efeito da compactação do solo sobre o crescimento das plantas? Em caso positivo, qual foi esse efeito?

2. Como vocês explicam o resultado observado?

3. O resultado do experimento permite pensar nas consequências da compactação do solo em uma área de plantio?

OFICINA 5 — RECICLAGEM DE PAPEL

Jornais, caixas de papelão e algumas embalagens podem ser feitos de papel já utilizado, provavelmente com finalidades diferentes. O processo pelo qual se obtêm produtos novos de materiais usados é chamado de **reciclagem**.

Objetivos

- Aprender um método caseiro para reciclagem de papel e como testar sua qualidade.
- Relacionar os ciclos dos materiais e a produção de lixo.

Material

- 1 bacia ou assadeira.
- 1 peneira plana (com dimensões menores do que as da bacia ou da assadeira).
- 1 colher de chá.
- Amido de milho.
- 3 folhas de jornal.
- 750 mL de água.

Procedimento

1. Pique duas folhas de jornal em pedaços bem pequenos. Coloque-os em uma bacia ou assadeira e acrescente a água. Misture e deixe em repouso de um dia para o outro.
2. Decorrido esse tempo, adicione 4 colheres de chá de amido de milho e misture bem.
3. Mergulhe a peneira na mistura, até atingir o fundo do recipiente.
4. A seguir, suspenda a peneira na posição horizontal com cuidado. Uma fina camada da mistura será depositada sobre ela.
5. Retire-a da bacia (ou assadeira) e exponha-a ao sol para secar. Deixe também a assadeira com o restante da mistura ao sol. Na peneira, você obterá uma folha de papel; na assadeira, um pedaço de papelão.

(Imagens sem escala; cores-fantasia.)

SELMA CAPARROZ

ATIVIDADES

1. Com o papel obtido, faça os testes de qualidade descritos a seguir.
   a) Verifique se a folha de papel pode ser enrolada ou dobrada sem rasgar.
   b) Verifique se é possível escrever com lápis e caneta na folha sem que ela rasgue.
   c) Verifique se é possível apagar a escrita a lápis sem rasgar a folha.
2. Faça os mesmos testes com a terceira folha de jornal e compare os resultados àqueles obtidos com a folha que você fabricou.
   a) A folha de papel que você obteve tem propriedades diferentes ou iguais às da folha de jornal?
   b) Que utilidades você pode sugerir para o papel obtido?
   c) Que utilidades você pode sugerir para o papelão obtido?
3. Após a realização dessa oficina, converse com seus colegas sobre como a reciclagem de papel pode afetar a sociedade e o ambiente. Essa atividade permitiu perceber impactos da reciclagem na sociedade?

OFICINA 6 — OBSERVANDO CÉLULAS

Os seres humanos não conseguem visualizar, sem o auxílio de equipamentos, objetos muito pequenos, com tamanhos inferiores a 0,1 milímetro. Por isso, para a observação de células, usamos equipamentos como os microscópios.

Objetivo
- Aprender como preparar uma lâmina para observar células ao microscópio.

Material
- Cebola.
- Lâminas e lamínulas.
- Conta-gotas.
- Pinça.
- Corante (lugol).
- Microscópio.
- Lenços de papel.

Procedimento
1. Adicione uma gota de corante (lugol) sobre a lâmina (figura 1).

ATENÇÃO
Cuidado ao manusear as lâminas, as lamínulas e outros materiais de vidro, que podem ser cortantes.

2. Com a pinça, retire cuidadosamente um pequeno fragmento (o mais fino possível) de uma cebola (figura 2).
3. Coloque o fragmento na lâmina sobre a gota de corante.
4. Posicione a lamínula de maneira inclinada sobre a lâmina e deixe-a cair sobre a preparação. Isso diminui a formação de bolhas de ar, que prejudicam a visualização (figura 3).
5. Se o corante vazar, limpe a lâmina com o lenço de papel.
6. Coloque a lâmina sobre a platina do microscópio, regule o aumento, ajuste o foco e observe a preparação (figura 4).

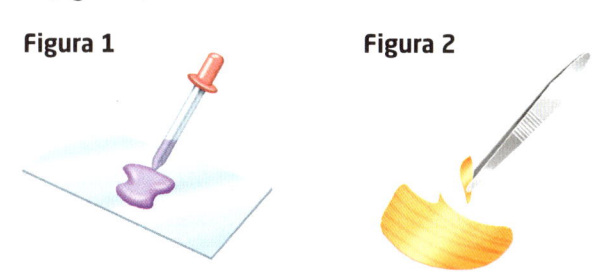

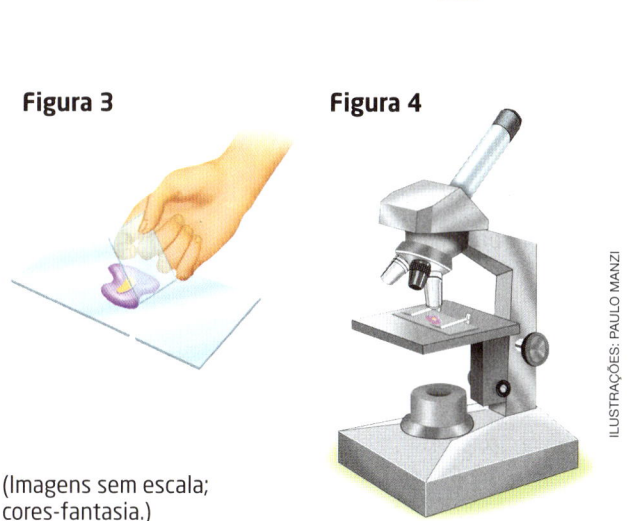

Figura 1   **Figura 2**

Figura 3   **Figura 4**

(Imagens sem escala; cores-fantasia.)

ILUSTRAÇÕES: PAULO MANZI

ATIVIDADES
1. Desenhe o que você observou ao microscópio. Indique com legendas o nome das estruturas que você conseguiu identificar e suas respectivas funções. Verifique se é possível manter as cores do desenho fiéis às que foram observadas.
2. Qual é a função do corante?
3. Leia a informação a seguir e responda à questão.

   Normalmente, a forma das células dos animais e das plantas está relacionada à função que elas desempenham no organismo.

   - Você consegue observar essa relação na sua preparação? Justifique sua resposta.
4. Elabore um experimento para estimar o tamanho das células observadas.

OFICINA 7 — EXPERIMENTANDO OS SENTIDOS

Como vimos, os sentidos são fundamentais para nossa integração com o ambiente e com as outras pessoas. Nesta atividade, vamos realizar um experimento em grupo para testar os sentidos humanos.

Objetivo

Com a ajuda do professor, definam qual será o objetivo do experimento a ser desenvolvido por seu grupo. Entre diversas possibilidades, vocês podem testar:

- a audição: por exemplo, a capacidade para localizar uma fonte sonora e a sensibilidade a diferentes estímulos sonoros etc.
- a visão: por exemplo, a capacidade para identificar um estímulo visual em diferentes condições (distância em relação à fonte, luminosidade etc.).
- o tato: por exemplo, a capacidade de identificar objetos por meio de seu manuseio e de diferenciar temperaturas de um material.
- o olfato: por exemplo, a capacidade de identificar substâncias por meio do odor.

Esses são apenas alguns exemplos. Vocês também podem experimentar a integração entre dois ou mais sentidos.

Procedimento

1. Considerando o objetivo do experimento, seu grupo deverá refletir sobre:
   a) o material necessário;
   b) o local em que o experimento será realizado, considerando, por exemplo, as condições do espaço;
   c) a sequência de etapas do experimento;
   d) o modo como os resultados serão registrados (filmagem, anotações em textos e tabelas etc.);
   e) a definição das tarefas de cada componente do grupo durante o experimento;
   f) as hipóteses sobre os possíveis resultados do experimento.

> **ATENÇÃO**
> Indique ao professor os materiais que vocês pretendem utilizar. É importante garantir que eles não causem danos aos olhos, orelhas ou outros órgãos dos sentidos. No caso de testes de olfato, paladar e tato, é importante verificar se os materiais não são tóxicos.

2. No dia combinado com o(a) professor(a), seu grupo deve preparar o experimento. Vocês farão o papel de monitores que atenderão colegas que vão participar do teste.

Vocês devem orientar seus colegas, durante a realização dos testes, a explorar os sentidos.

3. A partir dos resultados dos experimentos, verifiquem se as hipóteses iniciais se confirmaram ou não. Em seguida, desenvolvam conclusões com base nos resultados obtidos.

ATIVIDADE

1. Produzam um relato da atividade, considerando que o texto poderá ser lido por pessoas que não participaram do experimento.

O texto deve conter uma descrição do experimento (material e procedimentos), os resultados alcançados e as conclusões do grupo. Ele pode ser acompanhado por imagens.

No final, postem o texto em um *blog* da classe que reúna os relatos de todos os grupos.

FIQUE POR DENTRO

CENTROS E MUSEUS DE CIÊNCIA

- **Associação Brasileira de Centros e Museus de Ciência**
  Disponível em: <http://www.abcmc.org.br>
- **Bosque da Ciência**
  Instituto Nacional de Pesquisas da Amazônia – Manaus, AM
  Disponível em: <http://bosque.inpa.gov.br>
- **Centro Cultural Ministério da Saúde**
  Rio de Janeiro, RJ
  Disponível em: <http://www.ccs.saude.gov.br>
- **Centro de Divulgação Científica e Cultural**
  Universidade de São Paulo – São Carlos, SP
  Disponível em: <www.cdcc.sc.usp.br>
- **Espaço Ciência**
  Secretaria de Ciência, Tecnologia e Meio Ambiente – Olinda, PE
  Disponível em: <http://www.espacociencia.pe.gov.br>
- **Museu Catavento**
  Catavento Cultural e Educacional – São Paulo, SP
  Disponível em: <http://www.cataventocultural.org.br/>
- **Museu da Vida**
  Rio de Janeiro, RJ
  Disponível em: <http://www.museudavida.fiocruz.br>
- **Museu de Anatomia Humana da Universidade de Brasília**
  Brasília, DF
  Disponível em: <http://www.fm.unb.br/morfologia/museuvirtual>
- **Museu de Anatomia Humana Professor Alfonso Bovero**
  São Paulo, SP
  Disponível em: <http://museu.icb.usp.br/>
- **Museu de Astronomia e Ciências e Afins**
  Ministério da Ciência, Tecnologia, Inovações e Comunicações – Rio de Janeiro, RJ
  Disponível em: <www.mast.br>
- **Museu de Ciências Morfológicas**
  Instituto de Ciências Biológicas – Universidade Federal de Minas Gerais – Belo Horizonte, MG
  Disponível em: <https://www.ufmg.br/rededemuseus/mcm/>
- **Museu de Ciência e Técnica**
  Escola de Minas da Universidade Federal de Ouro Preto – Ouro Preto, MG
  Disponível em: <http://www.museu.em.ufop.br/museu/>
- **Museu de Ciência e Tecnologia**
  Pontifícia Universidade Católica do Rio Grande do Sul – Porto Alegre, RS
  Disponível em: <http://www.pucrs.br/mct/>
- **Museu de Geologia**
  Serviço Geológico do Brasil – Porto Alegre, RS
  Disponível em: <http://www.cprm.gov.br>

- **Museu Dinâmico Interdisciplinar**
  Universidade Estadual de Maringá – Maringá, PR
  Disponível em: <http://www.mudi.uem.br>

- **Museu do Amanhã**
  Prefeitura do Rio de Janeiro – Rio de Janeiro, RJ
  Disponível em: <https://museudoamanha.org.br/pt-br>

- **Museu Exploratório de Ciências**
  Universidade Estadual de Campinas – Campinas, SP
  Disponível em: <http://www.mc.unicamp.br/>

- **Museu Geológico Valdemar Lefèvre**
  Instituto Geológico – São Paulo, SP
  Disponível em: <http://www.mugeo.sp.gov.br>

- **Museu Interativo da Física**
  Universidade Federal do Pará, Departamento de Física – Belém, PA
  Disponível em: <http://www.ufpa.br/mif/equipe.htm>

- **Museu Paraense Emílio Goeldi**
  Ministério da Ciência, Tecnologia, Inovações e Comunicações – Belém, PA
  Disponível em: <http://www.museu-goeldi.br>

- **Parque Viva a Ciência**
  Universidade Federal de Santa Catarina – Florianópolis, SC
  Disponível em: <http://vivaciencia.ufsc.br>

- **Planetário**
  Universidade Federal de Goiás – Goiânia, GO
  Disponível em: <http://www.planetario.ufg.br>

- **Planetário Aristóteles Orsini**
  Secretaria Municipal do Verde e do Meio Ambiente – São Paulo, SP
  Disponível em: <www.prefeitura.sp.gov.br/planetarios>

- **Planetário Espaço Cultural**
  Espaço Cultural José Lins do Rego – João Pessoa, PB
  Disponível em: <http://funesc.pb.gov.br/?p=130>

- **Planetário de Londrina**
  Universidade Estadual de Londrina – Londrina, PR
  Disponível em: <www.uel.br/planetario>

- **Usina Ciência**
  Universidade Federal de Alagoas – Maceió, AL
  Disponível em: <http://www.usinaciencia.ufal.br>

Acessos em: maio 2018.

REFERÊNCIAS BIBLIOGRÁFICAS

AB'SÁBER, A. N. *Ecossistemas do Brasil*. São Paulo: Metalivros, 2006.

ALCÂNTARA, A. *Parques Nacionais* – Brasil. São Paulo: Empresa das Artes, 2004.

ART, H. W. *Dicionário de Ecologia e Ciências Ambientais*. São Paulo: Unesp/Melhoramentos, 2001.

ATKINS, P.; JONES, L. *Princípios de Química*: questionando a vida moderna e o meio ambiente. 5. ed. Porto Alegre: Bookman, 2012.

BARNES, R. S. K.; MANN, K. H. *Fundamentals of aquatic ecology*. 2. ed. Oxford: Blackwell Scientific Publications, 1991.

BEGON, M.; TOWNSEND, C. R.; HARPER, J. L. *Ecologia*: de indivíduos a ecossistemas. 4. ed. Porto Alegre: Artmed, 2007.

BICUDO, C. E. M.; MENEZES, N. A. (Orgs.). *Biodiversity in Brazil*: a first approach. São Paulo: CNPq, 1996.

BOCZKO, R. *Conceitos de Astronomia*. São Paulo: Edgard Blücher, 1998.

BRADY, N. C.; WEIL, R. R. *Elementos da natureza e propriedades do solo*. São Paulo: Bookman, 2012.

BUCKMAN, H. O.; BRADY, N. C. *Natureza e propriedade dos solos*. 4. ed. Rio de Janeiro: Freitas Bastos, 1976.

CAMPBELL, N. A. et al. *Biology*: concepts and connections. 6. ed. San Francisco: Benjamin Cummings, 2008.

CAMPERGUE, M. et al. *Sciences de la vie et de la terre*. 3. ed. Paris: Nathan, 1999.

CARLSON, N. R. *Foundations of physiological physiology*. Boston: Pearson, 2005.

CARVALHO, T. F. G. *Da divulgação ao ensino*: um olhar para o céu. Tese (Doutorado). Universidade de São Paulo: São Paulo, 2016.

CLARKE, R.; KING, J. *O atlas da água*: o mapeamento completo do recurso mais precioso do planeta. São Paulo: Publifolha, 2005.

DIAS, G. F. *Atividades interdisciplinares de educação ambiental*. São Paulo: Gaia, 2005.

DK PUBLISHING. *How the body works*: the facts simply explained. Nova York: Penguin Random House, 2016.

EMBRAPA. *Sistema brasileiro de classificação de solos*. Brasília: Embrapa Solos, 1999.

LEPSCH, I. F. *Formação e conservação dos solos*. São Paulo: Oficina de Textos, 2005.

LOPES, A. S.; GUILHERME, L. R. G.; SILVA, C. A. P. *Vocação da terra*. São Paulo: Nagy, 2003.

LORENZI, H. *Árvores brasileiras*: manual de identificação e cultivo de plantas arbóreas nativas do Brasil. São Paulo: Plantarum, 2012.

MAGRINI, A. et al. *Impactos ambientais causados pelos plásticos*: uma discussão abrangente sobre os mitos e os dados científicos. Rio de Janeiro: E-Papers, 2012.

MANCINI, F. et al. Whole-body mapping of spatial acuity for pain and touch. *Ann Neurol.*, n. 75, p. 917-924, 2014.

MANO, E. B.; PACHECO, E. B. A. V.; BONELLI, C. M. C. *Meio ambiente, poluição e reciclagem*. 2. ed. São Paulo: Blucher, 2010.

MARGULIS, L.; SAGAN, D. *O que é vida?* Rio de Janeiro: Jorge Zahar, 2002.

MARTINS, S. E.; WANDERLEY, M. G. L. *Diversidade das bromélias da Mata Atlântica*. São Paulo: Neotrópica, 2017.

MAZZOLA, L. et al. Stimulation of the human cortex and the experience of pain: Wilder Penfield's observations revisited. *Brain, a Journal of Neurology*, n. 135, p. 631-640, 2012.

MOURÃO, R. R. F.; GOLDKORN, R. B. O. *Dicionário enciclopédico de Astronomia e Astronáutica*. 2. ed. São Paulo: Nova Fronteira, 1995.

NEIMAN, Z. *Era verde?*: ecossistemas brasileiros ameaçados. 23. ed. São Paulo: Atual, 2002. (Col. Meio ambiente).

ODUM, E. P. *Ecologia*. Rio de Janeiro: Guanabara Koogan, 1988.

OLIVEIRA FILHO, K. S.; SARAIVA, M. F. O. *Astronomia e Astrofísica*. 3. ed. São Paulo: Livraria da Física, 2013.

PARKER, S. *The human body book*: an illustrated guide to its structure, function and disorders. Londres: Dorling Kindersley, 2007.

PINTO-COELHO, R. M. *Fundamentos em Ecologia*. Porto Alegre: Artmed, 2002.

POSTLETWAIT, J. H.; HOPSON, J. L. *The nature of life*. 3. ed. Nova York: McGraw-Hill, 1995.

PRIMACK, R. B.; RODRIGUES, E. *Biologia da conservação*. Londrina: Planta, 2001.

REBOUÇAS, A. C.; BRAGA, B.; TUNDISI, J. G. *Águas doces do Brasil*: capital ecológico, uso e conservação. 4. ed. São Paulo: Escrituras, 2015.

REECE, J. B. et al. *Biologia de Campbell*. 10. ed. Porto Alegre: Artmed, 2015.

RICKLEFS, R. E.; MILLER, G. L. *Ecology*. 4. ed. Nova York: W. H. Freeman & Company, 2000.

RODRIGUES, F. L.; CAVINATTO, V. M. *Lixo*: de onde vem? Para onde vai? São Paulo: Moderna, 1997. (Col. Desafios).

SAGAN, C. *Cosmos*. 2. ed. Rio de Janeiro: Francisco Alves, 1982.

SCHMIGELOW, J. M. *O planeta azul*: uma introdução às Ciências Marinhas. Rio de Janeiro: Interciência, 2004.

TEIXEIRA, W. et al. (Orgs.). *Decifrando a Terra*. 2. ed. São Paulo: Companhia Editora Nacional, 2009.

TOLENTINO, M.; ROCHA-FILHO, R. C.; SILVA, R. R. *A atmosfera terrestre*. São Paulo: Moderna, 2004. (Col. Polêmica).

TORTORA, G. J.; DERRICKSON, B. *Corpo humano*: fundamentos da Anatomia e Fisiologia. 10. ed. Porto Alegre: Artmed, 2016.

TOWNSEND, C. R.; BEGON, M.; HARPER, J. L. *Fundamentos em Ecologia*. 2. ed. Porto Alegre: Artmed, 2006.

UNESCO. *Water for people, water for life*: the United Nations World Water Development Report, 2003.

VAITSMAN, D. S.; VAITSMAN, M. S. *Água mineral*. Rio de Janeiro: Interciência, 2005.

ATITUDES PARA A VIDA

ATITUDES PARA A VIDA

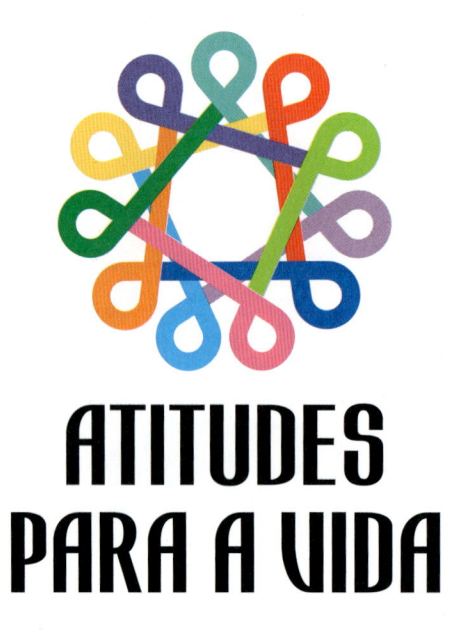

As *Atitudes para a vida* são comportamentos que nos ajudam a resolver as tarefas que surgem todos os dias, desde as mais simples até as mais desafiadoras. São comportamentos de pessoas capazes de resolver problemas, de tomar decisões conscientes, de fazer as perguntas certas, de se relacionar bem com os outros e de pensar de forma criativa e inovadora.

As atividades que apresentamos a seguir vão ajudá-lo a estudar os conteúdos e a resolver as atividades deste livro, incluindo as que parecem difíceis demais em um primeiro momento.

Toda tarefa pode ser uma grande aventura!

PERSISTIR

Muitas pessoas confundem persistência com insistência, que significa ficar tentando e tentando e tentando, sem desistir. Mas persistência não é isso! Persistir significa buscar estratégias diferentes para conquistar um objetivo.

Antes de desistir por achar que não consegue completar uma tarefa, que tal tentar outra alternativa?

Algumas pessoas acham que atletas, estudantes e profissionais bem-sucedidos nasceram com um talento natural ou com a habilidade necessária para vencer. Ora, ninguém nasce um craque no futebol ou fazendo cálculos ou sabendo tomar todas as decisões certas. O sucesso muitas vezes só vem depois de muitos erros e muitas derrotas. A maioria dos casos de sucesso é resultado de foco e esforço.

Se uma forma não funcionar, busque outro caminho. Você vai perceber que desenvolver estratégias diferentes para resolver um desafio vai ajudá-lo a atingir os seus objetivos.

CONTROLAR A IMPULSIVIDADE

Quando nos fazem uma pergunta ou colocam um problema para resolver, é comum darmos a primeira resposta que vem à cabeça. Comum, mas imprudente.

Para diminuir a chance de erros e de frustrações, antes de agir devemos considerar as alternativas e as consequências das diferentes formas de chegar à resposta. Devemos coletar informações, refletir sobre a resposta que queremos dar, entender bem as indicações de uma atividade e ouvir pontos de vista diferentes dos nossos.

Essas atitudes também nos ajudarão a controlar aquele impulso de desistir ou de fazer qualquer outra coisa para não termos que resolver o problema naquele momento. Controlar a impulsividade nos permite formar uma ideia do todo antes de começar, diminuindo os resultados inesperados ao longo do caminho.

ESCUTAR OS OUTROS COM ATENÇÃO E EMPATIA

Você já percebeu o quanto pode aprender quando presta atenção ao que uma pessoa diz? Às vezes recebemos importantes dicas para resolver alguma questão. Outras vezes, temos grandes ideias quando ouvimos alguém ou notamos uma atitude ou um aspecto do seu comportamento que não teríamos percebido se não estivéssemos atentos.

Escutar os outros com atenção significa manter-nos atentos ao que a pessoa está falando, sem estar apenas esperando que pare de falar para que possamos dar a nossa opinião. E empatia significa perceber o outro, colocar-nos no seu lugar, procurando entender de verdade o que está sentindo ou por que pensa de determinada maneira.

Podemos aprender muito quando realmente escutamos uma pessoa. Além do mais, para nos relacionar bem com os outros — e sabemos o quanto isso é importante —, precisamos prestar atenção aos seus sentimentos e às suas opiniões, como gostamos que façam conosco.

PENSAR COM FLEXIBILIDADE

Você conhece alguém que tem dificuldade de considerar diferentes pontos de vista? Ou alguém que acha que a própria forma de pensar é a melhor ou a única que existe? Essas pessoas têm dificuldade de pensar de maneira flexível, de se adaptar a novas situações e de aprender com os outros.

Quanto maior for a sua capacidade de ajustar o seu pensamento e mudar de opinião à medida que recebe uma nova informação, mais facilidade você terá para lidar com situações inesperadas ou problemas que poderiam ser, de outra forma, difíceis de resolver.

Pensadores flexíveis têm a capacidade de enxergar o todo, ou seja, têm uma visão ampla da situação e, por isso, não precisam ter todas as informações para entender ou solucionar uma questão. Pessoas que pensam com flexibilidade conhecem muitas formas diferentes de resolver problemas.

ESFORÇAR-SE POR EXATIDÃO E PRECISÃO

Para que o nosso trabalho seja respeitado, é importante demonstrar compromisso com a qualidade do que fazemos. Isso significa conhecer os pontos que devemos seguir, coletar os dados necessários para oferecer a informação correta, revisar o que fazemos e cuidar da aparência do que apresentamos.

Não basta responder corretamente; é preciso comunicar essa resposta de forma que quem vai receber e até avaliar o nosso trabalho não apenas seja capaz de entendê-lo, mas também que se sinta interessado em saber o que temos a dizer.

Quanto mais estudamos um tema e nos dedicamos a superar as nossas capacidades, mais dominamos o assunto e, consequentemente, mais seguros nos sentimos em relação ao que produzimos.

QUESTIONAR E LEVANTAR PROBLEMAS

Não são as respostas que movem o mundo, são as perguntas.

Só podemos inovar ou mudar o rumo da nossa vida quando percebemos os padrões, as incongruências, os fenômenos ao nosso redor e buscamos os seus porquês.

E não precisa ser um gênio para isso, não! As pequenas conquistas que levaram a grandes avanços foram — e continuam sendo — feitas por pessoas de todas as épocas, todos os lugares, todas as crenças, os gêneros, as cores e as culturas. Pessoas como você, que olharam para o lado ou para o céu, ouviram uma história ou prestaram atenção em alguém, perceberam algo diferente, ou sempre igual, na sua vida e fizeram perguntas do tipo "Por que será?" ou "E se fosse diferente?".

Como a vida começou? E se a Terra não fosse o centro do universo? E se houvesse outras terras do outro lado do oceano? Por que as mulheres não podiam votar? E se o petróleo acabasse? E se as pessoas pudessem voar? Como será a Lua?

E se...? (Olhe ao seu redor e termine a pergunta!)

Atitudes para a vida

APLICAR CONHECIMENTOS PRÉVIOS A NOVAS SITUAÇÕES

Esta é a grande função do estudo e da aprendizagem: sermos capazes de aplicar o que sabemos fora da sala de aula. E isso não depende apenas do seu livro, da sua escola ou do seu professor; depende da sua atitude também!

Você deve buscar relacionar o que vê, lê e ouve aos conhecimentos que já tem. Todos nós aprendemos com a experiência, mas nem todos percebem isso com tanta facilidade.

Devemos usar os conhecimentos e as experiências que vamos adquirindo dentro e fora da escola como fontes de dados para apoiar as nossas ideias, para prever, entender e explicar teorias ou etapas para resolver cada novo desafio.

PENSAR E COMUNICAR-SE COM CLAREZA

Pensamento e comunicação são inseparáveis. Quando as ideias estão claras em nossa mente, podemos nos comunicar com clareza, ou seja, as pessoas nos entendem melhor.

Por isso, é importante empregar os termos corretos e mais adequados sobre um assunto, evitando generalizações, omissões ou distorções de informação. Também devemos reforçar o que afirmamos com explicações, comparações, analogias e dados.

A preocupação com a comunicação clara, que começa na organização do nosso pensamento, aumenta a nossa habilidade de fazer críticas tanto sobre o que lemos, vemos ou ouvimos quanto em relação às falhas na nossa própria compreensão, e poder, assim, corrigi-las. Esse conhecimento é a base para uma ação segura e consciente.

IMAGINAR, CRIAR E INOVAR

Tente de outra maneira! Construa ideias com fluência e originalidade!

Todos nós temos a capacidade de criar novas e engenhosas soluções, técnicas e produtos. Basta desenvolver nossa capacidade criativa.

Pessoas criativas procuram soluções de maneiras distintas. Examinam possibilidades alternativas por todos os diferentes ângulos. Usam analogias e metáforas, se colocam em papéis diferentes.

VIII Atitudes para a vida

CHECKLIST PARA MONITORAR O SEU DESEMPENHO

Reproduza cada mês de estudo o quadro abaixo. Preencha-o ao final de cada mês para avaliar o seu desempenho na aplicação das *Atitudes para a vida*, para cumprir as suas tarefas nesta disciplina. Em *Observações pessoais*, faça anotações e sugestões de atitudes a serem tomadas para melhorar o seu desempenho no mês seguinte. Classifique o seu desempenho de 1 a 10, sendo 1 o nível mais fraco de desempenho, e 10, o domínio das *Atitudes para a vida*.

Atitudes para a vida	Neste mês eu...	Desempenho	Observações pessoais
Persistir	Não desisti. Busquei alternativas para resolver as questões quando as tentativas anteriores não deram certo.		
Controlar a impulsividade	Pensei antes de dar uma resposta qualquer. Refleti sobre os caminhos a escolher para cumprir minhas tarefas.		
Escutar os outros com atenção e empatia	Levei em conta as opiniões e os sentimentos dos demais para resolver as tarefas.		
Pensar com flexibilidade	Considerei diferentes possibilidades para chegar às respostas.		
Esforçar-se por exatidão e precisão	Conferi os dados, revisei as informações e cuidei da apresentação estética dos meus trabalhos.		
Questionar e levantar problemas	Fiquei atento ao meu redor, de olhos e ouvidos abertos. Questionei o que não entendi e busquei problemas para resolver.		
Aplicar conhecimentos prévios a novas situações	Usei o que já sabia para me ajudar a resolver problemas novos. Associei as novas informações a conhecimentos que eu havia adquirido de situações anteriores.		
Pensar e comunicar-se com clareza	Organizei meus pensamentos e me comuniquei com clareza, usando os termos e os dados adequados. Procurei dar exemplos para facilitar as minhas explicações.		
Imaginar, criar e inovar	Pensei fora da caixa, assumi riscos, ouvi críticas e aprendi com elas. Tentei de outra maneira.		
Assumir riscos com responsabilidade	Quando tive de fazer algo novo, busquei informação sobre possíveis consequências para tomar decisões com mais segurança.		
Pensar de maneira interdependente	Trabalhei junto. Aprendi com ideias diferentes e participei de discussões.		

Reprodução proibida. Art. 184 do Código Penal e Lei 9.610 de 19 de fevereiro de 1998.

ASSUMIR RISCOS COM RESPONSABILIDADE

Ser criativo é não ser avesso a assumir riscos. É estar atento a desvios de rota, aberto a ouvir críticas. Mais do que isso, é buscar ativamente a opinião e o ponto de vista do outro. Pessoas criativas não aceitam o *status quo*, estão sempre buscando mais fluência, simplicidade, habilidade, perfeição, harmonia e equilíbrio.

Todos nós conhecemos pessoas que têm medo de tentar algo diferente. Às vezes, nós mesmos acabamos escolhendo a opção mais fácil por medo de errar ou de parecer tolos, não é mesmo? Sabe o que nos falta nesses momentos? Informação!

Tentar um caminho diferente pode ser muito enriquecedor. Para isso, é importante pesquisar sobre os resultados possíveis ou os mais prováveis de uma decisão e avaliar as suas consequências, ou seja, os seus impactos na nossa vida e na de outras pessoas.

Informar-nos sobre as possibilidades e as consequências de uma escolha reduz a chance do "inesperado" e nos deixa mais seguros e confiantes para fazer algo novo e, assim, explorar as nossas capacidades.

PENSAR DE MANEIRA INTERDEPENDENTE

Nós somos seres sociais. Formamos grupos e comunidades, gostamos de ouvir e ser ouvidos, buscamos reciprocidade em nossas relações. Pessoas mais abertas a se relacionar com os outros sabem que juntos somos mais fortes e capazes.

Estabelecer conexões com os colegas para debater ideias e resolver problemas em conjunto é muito importante, pois desenvolvemos a capacidade de escutar, empatizar, analisar ideias e chegar a um consenso. Ter compaixão, altruísmo e demonstrar apoio aos esforços do grupo são características de pessoas mais cooperativas e eficazes.

Estes são 11 dos 16 Hábitos da mente descritos pelos autores Arthur L. Costa e Bena Kallick em seu livro *Learning and leading with habits of mind*: 16 characteristics for success.

Acesse http://www.moderna.com.br/araribaplus para conhecer mais sobre as *Atitudes para a vida*.